"十四五"普通高等教育本科精品系列教材

商务数据分析与应用

（第二版）

▶ 主　编◎杨　凤　何　亮
▶ 副主编◎马　蓉　郑　婧　高　丹　柳玉寿

西南财经大学出版社

中国·成都

图书在版编目(CIP)数据

商务数据分析与应用/杨凤,何亮主编;马蓉等副主编.—2版.—成都:西南
财经大学出版社,2024.2
ISBN 978-7-5504-6118-5

Ⅰ.①商…　Ⅱ.①杨…②何…③马…　Ⅲ.①商业统计—统计数据—统计
分析—教材　Ⅳ.①F712.3

中国国家版本馆 CIP 数据核字(2024)第 034160 号

商务数据分析与应用(第二版)

SHANGWU SHUJU FENXI YU YINGYONG

主　编　杨　凤　何　亮
副主编　马　蓉　郑　婧　高　丹　柳玉寿

策划编辑:邓克虎
责任编辑:肖　翀
责任校对:周晓琬
封面设计:墨创文化　张姗姗
责任印制:朱曼丽

出版发行	西南财经大学出版社(四川省成都市光华村街55号)
网　　址	http://cbs.swufe.edu.cn
电子邮件	bookcj@swufe.edu.cn
邮政编码	610074
电　　话	028-87353785
照　　排	四川胜翔数码印务设计有限公司
印　　刷	郫县犀浦印刷厂
成品尺寸	185mm×260mm
印　　张	21.875
字　　数	505 千字
版　　次	2024 年 2 月第 2 版
印　　次	2024 年 2 月第 1 次印刷
印　　数	1—2000 册
书　　号	ISBN 978-7-5504-6118-5
定　　价	48.00 元

▶▶ 第二版前言

　　《商务数据分析与应用》第一版自 2021 年出版以来，受到了广大读者的欢迎。很多任课老师和学界同仁为本书的不断完善提出了建设性的意见和建议。现在第一版的基础上，我们对本书进行修订。本次修订融入了党的二十大精神，通过任务导入、实训任务、知识讲解、案例解析、回顾总结、实训作业和项目检测模块介绍和分析了大数据在实际工作中的应用，凸显了大数据在新时代的重要性。

　　本书顺应学科发展的趋势，满足人才培养的需要，符合课程设置的要求，使读者能结合数据分析进行理论学习和实操练习，从而为就业打好基础。本次修订，在章节结构上基本没有变化，继续保持第一版的体例，只是对内容进行了部分修改，力求表达更准确、内容更新颖。

　　尽管我们对本书进行了修订，但不足之处仍然存在，希望广大读者批评指正。

编者

2023 年 11 月

▶▶ 第一版前言

为加快实施国家大数据战略，推动大数据产业健康快速发展，工业和信息化部编制了《大数据产业发展规划（2016—2020 年）》，指出要围绕一个核心（强化大数据产业创新发展能力）、完善两个支撑（发展环境和安全保障能力）、加强三个重点（推动数据开放与共享、加强技术产品研发、深化应用创新），打造一个数据、技术、应用与安全协同发展的自主产业生态体系，提升我国对大数据的资源掌控、技术支撑和价值挖掘三大能力。作为我国政府重点扶持的新兴产业，大数据产业的未来发展趋势和前景极其广阔，未来的互联网就是大数据的未来，大数据时代必将深刻地改变我们的思维。

大数据的作用主要体现在两方面：一是数据的分析与使用，二是数据的再次开发。数据的分析与使用是指通过对数据进行分析，将海量的数据，特别是隐藏的数据挖掘出来。企业运用智能数据分析方法对这些信息进行挖掘，能为线上和线下的营销带来更多的客户源。数据的再次开发在网络服务中运用得较多，企业通过对信息进行分析与总结，能制订出符合客户需要的个性化方案，并创造出全新的营销模式。

为更容易地理解数据工具以及进行数据分析，本书提供了任务导入、知识讲解及案例解析，使读者能结合数据分析进行理论学习和实操练习，从而为就业打好基础。本书主要有以下特点：

（1）结构完整。本书包括任务导入、实训任务、知识讲解、案例解析、回顾总结、实训作业和项目检测模块，突出了"理论从实践中来，到实践中去"的教学原理。

（2）应用性强。本书基于大数据时代背景下的相关行业，如电子商务、物流、旅游、人力资源等，以各行业实际工作特点和真实数据分析案例为内容，结合理论知识，帮助学生熟悉数据分析工作流程。

（3）课程思政目标明确。本书选取近五年的商务数据与案例，充分结合思政内容，设计出可操作性强，有一定商业价值的实训项目；通过问题导入—思政讲堂—案例体验—工具指引—项目实训的教学设计，培养具备一定数据思维、科学严谨、懂得商道的新型数据分析人才。

本书在编写过程中，整合了编者所在的教师团队的专业力量，相关领域的专家也给予了数据支持，在此对他们表示诚挚的感谢。

本书在编写过程中参考了大量的国内外文献和研究成果，在此对这些作者、研究者表示真诚的感谢。鉴于编者水平有限，实践经验尚且不足，书中难免有疏漏之处，敬请读者指正。

编者

2021 年 5 月

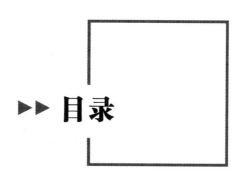

▶▶ 目录

第二篇 分析篇

第三篇 应用篇

检测答案

第一篇　基础篇

项目 1

初识商务数据分析

数据分析在今天已不是一个新名词。互联网革命的爆发，产生了大量的商业数据。人们想从这海量的数据中获得有价值的信息，便将商务与数据分析结合了起来，于是就有了商务数据分析与应用。我们能从商务数据分析中获取诸多问题的答案。

项目 1 课件

任务 1-1　数据及数据结构

任务导入

任务　使用 Excel 进行数据挖掘

实训情境：

当今时代，大数据已逐步渗透到每一个行业和业务职能领域，数据分析实训已从传统的统计部门和专门的数据分析行业蔓延到社会的各行各业，数据分析的技能成为未来人才的一种基本技能。

根据岗位实训内容，我们可提炼出典型实训活动，具体如下：

（1）掌握数据的概念；

（2）理解数据的分类和数据结构；

（3）理解不同机器学习算法及算法应用场景。

学习目标：

知识目标：（1）掌握数据的概念；

（2）理解数据的分类和数据结构。

技能目标：理解不同机器学习算法及算法应用场景。

思政目标：了解我国大数据产业的发展现状及需求。

学习导图：

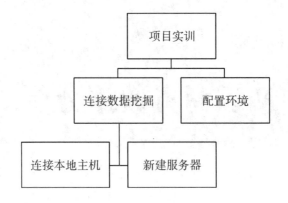

实训任务

实 训 任 务 书

任务名称：_____

任务功能：_____

典型实训任务：_____

实训任务	数据分析环境配置			
任务成员			指导教师	
任务描述	本任务依据数据挖掘的典型实训流程制订开发，主要面向数据分析师岗位，培养数据挖掘人员的关键影响因素分析能力、类别检测分析能力，助其提升专业技能，积累实操经验			
实训目标	目标（O）	完成数据挖掘在 Excel 中的基础数据分析		
	关键成果	关键成果 1（KR1）	成功完成数据挖掘在 Excel 中的环境配置	
		关键成果 2（KR2）		
		关键成果 3（KR3）		
实训职责	·负责数据挖掘中数据的安全性 ·维护数据挖掘中数据的稳定性			
实训内容	①环境配置	②导入数据	③生成报表	
	④分析检测			
实训难度	√ 简单	□一般	□较难	□困难
完成确认	序号	检查事项		教师签名
	1	对本实训的任务要求是否明确		
	2	是否准备妥当安装数据挖掘的安装包与插件		
	3	是否已完成数据挖掘环境配置		

注意事项：

1. 请严格按照实训任务内容要求实践，不得随意更改实训流程。

2. 完成实训内容后，请进行清单检查，完成请打钩。

学生签名：

情境描述

　　某店铺在开店初期计划做一定程度的推广，想测试推广后实现的利润是否有所增长以及增长幅度。在明确数据分析结构后，学生需要着手做好数据分析环境配置实训，为后续完成数据导入、分析、运行及生成报表等实训做一定基础准备。

实训计划

　　对店铺典型工作活动进行提取，并辅以学习知识点，组成新型实训计划。
　　实训流程图如图 1.1 所示。
　　（备注：实训流程图上方为该环节所需知识点，下方为项目实践活动。）

图 1.1　实训流程图

典型实训活动：环境配置

　　实训要点 1：准备 SQL 插件安装包材料
　　实训要点 2：准备安装插件至 Excel 中

　　实训任务：准备数据挖掘需要的 SQL 插件安装包材料并安装，实现环境配置要求。

学习目标

　　本实训的学习目标如表 1.1 所示。

表 1.1　学习目标

难度	序号	任务内容
初级	1	准备数据挖掘需要的 SQL 插件材料并安装
	2	实现环境配置要求
中级		
高级		

任务 了解数据及数据结构

一、数据概述

（一）数据的定义

数据是指对客观事件进行记录并可以鉴别的符号，是对客观事物的性质、状态以及相互关系等进行记载的物理符号或这些物理符号的组合。它是可识别的、抽象的符号。

（二）数据与信息的关系

计算机数据是指计算机中能被识别和处理的物理符号，如数字符号、图形、图像、声音等。数据分为数值型数据（如整数、实数）和非数值型数据（如数字符号、图形、图像、声音等），数据是信息的表现形式[①]。

信息与数据既有联系，又有区别。数据是符号，是物理性的，信息是对数据进行加工处理之后所得到的并对决策产生影响的数据，是逻辑性和观念性的；数据是信息的表现形式，信息是数据有意义的表示。数据是信息的表现形式和载体，可以是符号、文字、数字、语音、图像、视频等。而信息是数据的内涵，信息加载于数据之上，对数据作具有含义的解释。数据本身没有意义，数据只有对实体行为产生影响时才成为信息。

二、数据的特点

（一）变异性

数据的变异性包括以下两方面的含义。一是指一组数据的多数取值是不相同的。因为数据是用来描述事物的量化特征的，世界上不同的事物大都具有不同的特征，因此，其数量表现也是不同的。二是指在不同的时间、地点测量同一事物的数量特征也可能得出不同的结果，特别是在对人的精神属性的测量方面。

（二）规律性

虽然数据具有变异性，初看起来一组数据往往是杂乱无章的，但统计学的研究表明，一组大样本的数据其实是具有一定规律的。寻找这种规律就是研究目的之一。正因为数据具有变异性，所以对数据的研究才有必要，如果都是相同的数据也就没有研究的必要了；也正因为数据具有规律性，所以对其进行研究才有可能。

三、数据的常用结构

数据结构是一种具有一定逻辑关系、在计算机中应用某种存储结构，并且封装了相应操作的数据元素的集合，它包含三方面的内容：逻辑关系、存储关系以及运算。数据结构分为逻辑结构、存储结构（物理结构）以及其他常用结构。

────────────

[①] 吴洪贵. 商务数据分析与应用［M］. 北京：高等教育出版社，2019.

（一）逻辑结构

数据的逻辑结构主要反映数据元素之间的逻辑关系，其中的逻辑关系是指数据元素之间的前后件关系，而与它们在计算机中的存储位置无关。它是从具体问题抽象出来的数学模型，是描述数据元素及其关系的数学特性的，如图 1.2 所示。

1. 集合　2.线性结构　3.树形结构　4.图形结构

| 数据结构中的元素之间"除了同属一个集合"的相互关系外，别无其他关系 | 数据结构中的元素存在一对一的相互关系 | 数据结构中的元素存在一对多的相互关系 | 数据结构中的元素存在多对多的相互关系 |

图 1.2　数据的逻辑结构表现形式

（二）存储结构

数据的存储结构也称物理结构，是指数据的逻辑结构在计算机存储空间的存放形式。数据的物理结构是数据结构在计算机中的表示（又称映像），它包括数据元素的机内表示和关系的机内表示[①]。

1. 顺序存储方法

顺序存储方法是指把逻辑上相邻的结点存储在物理位置相邻的存储单元里，结点间的逻辑关系由存储单元的邻接关系来体现。顺序存储结构是一种最基本的存储表示方法，通常借助于程序设计语言中的数组来实现。

2. 链接存储方法

链接存储方法是指不要求逻辑上相邻的结点在物理位置上亦相邻，结点间的逻辑关系由附加的指针字段来表示。链式存储结构通常借助于程序设计语言中的指针类型来实现。

3. 索引存储方法

索引存储方法是指除了建立存储结点信息外，还建立了附加的索引表来标识结点的地址。

4. 散列存储方法

散列存储方法就是根据结点的关键字直接计算出该结点的存储地址。

（三）其他常用结构

1. 数组

在程序设计中，为了处理方便，把具有相同类型的若干变量按有序的形式组织起来，一个数组可以分解为多个数组元素，这些数组元素可以是基本数据类型或是构造类型。因此按数组元素类型的不同，数组又可分为数值数组、字符数组、指针数组、结构数组等各种类别。

---

① 吴洪贵. 商务数据分析与应用［M］. 北京：高等教育出版社，2019.

2. 栈

栈是只能在某一端插入和删除的特殊线性表。

3. 队列

队列是一种特殊的线性表，它只允许在表的前端（front）进行删除操作，而在表的后端（rear）进行插入操作，队列是按照"先进先出"或"后进后出"的原则组织数据的。队列中没有元素时，称为空队列。

4. 链表

链表是一种物理存储单元上非连续、非顺序的存储结构，它既可以表示线性结构，也可以表示非线性结构，数据元素的逻辑顺序是通过链表中的指针链接次序实现的。

5. 树

树是包含 n（n>0）个结点的有穷集合 K，且在 K 中定义了一个关系 N，N 满足以下条件：

（1）有且仅有一个结点 K_0，它对于关系 N 来说没有前驱，称 K_0 为树的根结点；

（2）除 K_0 外，K 中的每个结点，对于关系 N 来说有且仅有一个前驱；

（3）K 中各结点，对关系 N 来说可以有 m 个后继（m≥0）。

6. 图

图由结点的有穷集合 V 和边的集合 E 组成。其中，为了与树形结构加以区别，在图结构中人们常常将结点称为顶点，边是顶点的有序偶对，若两个顶点之间存在一条边，就表示这两个顶点具有相邻关系。

7. 堆

在计算机科学中，堆是一种特殊的树形数据结构，每个结点都有一个值。

8. 散列表

若结构中存在关键字和 K 相等的记录，则其必定在 f（K）的存储位置上，由此，无须比较便可直接取得所查记录。这个对应关系 f 就是散列函数（Hash function），按这个思想建立的表为散列表。

四、数据分类

（一）数据分类的定义

数据分类就是把具有某种共同属性或特征的数据归并在一起，通过其类别的属性或特征来对数据进行区别[1]。

换句话说，就是把相同内容、相同性质的信息以及要求统一管理的信息集合在一起，而把相异的和需要分别管理的信息区分开来，然后确定各个集合之间的关系，从而形成一个有条理的分类系统。

---

[1] 吴洪贵. 商务数据分析与应用［M］. 北京：高等教育出版社，2019.

（二）数据分类的原则

1. 稳定性

稳定性是指依据分类的目的，选择分类对象的最稳定的本质特性作为分类的基础和依据，以确保由此产生的分类结果最稳定。

2. 系统性

系统性是指将选定的分类对象的特征（或特性）按其内在规律系统化进行排列，形成一个逻辑层次清晰、结构合理、类目明确的分类体系。

3. 可扩充性

可扩充性是指在类目的设置或层级的划分上，留有适当的余地，以保证分类对象增加时，不会打乱已经建立的分类体系。

4. 综合实用性

综合实用性是指从实际需求出发，综合各种因素来确定具体的分类原则，使得由此产生的分类结果总体最优、符合需求、综合实用和便于操作。

5. 兼容性

兼容性是指有相关的国家标准，则应执行国家标准，若没有相关的国家标准，则执行相关的行业标准；若二者均不存在，则应参照相关的国际标准。

（三）数据分类的方法

数据分类的方法如图 1.3 所示。

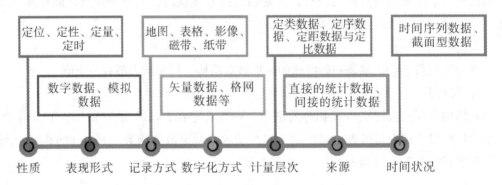

图 1.3　数据分类的方法

1. 按性质分类

（1）定位的，如各种坐标数据。

（2）定性的，反映事物属性的数据，如居民地、河流、道路等。

（3）定量的，反映事物数量特征的数据，如长度、面积、体积等几何量或重量、速度等物理量。

（4）定时的，反映事物时间特性的数据，如年、月、日、时、分、秒等。

2. 按表现形式分类

（1）数字数据，如各种统计或量测数据。数字数据在某个区间内是离散的值。

（2）模拟数据，由连续函数组成，是指在某个区间连续变化的物理量，又可以分为图形数据（如点、线、面）、符号数据、文字数据和图像数据等，如声音的大小和温度的变化等。

3. 按数字化方式分类

数据按数字化方式分为矢量数据、格网数据等。在地理信息系统中，数据的选择、类型、数量、采集方法、详细程度、可信度等，取决于系统应用目标、功能、结构和数据处理、管理与分析的要求。

4. 按计量形式分类

（1）定类数据。这是数据的最低层。它将数据按照类别属性进行分类，各类别之间是平等并列关系。

（2）定序数据。这是数据的中间级别。定序数据不仅可以将数据分成不同的类别，而且各类别之间还可以通过排序来比较优劣。也就是说，定序数据与定类数据最主要的区别是定序数据之间是可以比较顺序的。

（3）定距数据。定距数据具有一定单位的实际测量值（如摄氏温度、考试成绩等）。此时不仅可以知道两个变量之间存在差异，还可以通过加、减法运算准确地计算出各变量之间的实际差距。

（4）定比数据。这是数据的最高等级。它的数据表现形式同定距数据一样，均为实际的测量值。

5. 按来源分类

数据的来源主要有两种渠道：一种是通过直接的调查获得的原始数据，一般称为第一手数据或直接的统计数据；另一种是别人通过调查和搜集，并进行加工和汇总后公布的数据，通常称之为第二手数据或间接的统计数据。

6. 按时间状况分类

（1）时间序列数据。它是指在不同的时间上搜集到的数据，反映现象随时间变化的情况。

（2）截面型数据。它是指在相同的或近似的时间点上搜集到的数据，描述现象在某一时刻的变化情况。

五、数据结构算法

（一）数据结构算法的定义

算法是对特定问题求解步骤的描述，在计算机中表现为指令的有限序列。数据结构只是静态地描述了数据元素之间的关系。高效的程序需要在数据结构的基础上设计和选择算法。

（二）数据结构算法的特性

数据结构算法包括以下五大特性：

（1）输入：算法具有 0 个或多个输入；

（2）输出：算法至少有 1 个或多个输出；

（3）有穷性：算法在有限的步骤之后会自动结束而不会无限循环；

（4）确定性：算法中的每一步都有确定的含义，不会出现二义性；

（5）可行性：算法的每一步都是可行的。

（三）算法的准则

1. 正确性

算法对于合法数据而言，必须能够得到满足要求的结果。算法必须能够处理非法输入，并得到合理的结果。对于边界数据和压力数据，算法应尽量得到满足要求的结果，但是其几乎不能完全做到这点，极端的情况无法满足。

2. 可读性

算法要方便阅读、理解和交流。

3. 健壮性

算法不应该产生莫名其妙的结果。

4. 高性价比

算法要利用最少的时间和资源得到满足要求的结果。

（四）方法及要求

1. 算法设计的基本方法

算法设计的基本方法包括穷举法、动态规划、贪心法、回溯法、递推法、递归法、分治法、散列法、分支限界法。

2. 算法设计的要求

算法设计的要求有正确性、可读性、健壮性、效率性与低存储量需求。

3. 算法的基本结构

算法的基本结构是顺序结构、循环结构、选择结构。

案例解析

Given Imaging 的图像诊断

通常，医生都是在靠自己的专业知识和个人经验进行病征判断。现在，如果利用数据分析技术，可以实现成千上万个医生同时诊断一位病人吗？

以色列的 Given Imaging 公司发明了一种胶囊，患者服用后，胶囊中的内置摄像头能以大约每秒 14 张照片的频率拍摄消化道内的情况，并同时传回外置的图像接收器，患者病征通过配套的软件被录入数据库，在 4~6 小时内胶囊相机将通过人体排泄离开体外。现实中，会存在医生对一些疑似阴影拿捏不准甚至延误病人治疗的情况。现在通过 Given Imaging 的数据库，当医生发现一个可疑的肿瘤时，只要双击当前图像，过去其他医生拍摄过的类似图像和他们的诊断结果就都会悉数被提取出来。可以说，一个病人不再由一个医生来诊断，而是成千上万个医生在同时给出意见，并由大量其他病人的图像进行佐证。这样的数据对比，不但提高了医生诊断的效率，还提升了准确度。

回顾总结

知识总结:

本节课的知识梳理汇总成流程图,如图 1.4 所示。

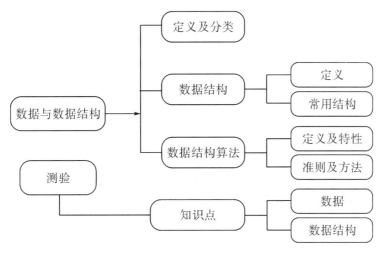

图 1.4　本节知识流程图

思维导图:

整理本节课所学知识点,补充下方思维导图(如图 1.5 所示),管理你的知识。

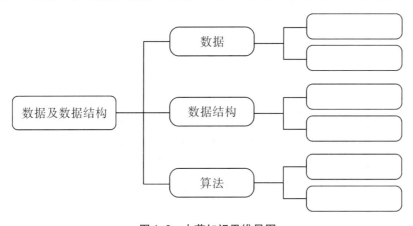

图 1.5　本节知识思维导图

任务 1-2　商务数据采集与分析

任务导入

任务　了解商务数据采集

实训情境：

商务数据越来越丰富，个人与企业对数据的需求也日益增加，如何利用数据进行决策支持也成为普遍的需求。利用数据进行预测与优化分析，可以有效地增加效益与防范风险，因此，数据采集能力也成为诸多岗位的必备技能。此时，网络爬虫就成为需要用户进行大量学习才能掌握的高成本学习技能。

数据采集器是进行数据采集的机器或工具，用于实现自动从大批量网页上采集数据、抓取网站信息，同时对图片、文字等信息进行采集、处理及发布。采集器可以大幅度降低数据的获取门槛。

根据岗位实训内容，我们可提炼出典型实训活动，具体如下：

（1）熟知数据采集的方法；

（2）了解常用的数据采集工具；

（3）了解后羿采集器的优劣势。

学习目标：

知识目标：（1）掌握数据的概念；

　　　　　（2）理解数据的分类和数据结构。

技能目标：（1）针对各类数据源的不一致配置不同的采集任务，实现所需数据的抓取；

　　　　　（2）针对数据源内各类情况分别做出应对；

　　　　　（3）将数据源内各类数据形成结构化数据存储于指定位置，可用于数据处理和分析。

思政目标：了解我国大数据需求及获取途径和要求。

学习导图：

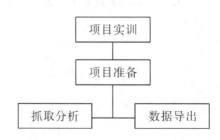

实 训 任 务 书

任务名称：＿＿＿＿＿＿＿＿＿＿＿＿＿＿＿＿

任务功能：＿＿＿＿＿＿＿＿＿＿＿＿＿＿＿＿

典型实训任务：＿＿＿＿＿＿＿＿＿＿＿＿＿＿

项目 1　初识商务数据分析

实训任务	利用后羿采集器进行数据采集			
任务成员			指导教师	
任务描述	本任务通过对数据采集来源与方法的了解，以后羿采集器为例对数据进行采集，通过获取网页数据、排错、导出等流程完成采集任务			
实训目标	目标（O）	完成数据后羿采集器的数据采集任务		
	关键成果	关键成果1（KR1）	成功完成后羿采集器的下载与安装	
		关键成果2（KR2）	根据数据源进行采集任务的配置	
		关键成果3（KR3）	形成结构化数据并存储于指定位置	
实训职责	·负责数据源的安全性 ·提升数据采集中数据的逻辑结构性			
实训内容	①下载安装	②确认数据源	③输入打开数据源	
	④制作采集任务	⑤运行任务排错	⑥数据导出	
实训难度	简单	√ 一般	较难	困难
完成确认	序号	检查事项		教师签名
	1	对本实训的任务要求是否明确		
	2	是否能确保采集工具的来源		
	3	是否能确保采集工具的正确安装		
	4	是否能指定数据源并根据其不同情况分别应用		
	5	是否能将数据源内各类数据形成结构化数据		

注意事项：

1. 请严格按照实训任务内容要求实践，不得随意更改实训流程。

2. 完成实训内容后，请进行清单检查，完成请打钩。

学生签名：

情境描述

某影视公司要了解用户对电影作品的需求问题。请利用后羿采集器工具采集线上电影数据，提取正在上映的电影名称、评价及图片等信息，提取的结果以文件形式保存。

实训计划

对企业典型工作活动进行提取，并辅以理论知识点，组成有效实训计划。

实训流程图如图1.6所示。

（备注：实训流程图上方为该环节所需知识点，下方为项目实践活动。）

图1.6 实训流程图

典型实训活动一：环境准备

实训要点1：下载安装采集器工具包

实训要点2：找到并确认数据源

实训任务：准备数据采集工具并安装，找准数据源。

典型实训活动二：抓取分析

实训要点1：输入并打开数据源

实训要点2：制作采集任务、运行任务排错

实训任务：分析页面抓取信息、运行任务排错。

典型实训活动三：完成连接

实训要点1：提取信息

实训要点2：数据导出

实训任务：形成结构化数据并存储于指定位置。

学习目标

本实训的学习目标如表 1.2 所示。

表 1.2 学习目标

难度	序号	任务内容
初级	1	准备数据采集工具并安装，找准数据源
	2	分析页面抓取信息、运行任务排错
	3	形成结构化数据并存储于指定位置
中级		
高级		

知识讲解

任务 掌握商务数据分析

一、大数据认知

当今社会，我们已经将通信、交际、闲暇时光、开展业务转移到了互联网上。互联网已经渗透我们的手机、我们的家园和城市中的设备以及工厂中。其导致的数据爆炸正改变着我们的世界。

互联网、移动互联网、物联网、云计算的快速兴起，以及移动智能终端的快速普及，使当前人类社会的数据增长比以往任何一个时期都要快。数据的爆炸式增长出乎人们的想象。2020 年，全球以电子形式存储的数据量是 2009 年的 40 倍。

与此同时，伴随着物联网、移动智能终端和移动互联网的快速发展，移动网络中数据流量的增长速度也非常迅猛。从 2011 年开始，全球移动数据流量年增长率保持在 50% 以上，并处于一个稳定增长的态势。到 2016 年，全球移动数据流量达到 2011 年全球移动数据流量的 18 倍，为 129.6 EB。

数据的疯狂增长，使得适应和应对数据增长成为整个社会关注的焦点。"大数据"的概念正是在这一背景下应运而生的。图 1.7 所示为大数据系统概览。

图 1.7　大数据系统概览

（一）大数据的定义

大数据（big data）又称为巨量资料或海量数据，是指传统数据处理应用软件不足以处理的大量的或复杂的数据集的术语。大数据也可以定义为具有各种来源的大量非结构化或结构化数据。

（二）大数据的发展历程

自从古代有过第一次计数以来，数据收集和分析便成为社会功能改进的根本手段。17—18 世纪的微积分、概率论和统计学所提供的基础性实训，为科学家提供了一系列新工具，用来准确预测星辰运动，确定公众犯罪率、结婚率和自杀率。这些工具常常带来惊人的进步。

19 世纪，约翰·斯诺（John Snow）博士运用近代早期的数据科学绘制了伦敦霍乱爆发的"群聚"地图。霍乱在过去被普遍认为是由"有害"空气导致的，斯诺通过调查被污染的公共水井进而确定了霍乱的元凶，奠定了疾病细菌理论的基础。

今天，数据比以往任何时候都更加深入地与我们的生活交织在一起。我们期待着用数据解决各种问题、改善福利以及推动经济繁荣。数据的搜集、存储与分析技术水平不断提升，这种提升看上去正处于一种无限的向上轨迹之中。它们的加速是因为处理器能力的增强、计算与存储成本的降低以及在各类设备中嵌入传感器的技术的增长。这些趋势还将持续下去，我们只是处在所谓的"物联网"（internet of things）的相当初级的阶段。在物联网中，我们的各种应用设备、运输工具以及持续增长的"可穿戴"技术产品将可以彼此交换信息。

大数据的发展历程：第三次浪潮→大数据应用→大数据时代→云计算助力→国内规模化。

在 2014 年 12 月 12 日电商的促销期，淘宝网推出"时光机"——一个根据淘宝买家几年来的购买商品记录、浏览点击次数、收货地址等数据编辑制作的"个人网购志"，记录和勾勒出让人感怀的生活记忆，如图 1.8 所示。其背后，是基于对 4.7 亿淘宝注册用户网购数据的分析处理，这正是大数据的典型应用。

随着传统互联网向移动互联发展，全球范围内，除了个人电脑、平板电脑、智能手机、游戏主机等常见的计算终端之外，更广阔的、泛在互联的智能设备，如智能汽车、智能电视、工业设备和手持设备等都连接到网络之中。基于社会化网络的平台和应用，数以百亿计的机器、企业、个人随时随地都可以获取和产生新的数据。

图1.8　大数据的应用——淘宝"时光机"

互联网搜索引擎是大数据最为典型的应用之一。百度日处理数据量达到数十PB，并呈现高速增长的态势。如果一张光盘容量为1 GB，这相当于垒在一起的几千万张光盘。微软Bing（必应）搜索引擎，一周需要响应100亿次量级的搜索请求。其通过和Facebook的合作，每天有超过10亿次的社交网络搜索请求通过Bing来处理。

简单地讲，大数据就是那些超过传统数据库系统处理能力的数据。但是，大数据的问题并不仅仅是规模，数据产生的速度以及数据的多样性同样是大数据不可忽略的两个基本特性。根据摩尔定律，计算能力每一年半到两年的时间将增加一倍。可是，现有的网络带宽并没有以同样的速度增加。因此，如此之迅猛的数据洪流的产生，正在给电信运营商的网络运营带来极大的挑战①。

（三）大数据的特征

1. 体量大

体量大（volume）是指大数据巨大的数据量与数据完整性。IT界所指的数据，诞生不过60多年。而一直到个人电脑普及前，由于存储、计算和分析工具的技术与成本限制，许多自然界和人类社会值得记录的信号，并未形成数据。

以前，气象、地质、石油物探、出版业、媒体业和影视业是大量、持续产出信号的行业，但那时90%以上采用的是存储模拟信号，难以通过计算设备和软件进行直接分析。拥有大量资金和人才的政府和企业，也只能把少量最关键的信号进行抽取、转换并装载到数据库中。

尽管业界对达到怎样的数量级才算是大数据并无定论，但在很多行业的应用场景

---

① 赵守香，唐胡鑫，熊海涛. 大数据分析与应用［M］. 北京：航空工业出版社，2020.

中，数据集本身的大小并不是最重要的，是否完整才最重要。

（1）根据 IDC 做出的估测，数据一直都在以每年 50% 的速度增长，即两年增长一倍。

（2）人类在最近两年产出的数据量相当于之前产生的全部数据量。

（3）人类生产的所有印刷材料的数据量是 200 PB。

（4）历史上全人类说过的所有的话的数据量大约是 5 EB（1 EB = 1 024 PB）。

（5）典型个人计算机硬盘的容量为 TB 量级。

（6）一些大企业的数据量已经接近 EB 量级。

2. 种类繁多

种类繁多（variety）意味着要在海量、种类繁多的数据间发现其内在关联。在互联网时代，各种设备通过网络连成了一个整体。进入以互动为特征的 Web 2.0 时代，个人计算机用户不仅可以通过网络获取信息，还可成为信息的制造者和传播者。这个阶段，不仅是数据量开始了爆炸式增长，数据种类也开始变得繁多。这必然促使我们对海量数据进行分析、处理和集成，找出原本看来毫无关系的那些数据的"关联性"，把似乎没有用的数据变成有用的信息，以支持我们做出的判断。

数据的数量正在快速增长，它的格式也越发多样，来源也越发广泛。有些数据是"天生数字化的"（born digital），意思是说它就是被特别创造出来用于计算机和数据处理系统的。这些例子存在于电子邮件、网页浏览或 GPS 定位之中。其他数据是"天生模拟的"（born analog），这是说它从物理世界中发散出来，但可以不断被转化成数字格式。模拟数据的例子包括手机、相机或摄像设备录制的语音或可视信息，或者还有通过可穿戴设备监测到的身体活动数据，如心率或排汗量。"数据融合"（data fusion）能够将分散的数据源整合在一起，随着这种能力的提升，大数据可以带来一些远见卓识。

（1）科学研究：基因组、地球与空间探测。

（2）企业应用：交易记录、应用日志、文档、文件。

（3）互联网：文本、图像、视频、查询日志、点击流。

（4）物联网：传感器、监测设备。

3. 处理速度快

处理速度快（velocity）可以理解为更快地满足实时性需求。数据的实时化需求正越来越清晰。对普通人而言，开车去吃饭，会先用移动终端中的地图查询餐厅的位置，预计行车路线的拥堵情况，了解停车场信息甚至是其他用户对餐厅的评论。吃饭时，人们会用手机拍摄食物的照片，编辑简短评论发布到微博或者微信上，还可以用 LBS（基于位置的服务）应用查找在同一间餐厅吃饭的人，看有没有好友在附近等。

如今，通过各种有线和无线网络，人和人、人和各种机器、机器和机器之间产生了无处不在的连接，这些连接不可避免地带来数据交换。而数据交换的关键是降低延迟，以近乎实时（这意味着小于 250 毫秒）的方式呈献给用户。

数据采集与分析的执行速度越来越接近即时时间，这意味着对一个人就其周边环境或生活所做的决定产生即时的影响而言，大数据分析有着越来越大的潜力。高速数据的例子包括记录使用者在线与网页互动活动的点击流数据，即时追踪定位的移动设备获得的 GPS 数据，以及得到广泛分享的社交媒体数据。客户与公司希望通过分析这种数据使其即刻获益的要求越来越高。事实上，如果手机定位应用不能即时准确地确认手机位置，它根本就不会有什么用处，并且，在确保我们的汽车安全运行的计算机系统中，实时操作至为关键。从数据的生成到消费，时间窗口非常小，可用于生成决策的时间也非常少。

4. 价值密度低

比前面 3 个"V"更重要的，是价值密度（value），它是大数据的最终意义——获得洞察力和价值。大数据的崛起，正是在人工智能、机器学习和数据挖掘等技术的迅速发展驱动下，呈现的这么一个过程：将信号转化为数据，将数据分析为信息，将信息提炼为知识，以知识促成决策和行动。

就大数据的价值而言，就像沙子淘金，大数据规模越大，真正有价值的数据相对就越少。所以大数据系统不是越多越好，而是越少越好。开始数据要多，最后还是要少，把 ZB、PB 最终变成一个比特，也就是最后的决策。这才是最关键的。以视频为例，一部 1 小时的视频，在连续不间断的监控中，有用的数据可能仅有一两秒，价值密度低，商业价值高。

"卖数据"称为直接赢利模式，如淘宝推出的"数据魔方"收费标准为 300 元/月，直接创造经济价值。

数据采集、存储与处理成本的下降，连同像传感器、相机、地理位置及其他观测技术提供的新的数据来源，意味着我们生活在一个数据采集几乎无处不在的世界中。采集与处理的数据量是空前的。从基于网络的应用、可穿戴技术与先进传感器，到监测生命体征、能源使用状况与慢跑者跑步速度的监测仪，由此带来的数据爆炸将增加人们对于高性能计算技术的需求，并推动针对最复杂数据的管理能力的提升。

若使用得当，大数据分析能够提高生产效率，改善客户与政府的服务体验、挫败恐怖分子并且拯救生命。例如，大数据与不断发展的"物联网"使得人们将产业经济与信息经济进行整合成为可能。又如，喷气式发动机和运货卡车现在能够装配许多传感器以监控上百个数据点，并且在需要维护时自动报警。这就使得整个系统更加扁平化，减少了维护成本，并同时增强了安全性。再如，美国医疗保险和医疗补助服务中心（the centers for medicare and medicaid services，简称 CMS）已经开始在要求支付前用预测分析软件来标示看似报销欺诈的凭证。欺诈预防系统有助于实时甄别高风险医疗保健提供者的欺诈、浪费与滥用行为，它已经终止、阻止或确认了 1.15 亿美元的欺诈性支付，在该程序上花的每 1 美元带来了 3 美元的成本节约。

（四）大数据的数据结构

（1）10% 为结构化数据，通常存储在数据库中。

（2）90% 为非结构化数据，格式多种多样。

（3）企业数据，目前已有超过 80% 的数据以非结构化的形式存在。

（4）互联网领域，非结构化数据占到整个数据流比例的 75% 以上。

（5）非结构化数据年增长速度约为 63%，远超过结构化数据增长速度（32%）。

（五）大数据应用领域

大数据的应用领域非常广泛，具体包含政府、电商、金融、交通、制造、教育、医疗、能源等，如图1.9所示。

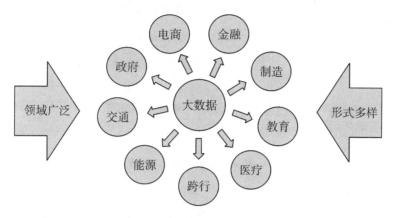

图1.9　大数据的应用领域

不论是零售、电商、金融等商业领域，还是制造、能源等工业领域，大数据在各行各业中都发挥着非常重要的作用。

比如政府大数据，可能会涉及安防、征信、智慧城市等业务。在前几年张学友的演唱会中，警方逮捕了很多逃犯。一场演唱会规模很大，通常有数万人参与，并且多数演唱会于晚上举行，灯光昏暗。在这样的条件下警方能抓获逃犯，主要得益于AI技术和大数据技术在安防领域的应用。系统首先拍摄每个人的图像，识别得到每个人的面部信息，再将面部信息与后端的数据库进行比对，若遇到逃犯，系统会自动报警，提醒公安人员有犯罪嫌疑人出现。

二、商务数据分析基础

（一）数据分析与决策流程

（1）明确目标：确定核心指标、明确分析思路。

（2）指标分解：拆解核心指标、剔除虚荣指标。

（3）获取数据与数据预处理：数据采集、数据集成、数据清洗、数据加工。

（4）数据分析：量化分析、趋势分析、对比分析、关联分析、因果分析。

（5）数据可视化：评估描述、编制统计图表、确定展现形式、撰写数据报告。

（6）采取行动：结果输出、验证、评估、分析迭代改进、优化、延展分析。

（二）明确目标

供应方在与需求方有效沟通后，在了解业务的基础上，明确切入角度和核心指标，如图1.10所示。

需求方角色	关心的问题
管理层	决策反映在哪些指标？ 这些指标之间的关系？ 业务的全局变化如何？ ……
运营方	最近活动效果如何？ 广告位如何定价？ 是否可以沉淀某些运营方法？ ……
产品方	功能使用率如何？ 如何优化功能或模块？ ……

图 1.10　根据需求方确立数据分析目标

（三）指标分解

供应方确定核心指标后，可以根据业务逻辑，结合不同的数据分析方法论，遵循 MECE 原则，从不同的角度对指标进行拆分。

（四）确定模型或方法

分析模型的方法有 AARRR 模型（拉新—促活—留存—转化—传播）、4P 营销理论、5W2H 分析法等。

时间维度：根据时段（如每天中的各时点）、日期间隔（如次日/3 日/7 日/30 日等）、周期（如周一、周六等）等对数据指标进行细分。

渠道维度：通常可以分为线上和线下渠道，线上渠道主要有自媒体投放、百度推广、官方自有渠道等；线下渠道主要有户外广告、地推活动、纸质媒体等。

用户维度：根据用户登录情况，用户可分为活跃用户、流失用户（长期不活跃）、忠实用户（长期活跃）、回流用户（曾经长期不活跃，后来再次成为活跃用户的群体）等；根据用户付费情况，用户可分为付费用户、未付费用户等。

（五）明确数据分析流程

1. 获取数据—数据采集

数据来源包括 WEB 端、App 端、传感器、数据库、第三方。

2. 获取数据—数据集成

数据集成：对来自不同数据源的数据，进行合并并整理，形成统一的数据视图。

需要考虑的问题：

（1）识别和匹配相关实体及数据：从核心信息开始，逐步匹配扩展到其他相关信息；

（2）统一的元数据定义：表名、字段名、类型、单位（量纲）等；

（3）统一的数据取值：通过映射规则（mapping）进行转换，保持数据一致性；

（4）冗余数据处理：对重复数据进行删除，对相关性大的数据进行适当处理。

3. 数据预处理

（1）大数据预处理技术—数据清洗。

数据清洗：针对原始数据，对出现的噪声进行修复、平滑或剔除，包括异常值、缺失值、重复记录、错误记录等；同时过滤掉不用的数据，包括某些行或某些列。

噪声数据处理：

①异常值：箱线图、删除、当作缺失值、忽略。

分箱发：箱均匀、箱中位数或箱边界、平滑数据。

②缺失值。

统计值填充：均值、众数、中位数。

固定值填充：填充指定值。

最接近记录值填充：与该样本最接近的相同字段值。

模型拟合填充：填充回归或其他模型预测值。

插值填充：建立插值函数，如拉格朗日插值法、牛顿插值法等。

（2）大数据预处理技术—数据变换。

数据变换：对数据进行变换处理，使数据更适合当前任务或者算法的需要。

常见的变换方式：

①使用简单函数进行变换：方根和乘方变换、对数和指数变换、插值和比例变换。

②数据规范化：归一化、标准化、中心化。

③连续值离散化：分裂法、合并法。

（3）数据预处理技术—数据归约。

数据归约：在尽可能保持数据原貌的前提下，最大限度地精简数据量。其主要包括属性选择和数据抽样两种方法。

①属性选择。它是指通过减少属性特征的方式压缩数据量，通过移除不相关的特性，提高模型效率。

②数据抽样。

简单随机抽样：每个样本被抽到的概率相等，随机从总体中获得指定个数的样本数据。

系统抽样：也叫等距抽样，整体按某种顺序排列后，随机抽取第一个样本，然后顺序抽取其余样本。

分层抽样：将总体分成多个不交叉的群，随机抽取若干个群。

连续抽样：先抽样，基于样本分析，根据分析结果决定要不要继续抽样。

多阶段抽样：抽样分阶段进行，每个阶段使用的抽样方法可以不同。

Bootstrap 重抽样：样本量不足时，有回放的重复抽样。

4. 数据分析—分析方法

（1）描述型分析：发生了什么？

（2）诊断型分析：为什么会发生？

（3）预测型分析：可能发生什么？

（4）指令型分析：下步怎么做？

5. 数据可视化

（1）数据可视化：利用计算机图形学和图像处理技术，将数据转换为图形或者图像在屏幕上显示出来进行交互处理的理论方法和技术。数据可视化旨在借助于图形化手段，清晰有效地传达与沟通信息。

（2）商务数据展现形式：预警分析、进度分析、差异分析、纵向对比（时间序列）、横向对比、同环比、其他对比。

6. 得出结论—数据报告

这是指根据数据分析的原理和方法，运用数据来反映、研究和分析某项事物的现状、问题、原因、本质和规律，并得出结论，提出解决办法。

这种文体是决策者认识事物、了解事物、掌握信息、搜集相关信息的主要工具之一，数据分析报告通过对事物数据全方位的科学分析来评估其环境及发展情况，为决策者提供科学、严谨的依据，从而降低决策风险。

7. 采取行动

只有对数据分析结果采取行动，才能产生价值。具体流程如下：数据分析结果输出，数据分析结果验证，数据分析结果评估，分析迭代改进、优化，延展分析，系统落地。

案例解析

安客诚的"人网合一"

> 网络营销存在一个巨大问题，即如何获知在网上使用几个不同名称的人是否为同一个人？安客诚推出了一种名为"观众操作系统"的技术方案解决了这个问题。它允许市场营销者与"数字人物"绑定，即使你换了名字，它也照样能够解答那个已经换了地址或者电话号码的人是否为同一个人的问题。

AOS 可以汇集不同数据库中的信息，这些数据或离线或在线，是公司可能在不同场合针对个人而收集的。通过使用 AbiliTec——一种 Acxiom 也拥有的数字化"身份识别"技术——AOS 将客户信息删繁就简，得到单一的结果。

AOS 帮助安客诚的广告客户使用它们的数据在 Facebook 上找到投放目标用户。

总而言之，大数据不做个别判断，主要适用于关联分析。很多关联分析并不需要复杂的模型，只需要有大数据的意识。很多机构都有数据废气，数据不是用完就是被舍弃，它的再利用价值也许我们现在不清楚，但在未来的某一刻，它会迸发出来，化废为宝，让公司的事业变得光明。

回顾总结

知识总结：

本节课的知识梳理汇总成流程图，如图 1.11 所示。

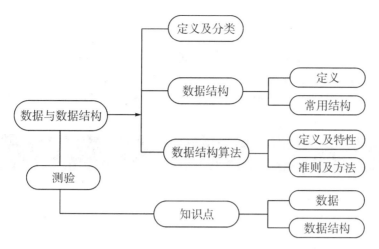

图 1.11　本节知识流程图

思维导图:

　　整理本节课所学知识点,补充下方思维导图(如图 1.12 所示),管理你的知识。

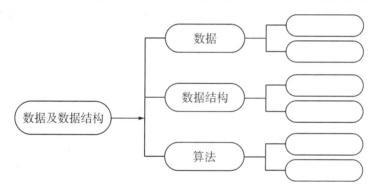

图 1.12　本节知识思维导图

实训作业

活动　数据挖掘环境配置

>>> **实训目标**

　　通过此活动的实践,学生应当能够:

- 下载并安装数据挖掘插件;
- 配置 SQL SERVER,完成在 Excel 的环境配置。

>>> **实训实施流程**

　　实训实施流程如图 1.13 所示。

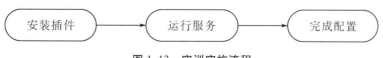

图 1.13　实训实施流程

▶▶▶ **活动要求**

1. 学生根据实践任务要求，找到适合 Excel 工具的 SQL 插件并运行安装。

2. 在实训实施过程中，学生可自由查阅资料或向老师求助。

3. 在规定时间内完成任务，超时则视为未完成任务，不予评分。

请先下载"参考资料"，根据实训步骤演示，在"答题卡"中完成任务。

请在下框中填写你在活动过程中遇到的问题。
·
·
·

▶▶▶ **任务实践**

请根据活动步骤流程，配置 Excel 数据挖掘环境，并将完成过程体现在下方表格中。

▶▶▶ **检查清单**（见表 1.3）

表 1.3　检查清单

序号	检查事项	是否完成
1	对本实训页的任务要求是否明确	
2	是否安装并成功运行了 SQL 插件	
3	是否达成本次任务的实训目标	

≫≫ 任务评价（见表1.4）

表1.4　任务评价表

评价类别	评价内容	分值	教师评分
知识与技能	掌握数据挖掘的环境配置方法	60	
情感态度	课堂上积极参与，积极思考，勇于开口、动脑，发言次数多	20	
	小组协作交流情况：小组成员间配合默契，彼此协作愉快，互帮互助	20	

项目检测

一、单项选择题

1. 下面属于分类算法的是（　　）。
   A. Kmeans 　　　　　　　　　 B. 逻辑回归
   C. 决策树 　　　　　　　　　　 D. 关联规则

2. 以下不属于数据管理文件的格式是（　　）。
   A. ＊.xls 　　　　　　　　　　 B. ＊.xlsx
   C. ＊.ppt 　　　　　　　　　　 D. ＊.txt

3. 以下不属于数据挖掘方法的是（　　）。
   A. 分类分析 　　　　　　　　　 B. 回归分析
   C. 聚类分析 　　　　　　　　　 D. 销售分析

4. 以下不属于数据管理软件的是（　　）。
   A. Excel 　　　　　　　　　　　 B. POWER BI
   C. SQL SERVER 　　　　　　　　 D. WORD

5. 以下不是常见数据类型的是（　　）。
   A. 逻辑型 　　　　　　　　　　 B. 日期型
   C. 文本型 　　　　　　　　　　 D. 空值

二、多项选择题

1. 以下是常用的数据结构的是（　　）。
   A. 逻辑结构 　　　　　　　　　 B. 存储结构
   C. 计算结构 　　　　　　　　　 D. 顺序结构

2. 以下属于数据分类原则的是（　　）。
   A. 稳定性 　　　　　　　　　　 B. 系统性
   C. 兼容性 　　　　　　　　　　 D. 可扩容性
   E. 综合实用性

3. 以下属于算法设计原则的是（　　）。
   A. 正确性 　　　　　　　　　　 B. 可读性
   C. 健壮性 　　　　　　　　　　 D. 高性价比

4. 以下是数据的特性的是（　　　）。

    A. 变异性　　　　　　　　　　B. 实效性

    C. 规律性　　　　　　　　　　D. 唯一性

5. 商务数据分析的流程包括（　　　）。

    A. 数据收集　　　　　　　　　B. 数据处理

    C. 数据分析　　　　　　　　　D. 数据报告

三、简答题

1. 简述数据的作用。

2. 简述数据分析在商务分析中的作用。

项目2 | 数据分析工具与方法

数据来自各个方面，面对庞大而复杂的数据，选择一个合适的处理工具很有必要。工欲善其事，必先利其器，一个好的工具不仅可以使我们的工作事半功倍，也可以让我们在竞争日益激烈的云计算时代，挖掘大数据价值，及时调整战略方向。

项目2 课件

来自传感器、购买交易记录、网络日志等的大量数据，通常是万亿级或 EB 级的大小，对于如此庞大的数据规模，寻找一个合适的处理工具非常必要。本章主要介绍常见的数据分析工具。

任务 2-1 常用的数据分析工具

任务导入

任务 使用 PowerPivot 导入数据

实训情境：

我们进行数据分析前，需要将不同格式的数据统一整合到一个可以进行数据分析的文件中，如在获取数据时为了方便记录会采用记事本对数据进行记录，而记事本并不能进行数据分析，因此需要将记事本中的数据转化为可以进行数据分析的文件格式，如 Excel 文件。

根据岗位实训内容，我们可提炼出典型实训活动，具体如下：

（1）区分不同格式的数据文件；

（2）能够正确使用分隔符将记事本中的数据分隔开；

（3）掌握 PowerPivot 导入数据的流程及要求。

学习目标：

知识目标：（1）了解 PowerPivot 的功能、优缺点以及使用场景；

（2）熟悉数据文件的格式；

（3）掌握分隔符的使用。

技能目标：能够独立使用 PowerPivot 正确导入各种格式的数据。

思政目标：（1）树立严谨、细致的实训态度；

（2）培养克服困难解决问题的能力；

（3）追求职业高度。

学习导图：

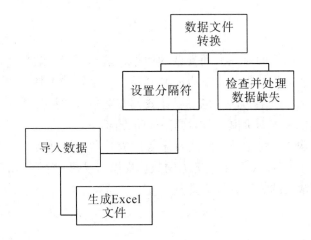

实训任务

实 训 任 务 书

任务名称：_____

任务功能：_____

典型实训任务：_____

实训任务	使用 PowerPivot 导入数据		
任务成员		指导教师	
任务描述	根据老师提供的原始数据"用户明细.txt",使用 Excel 2016 中 PowerPivot 将数据导入 Excel 中		
实训目标	目标（O）	完成数据挖掘在 Excel 中的基础数据分析	
	关键成果	关键成果 1（KR1）	在"用户明细.txt 文件中,正确使用分隔符"
		关键成果 2（KR2）	能顺利地将数据导入 Excel 中
		关键成果 3（KR3）	将"用户明细.txt"文件转化为"用户明细.xlsx"
实训职责	·负责数据挖掘中数据的安全性 ·维护数据挖掘中数据的稳定性		
实训内容	①选择数据 ②修改分隔符 ③导入数据 ④生成 Excel 表		
实训难度	√ 简单 □一般 □较难 □困难		
完成确认	序号	检查事项	教师签名
	1	"用户明细.txt"文件是否存在缺失	
	2	"用户明细.txt"数据间是否有正确的分隔符	
	3	"用户明细.txt"是否成功导入 Excel 中	
	4	生成"用户明细.xlsx"文件	

注意事项:

1. 请严格按照实训任务内容要求实践,不得随意更改实训流程。

2. 完成实训内容后,请进行清单检查,完成请打钩。

学生签名:

◈ 情境描述

我们常用"磨刀不误砍柴工"来比喻要办成一件事,不一定要立即着手干活,而是先要进行一些筹划和安排,做好充分准备,创造出有利条件,这样不但不会浪费时间,反而会大大提高整体的实训效率。这个道理在进行数据分析中也是适用的,在进行数据分析前能够正确导入需要分析的数据是非常重要的。

▤ 实训计划

对"用户明细.txt"进行缺失检查及分隔符的设置,使用 Excel 的 PowerPivot 将数据正确导入,组成新的"用户明细.xlsx"文件。

实训流程图如图 2.1 所示。

(备注:实训流程图上方为该环节所需知识点,下方为项目实践活动。)

图 2.1　实训流程图

典型实训活动一:检查数据

实训要点 1:数据是否有缺失

实训要点 2:设置数据间的分隔符

实训任务:检查并设置数据间的分隔符。

典型实训活动二:数据导入

实训要点 1:使用 Excel 中的 PowerPivot 导入数据

实训要点 2:检查导入数据的完整性和准确性

实训任务:完成"用户明细.txt"的导入。

典型实训活动三:生成 Excel 文件

实训要点 1:调整导入数据的格式

实训要点 2:使用 Excel 导出"用户明细.xlsx"文件

实训任务:"用户明细.xlsx"文件的生成。

☞ 学习目标

本实训的学习目标如表 2.1 所示。

表 2.1 学习目标

难度	序号	任务内容
初级	1	检查数据的完整性
	2	设置或修改数据间的分隔符
	3	使用 Excel 的 PowerPivot 导入数据
	4	检查数据的完整性和正确性
	5	将数据导出为"用户明细.xlsx"文件
	6	完成【使用 PowerPivot 导入数据】实训任务书
中级		
高级		

知识讲解 ├────────────────────────────

任务 了解常用的数据分析工具

数据分析一般分为五个步骤:第一步,数据收集,包括一手数据和二手数据的收集;第二步,数据处理,即从大量的、杂乱无章的数据中抽取并推导出对解决问题有价值、有意义的数据;第三步,数据分析,包括分类、聚类、关联、预测数据;第四步,数据展现,即用饼图、柱形图、条形图、折线图、散点图、雷达图、金字塔图、矩阵图等常用图表可视化展现数据;第五步,报告撰写,即图文并茂、层次清晰地向读者阐明结论,提出建议或解决方案。当我们面对规模越来越庞大的数据,已不能依靠计算器进行分析时,我们必须依靠强大的数据分析工具。数据分析工具能帮助我们熟悉数据分析方法理论,完成数据分析实训。

本章主要介绍商务数据分析的工具,通过完整的数据分析知识体系,在数据处理、分析、展现、报告方面进行延伸扩展,精心挑选能够提高效率的常用工具,涵盖数据处理(Microsoft Access、Microsoft Query)、数据分析(PowerPivot、Excel 数据分析工具库)、数据呈现(水晶易表)和报告自动化(VBA)。数据分析方法总体上有两类,描述性数据分析和预测性数据分析。本章将从以下两个方面展开讲解商务数据分析工具的相关内容。

描述性数据分析:通过数据透视表,求和、平均和分组来了解构成,通过不同维度的对比了解原因,通过图表制作进行呈现和描述。

预测性数据分析:通过现有的数据分析相关性,探寻联系,再通过相关回归模型对未来进行合理的预测。基于 Excel 数据环境的分析工具有两个，一个是侧重于描述性分析的 PowerPivot，另一个是基于统计分析的 Excel 数据分析工具库。

一、PowerPivot（Excel 数据分析工具）

PowerPivot 是一组应用程序和服务，为使用 Excel 和 SharePoint 创建和共享商业智能提供了端到端的解决方案。PowerPivot 与 Excel 和 SharePoint 进行了集成。在 Excel 环境中，PowerPivot for Excel 提供熟悉的工作站式的创作和分析体验。在 SharePoint 场中，PowerPivot for SharePoint 添加了服务器端应用程序和功能，支持对用户发布到 SharePoint 的工作簿进行 PowerPivot 数据访问和管理。PowerPivot 服务器组件能加载数据、处理查询、执行计划的数据刷新，并跟踪场中的服务器和工作簿使用情况。

PowerPivot for Excel 是在 Excel 工作簿中创建 PowerPivot 数据的创作工具。用户可以使用数据透视表和数据透视图等 Excel 数据可视化对象来显示用户在 Excel 工作簿（.xlsx）文件中嵌入或引用的 PowerPivot 数据[①]。

PowerPivot for Excel 通过下列方式来支持自助商业智能。

（1）取消当前 Excel 中的行和列限制，以便可以导入更多的数据。

通过数据关系层，用户可以集成来自不同数据源的数据并全面处理所有数据；可以输入数据、复制其他工作表中的数据或从企业数据库中导入数据；可以在数据之间建立关系以分析数据，就好像所有数据都来自一个数据源一样创建可移植、可重用的数据。数据保留在工作簿内，用户无须管理外部数据连接。如果用户发布、移动、复制或共享工作簿，那么所有的数据都会和工作簿在一起。工作簿的其余部分可以立即使用所有的 PowerPivot 数据。用户可以在 Excel 和 PowerPivot 窗口之间切换，从而以交互方式处理数据及其在数据透视表或数据透视图中的表示形式。处理数据及其表示形式不是单独的任务。用户可以在同一个 Excel 环境中一起处理数据及其表示形式。

（2）PowerPivot for Excel 可以让用户导入、筛选数百万行数据并对这些数据进行排序，远远超过 Excel 中一百万行的限制。

排序和筛选操作都非常快，因为它们是由在 Excel 内部运行的本地 Analysis Services VertiPaq 处理器执行的。更重要的是，通过使用 PowerPivot for Excel，用户可以在来自完全不同的数据源的数据之间建立关系，具体方法是映射包含类似或相同数据的列。在数据之间建立关系时，用户是在 Excel 中创建了可在数据透视表、数据透视图或任意 Excel 数据表示对象中使用的全新内容。保存的数据存储在 Excel 工作簿内部。数据经过高度压缩，生成的文件的大小适合在客户端工作站上进行管理。

（3）用户会获得一个包含嵌入数据的工作簿（.xlsx）文件，这些数据由内部处理器提取和处理，但完全通过 Excel 呈现。

压缩和处理是由 Analysis Services VertiPaq 引擎完成的。查询处理在后台透明地运行，以便在 Excel 中提供海量数据支持。因为其是由本地 Analysis VertiPaq 引擎执行的，所以排序和筛选操作都非常快。

PowerPivot 的特点：行和列的限制都被取消了，可以处理海量数据，整合多数据源，操作界面简洁，实现信息共享。常见的数据库对比如表 2.2 所示。

---

① 张文霖，耿松，林凤琼，等. 谁说菜鸟不会数据分析工具篇［M］. 北京：电子工业出版社，2019：49.

表 2.2 常见数据库对比

工具	优点	缺点
Access 数据库	数据处理能力强 用 SQL 处理数据灵活 适合 SQL 初学者学习 SQL 语句	数据超过千万条时性能下降，使用 SQL 分析不如透视表灵活
Microsoft query	适合 SQL 初学者学习 SQL 语句	数据处理性能弱于 Access
PowerPivot	可处理大型数据集 可用数据透视表灵活分析	数据处理灵活度低

综上，PowerPivot 适用于习惯使用 Excel 数据透视表处理数据的用户，Access 未安装，无须进行或进行简单的数据处理，在分组过程中主要是创建列，然后进行透视表分组。以用户购买行为分析为例，搭建分析框架，如图 2.2 所示。

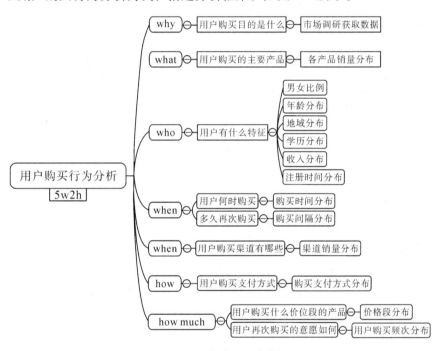

图 2.2 用户购买行为分析

二、Excel 数据分析功能

说到数据分析，大家可能想得比较多的是 SPSS、SAS、R、Matlab 等，其实 Excel 里面自带的数据分析功能也可以完成这些专业统计软件所做的数据分析工作，这其中包括：描述性统计、相关系数、概率分布、均值推断、线性、非线性回归、多元回归分析、时间序列等内容。Excel 是 Microsoft 为使用 Windows 和 Apple Macintosh 操作系统的电脑编写的一款电子表格软件。直观的界面、出色的计算功能和图表工具，再加上成功的市场营销，使 Excel 成为最流行的个人计算机数据处理软件。在 1993 年，Excel 作为 Microsoft Office 的组件发布了 5.0 版之后，就开始成为所适用操作平台上的电子制表软件的霸主。分析工具库是在安装 Microsoft Office 或 Excel 后可用的 Microsoft Office

Excel 加载项（加载项：为 Microsoft Office 提供自定义命令或自定义功能的补充程序）程序。但是，要在 Excel 中使用它，用户需要先进行加载①。

（一）分析工具库简介

在用 Excel 进行统计分析的时候，用户只需要提供必要的参数，就可以用工具选择函数分析，如图 2.3 所示。

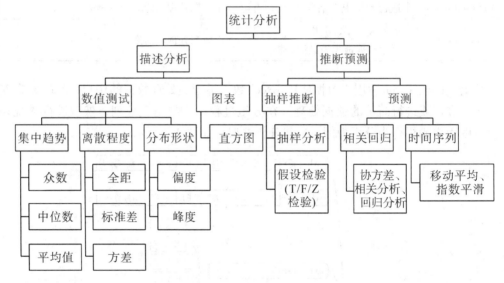

图 2.3 统计分析结构

（二）描述统计分析

通过 Excel 分析工具库中的"回归"分析工具，我们可以了解到更多信息，如回归统计表、方差分析表、回归系数表就分别用于回归模型的拟合优度检验（R^2）、回归模型的显著性检验（F 检验）、回归系数的显著性检验（t 检验）。

1. 回归模型的拟合优度检验（R^2），回归统计表

其衡量因变量与自变量间的相关程度大小，以及检验样本数据点聚集在回归直线周围的密集程度，从而评价回归模型对样本数据的代表程度，即回归模型的拟合效果。其中，R^2 越接近 1，模型的拟合效果越好。

2. 回归模型的显著性检验（F 检验），方差分析表

检验的假设是模型是否成立，即回归系数是否至少有一个不为零。先看 F 检验的结果，显著性强，再看 t 检验的每一个斜率值和显著性。检验所有因变量与自变量的线性关系是否显著，用线性模型描述是否恰当。其中，一般用 P 值（significance F）来检验，指的是在显著水平 α（通常取 0.01 或 0.05）下的 F 的临界值。如果 $P>0.05$，则结果不具有显著的统计学意义；如果 $0.01<P\leqslant0.05$，则结果具有显著的统计学意义；如果 $P<0.01$，则具有极其显著的统计学意义。

3. 回归系数的显著性检验（t 检验），回归系数表

回归系数的显著性检验（t 检验），回归系数表，检验每一个回归系数的显著性。

① 张文霖，耿松，林凤琼，等. 谁说菜鸟不会数据分析工具篇［M］. 北京：电子工业出版社，2019：70.

研究回归模型中的每个自变量与因变量之间是否有显著的线性关系，也就是研究自变量是否能够有效解释因变量的线性变化，它们能否保留在线性回归模型中。其中，第一列表示截距 a 和斜率 b，第二列表示 a、b 的值，第五列是 P 值，与前面 F 检验说明一致。

（1）峰度系数。

峰度以 bk 表示，Xi 是样本测定值，$Xbar$ 是样本 n 次测定值的平均值，s 为样本标准差。正态分布的峰度为 3。一般而言，以正态分布为参照，峰度可以描述分布形态的陡缓程度；若 $bk<3$，则称分布具有不足的峰度；若 $bk>3$，则称分布具有过度的峰度。若知道分布有可能在峰度上偏离正态分布，则可用峰度来检验分布的正态性。

根据均值不等式，我们可以确定出峰度（系数）的取值范围：它的下限不会低于 1，上限不会高于数据的个数。有一些典型分布的峰度（系数）值得特别关注。例如，正态分布的峰度（系数）为常数 3，均匀分布的峰度（系数）为常数 1.8。在统计实践中，我们经常把这两个典型的分布曲线作为评价样本数据序列分布形态的参照。若先将数据标准化，则峰度（系数）相当于标准化数据序列的四阶中心矩。所以，在相同的标准差下，峰度系数越大，分布就有更多的极端值，那么其余值必然要更加集中在众数周围，其分布必然就更加陡峭，如图 2.4 所示。峰度系数>0，尖峭峰分布；峰度系数<0，平阔峰分布；峰度系数=0，正态分布。

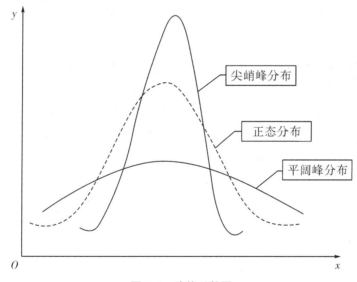

图 2.4　峰值系数图

（2）偏度系数。

Q 高峰向左偏移（偏度<0），正偏态分布；高峰向右偏移（偏度>0），负偏态分布。

Q 偏度系数>1 或<-1，高偏态分布；Q 偏度系数为 0.5~1、-0.5~-1，中等偏态分布；Q 偏度系数越接近 0，偏斜度就越低。具体见图 2.5。

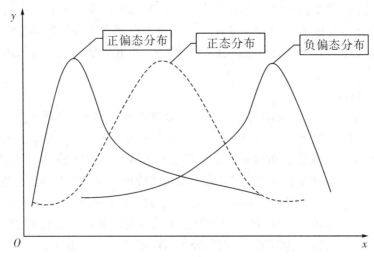

图 2.5 偏度系数图

（三）常用分析方法

1. 直方图

直方图展示分组数据分布的图形，横轴表示数据分组，纵轴表示频数不设置组距。按最大值和最小值等距分组输出选择柏拉图，直方图则按照频率降序排列输出累计百分率，可以在表中添加累计百分比数值，并在图表中输出累计百分比折线[①]，如图 2.6 所示。

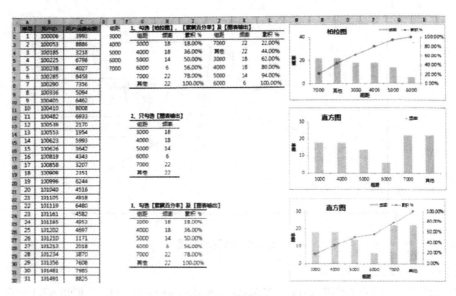

图 2.6 直方图

2. 抽样分析

抽样分析通过已知的有效样本区估计未知的庞大总体周期间隔和随机间隔。其中随机抽样是有放回抽样，要检验抽样的重复性。

----

① 张文霖，耿松，林风琼，等. 谁说菜鸟不会数据分析工具篇 [M]. 北京：电子工业出版社，2019：77.

3. 相关分析

相关分析指研究两个或以上随机变量之间的相互依存方向和密切程度,直线用相关系数,曲线用相关指数,多重相关用复相关系数表示[1],如表2.3所示。

表2.3 相关性程度

相关系数 r 的正负	相关方向	相关系数 $|r|$ 的大小	相关程度
$r>0$	正相关	[0, 0.3]	低度相关
$r<0$	负相关	[0.3, 0.8]	中度相关
$r=0$	不相关	[0.8, 1]	高度相关

(1)相关关系:现象间存在非严格的、不确定关系,两个现象的数量变化间有一定的随机性关系,因为有若干数值对应某一现象,影响现象发生变化的因素不止一个。且其不分自变量和因变量,仅描述线性关系的密切程度。如信用卡评分模型的原始参数与结果是相关关系。

(2)回归函数关系:现象间存在依存关系,某一变量的每一个数值,都有另一个变量与之对应,关系可以用数学表达式表达,进而进行预测。其有确定的自变量和随机的因变量,不仅揭示两个变量的关系,还可以用回归模型预测。如信用卡评分与结果是回归关系。

4. 回归分析

回归分析流程如图2.7所示。

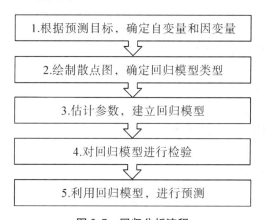

1.根据预测目标,确定自变量和因变量

2.绘制散点图,确定回归模型类型

3.估计参数,建立回归模型

4.对回归模型进行检验

5.利用回归模型,进行预测

图2.7 回归分析流程

回归模型的检验,三张表为回归统计表、方差分析表、回归系数表。

(1)回归模型的拟合优度检验(R^2),回归统计表。

其衡量因变量与自变量间的相关程度大小,以及检验样本数据点聚集在回归直线周围的密集程度,从而评价回归模型对样本数据的代表程度,即回归模型的拟合效果。

其中,R^2 越接近1,模型的拟合效果越好。

(2)回归模型的显著性检验(F 检验),方差分析表。

检验的假设是模型是否成立,即回归系数是否至少有一个不为零。先看 F 检验的

① 张文霖,耿松,林风琼,等. 谁说菜鸟不会数据分析工具篇 [M]. 北京:电子工业出版社,2019:88.

项目2 数据分析工具与方法

结果，显著性强，再看 t 检验的每一个斜率值和显著性。检验所有因变量与自变量的线性关系是否显著，用线性模型描述是否恰当。其中，一般用 P 值（significance F）来检验，指的是在显著水平 α（通常取 0.01 或 0.05）下的 F 的临界值。如果 $P>0.05$，则结果不具有显著的统计学意义；如果 $0.01<P\leqslant0.05$，则结果具有显著的统计学意义；如果 $P<0.01$，则具有极其显著的统计学意义。

（3）回归系数的显著性检验（t 检验），回归系数表，检验每一个回归系数的显著性。

研究回归模型中的每个自变量与因变量之间是否有显著的线性关系，也就是研究自变量能够有效解释因变量的线性变化，它们能否保留在线性回归模型中[1]。

三、Power BI

（一）Power BI 工具简介

Power BI 是微软最新的商业智能（BI）概念，它包含了一系列的组件和工具，Power BI 的核心理念就是让我们用户不需要强大的技术背景，只需要掌握 Excel 这样简单的工具就能快速上手商业数据分析及可视化。

Power BI 的优点如下：

（1）高颜值——可交互、钻取的仪表板；

（2）高智商——问与答功能，让你的报告会说话；

（3）高效率——数据源可配置自动更新，实现实时的仪表板展现；

（4）可拓展的可视化图表；

（5）流行的文字云。

Power BI 一系列的组件和工具如图 2.8 所示。

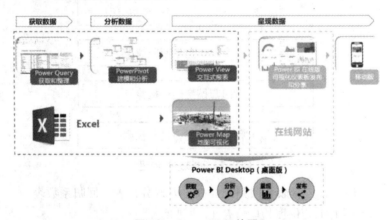

图 2.8　Power BI 组件图

在 Office 2010 时代，Power BI 组件均以插件形式存在；Office 2013 时代除了 Power Query，其他插件已全部内置；Office 2016 时代已全部内置相关插件。Power BI 就是将这些插件打包起来做了一个独立的软件，更加方便我们使用，同时其还提供了在线版、移动版、桌面版，而我们通常所说的 PBI 指的就是 Power BI 的桌面版（Power BI

① 张文霖、耿松、林凤琼，等. 谁说菜鸟不会数据分析工具篇［M］. 北京：电子工业出版社，2019：73.

Desktop）。其中 BI 组件包含 Power Query、PowerPivot、Power View、Power Map 四个。操作 Power Query 需要学习 M 语言、操作 PowerPivot 需要学习 DAX 语言，两者均属于函数式编程。而 Power View 和 Power Map 主要是做可视化，在 Excel 里面不是重点，已经逐渐被更为强大的 PBI 的仪表板取代。Power BI 是一套商业分析工具，用于在组织中提供分析意见（Power BI 全称为决策分析系统）。其可连接数百个数据源、简化数据准备并提供即时分析，集数据获取、整理、呈现为一体；早期作为插件和 Excel 搭配使用，后续逐渐内置到 Excel 当中，现在已经开发出独立的软件。

（二）Power Query 插件

Power Query 是一种数据连接技术，可用于发现、连接、合并和优化数据源以满足分析需要。Power Query 的功能在 Excel 和 Power BI Desktop 中可用。

Power Query 的使用场景如下。

（1）Power Query 可以加载多种数据源，包括常见的 Excel 文件、文件夹、TXT 文件、CSV 文件、SQL Server、MySQL、Web 等；可对数据进行合并、追加之前需要 VBA 才能完成的实训。Power Query 操作完的步骤可以重复执行，如需再次操作同样的步骤，只需要刷新即可得到最新的数据。

（2）Power Query 写好的操作步骤可以再次编辑和更改，还可调整操作步骤。你可以想象成你录制了一个宏，并且这个宏是可以根据你的需要随时编辑的。如果我们要直接修改宏的代码来实现，则需要学习 VBA 编程，但是在 Power Query 里面，操作如在 Excel 中的工具栏按钮进行操作一样简单。

（3）Power Query 加载的数据可以突破 Excel 中 100 万行的限制，而加载数据的大小取决于你的内存上限。

（4）Power Query 和 PowerPivot 结合，我们出日报只需要更新数据源后再进行刷新，对于重复性的实训，其可以称之为"神器"，效果堪比 VBA，但学习门槛却非常低。M 语言是操作 Power Query 的语言，目前由 700 多个函数组成。但是大家不需要担心，我们学习 Power Query 只是为了完成基本的实训，没有必要对这些函数全部都熟悉，就像我们学习 Excel 不需要对 VBA 和全部的函数熟悉一样，我们只需要掌握几个基本的函数即可游刃有余。即便你不会任何 M 函数，依然可以通过工具栏上的按钮来实现，它们的很多功能与 Excel 是类似的，学习门槛很低。

可以简单地将 Power Query 理解为一个数据加载和数据清洗工具，在实际操作中由于受限于其计算效率，Power Query 通常作为数据加载工具使用，但其数据清洗功能也是非常强大的，甚至可以做网络爬虫。

（三）PowerPivot

PowerPivot 是一种数据建模技术，用于创建数据模型，建立关系以及创建计算。人们可使用 PowerPivot 处理大型数据集，构建广泛的关系，以及创建简单或复杂的计算，这些操作全部在高性能环境和 Excel 内执行。

PowerPivot 的使用场景：

（1）PowerPivot 是 Power Query 的好搭档，它们配合使用的场景非常多。如果你要做一份日报，你可以通过 Power Query 加载数据直接生成想要的数据。如果你有更加复杂的需求，可以再链接到 PowerPivot 里面使用"度量值+多维数据集函数"将你需要的结果返回。下次再做日报只需要更新数据源后全部刷新。

（2）PowerPivot 可以突破数据透视表的限制，制作更加自由的数据呈现结构。

（3）PowerPivot 可对整个数据库进行复杂查询，具有快速内存处理能力，和 Power Query 一样不受 Excel 100 万行的限制，结合使用 DAX Studio 可以实现类似 SQL 的查询效果。

（4）和 Power Query 一样，PowerPivot 不受限于数据来源形式，并且支持非常多的数据源格式。我们可以直接使用 PowerPivot 加载源数据，也可以通过 Power Query 加载然后再链接到 PowerPivot 中进行使用。

（5）使用 PowerPivot 中的 DAX 语言有两个方向，即数据分析方向和数据查询方向。数据分析方向主要使用度量值，数据分析师使用得较多；数据查询方向是使用 DAX 处理各种复杂的表格关系，其查询效果类似 SQL。与 Power Query 一样，操作 PowerPivot 也需要一门编程语言，即 DAX 语言。DAX 语言由 200 多个函数组成，Power Query 的 M 语言均可用于函数式编程。看到编程两字，你不必害怕，因为 DAX 的函数中有部分函数跟我们使用的 Excel 函数一样或者类似，上手很快。涉及 DAX 更加复杂的操作需要你理解两个概念：筛选上下文和行上下文。

PowerPivot 主要适用于数据模型的搭建方向，但在数据查询方面也表现优秀。Power Query 和 PowerPivot 是一对在数据处理方面具有划时代意义的工具。但不要听到搭建数据模型就感觉很复杂，它其实并没有我们想象的那么"高大上"，我们只要开始学习，就会很容易入门。

（四）Power View

Power View 是一种数据可视化技术，用于创建交互式图表、图形、地图和其他视觉效果，以便直观呈现数据。Power View 在 Excel、BI SharePoint、SQL Server 和 Power BI 中均可用。

Power View 是嵌套在 Excel 里的交互式图表工具，只用 Excel 也可以制作出高大上的仪表板。

（五）Power Map

Power Map 是直接嵌套在 Excel 里的基于地图的可视化工具，其同样可以在 PBI 中通过地图来实现。

（六）Power BI 组件学习途径

（1）从 Excel 入门——该方法适合 Excel 用户，如果你之前只是使用 Excel，那么你可以通过 Excel 开始学习这些 BI 组件，随后你会发现这将颠覆你以前对 Excel 的认知。

（2）从 Power BI 入门——该方法适合数据分析人员，你如果是一名数据分析相关人员，那么使用 Power BI Desktop 将是一个不错的选择，其和 Excel 中的组件基本相同，你可以非常方便地使用仪表板展示你所需要表达的内容，其是数据分析师的不二之选。

（3）从 SSAS 入门——该方法适合开发人员，SSAS 是 SQL Server 的一个组件，是属于企业级 BI 的工具。从任何途径开始学习都可以对其他部分产生触类旁通的效果，其关键部分均是一样的。

Power BI 在不断迭代，桌面版每月都有更新，有时候甚至是一周就更新，其已经成为微软战略产品。学习 Power BI 的人员在不断增多，但相关参考资料少，不像 Excel

那样成熟教程特别多，网上随处可见。有质量的 Power BI 组件教程在网上还是不太容易找，这些降低了部分想要学习的同学的积极性。学生如果是初学 Excel，可以看看刘凯老师翻译的《用 PowerPivot 建立数据模型》，如果是初学 Power BI，可以看看马世权老师的《从 Excel 到 Power BI》，或者也可参考 Power 工坊的网络课程。

最后总结一下，以上介绍的插件功能 WPS 都是不支持的，只有微软 Office 办公软件才支持。如果你是首次在 Excel 中使用 PowerPivot，那还需要设置一下才能使用；文件—选项—自定义功能区—将开发工具打钩，设置完毕后点击开发工具菜单下的 COM加载项，对 PowerPivot 勾选后才能使用。此时，Excel 会多一个 PowerPivot 的菜单。

四、生意参谋

大数据时代，数据是数据产品的内核，没有数据的产品只是产品，有形无神，更无法成为赋能用户的数据标杆，无法"可深度发展"。生意参谋集数据作战室、市场行情、装修分析、来源分析、竞争情报等数据产品于一体，是商家统一数据产品平台，也是大数据时代下赋能商家的重要平台，其模块主要有：

（一）首页

首页全面展示店铺经营全链路的各项核心数据，包括店铺实施数据、商品实时排名、店铺行业排名、店铺经营概况、流量分析、商品分析、交易分析、服务分析、营销分析和市场行情，从流量、商品、交易、服务等一系列经营环节 360 度分析[1]。

实时直播：提供店铺实时流量交易数据、实时地域分布、流量来源分布、实时热门商品排行榜、实时催付榜单、实时客户访问等功能，还有先进的实时直播大屏模式，让商家可以洞悉实时数据，抢占先机。

（二）经营分析

流量分析展现全店流量概况、流量来源及去向、访客分析及装修分析；商品分析提供店铺所有商品的详细数据，包括五大功能模块，即商品概况、商品效果、异常商品、分类分析、采购进货；交易分析包括交易概况和交易构成两大功能，可从店铺整体到不同颗粒度细分店铺交易情况，方便商家及时掌控店铺交易情况，同时提供资金回流关键点。营销推广包括营销工具、营销效果两大功能，可帮助商家精准营销，提升销量。

（三）市场行情

市场行情专业版包括三大功能，即行业洞察、搜索词分析、人群画像。行业洞察具备行业直播、行业大盘分析、品牌分析、产品分析、属性分析、商品店铺多维度排行等多个功能；搜索词分析可以查看行业热词榜，还能直接搜索某个关键词，获取其近期表现；人群画像直接监控三大人群，包括买家人群、卖家人群、搜索人群。

此外，市场行情的大部分指标可自由选择时间段，包括 1 天、7 天、自然日、自然周、自然月或自定义时间；可选择的平台包括淘宝、天猫和全网其他平台，终端则包括 PC 端、无线端。

---

① 胡华江，杨甜甜. 商务数据分析与应用［M］. 北京：电子工业出版社，2018：133.

（四）专题工具

生意参谋提供竞争情报、选词助手、行业排行、单品分析、商品温度计、销量预测等专项功能。竞争情报是一款提供给淘宝和天猫商家的用于分析竞争对手的工具，可精准定位竞争群体、分析竞争差距，并提供经营优化建议。选词助手从 PC 端和无线端出发，主要呈现店铺引流搜索词和行业相关搜索词的搜索情况及转化情况。行业排行主要展示六大排行榜，分别是热销商品榜、流量商品榜、热销店铺榜单、流量店铺榜、热门搜索词、飙升搜索词，所有无线端、PC 端均可分开查看。单品分析主要从来源去向、销售分析、访客分析、促销分析四个角度出发，对单品进行分析，商家可多角度了解商品表现情况，掌握商品实际销售效果。商品温度计提供商品转换效果的数据分析，同时可对影响商品转化的因素进行检测，检测指标包括页面性能、标题、价格、属性、促销导购、描述、评价等。销量预测可通过大数据分析，为商家推荐店内最具销售潜力的商品，并监控库存；同时，支持商家自定义监控规则，预估商品未来 7 天销量等。此外，其还可为商家提供商品定价参考。

案例解析

数据导入不成功怎么办？

> 数据内容的录入可以按照文件类型不同分为：调查问卷录入、数字录入、文档、数据表以及以记事本形式记录的信息录入等。然而并不是录入的数据就可以直接进行分析，如果记录数据的工具不具备数据分析功能，这类数据是不可以进行数据分析的，因此，我们需要将不能直接进行数据分析的数据转化到能够进行数据分析的工具中才能对所录入的数据进行分析。

我们在使用电脑的时候，可以利用 Excel 软件来处理数据文档，下面以 Excel 的 PowerPivot 功能来介绍导入数据的步骤。

一般 PowerPivot 软件是不支持数据批量导入的，所以我们需要使用 Power Query 来对数据进行合并。

第一步，打开电脑中的 Excel 软件，然后新建一个表格，并依次点击"数据—管理数据模型"选项，也可以直接点击 PowerPivot 分类下的"管理"按钮。

第二步，切换至 PowerPivot 界面，然后点击"从其他源"按钮，再在弹出的窗口中点击选择"Excel 文件"。

第三步，点击"下一步"按钮，然后点击"浏览"按钮，并将合并好的数据文件的存放路径导入文件内，如果文件的第一行有标题，就点击"勾选"使用第一行作为列标题选项，再点击"下一步"按钮。

第四步，在弹出的选择表和视图窗口中，点击勾选相应的实训簿，再单击"完成"按钮。

第五步，看到成功提示时，关闭界面。

第六步，返回主页可以看到导入的数据。

第七步，对表格下方的 sheet 名称进行修改——只需要右键单击即可，如果需要导入其他数据，重复相同的操作即可。

回顾总结

知识总结：

把本节课的知识梳理汇总成流程图，如图 2.9 所示。

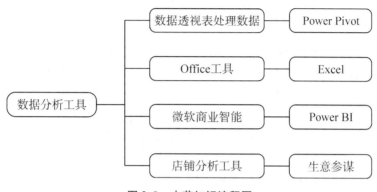

图 2.9　本节知识流程图

思维导图：

整理本节课所学知识点，补充下方思维导图（如图 2.10 所示），管理你的知识。

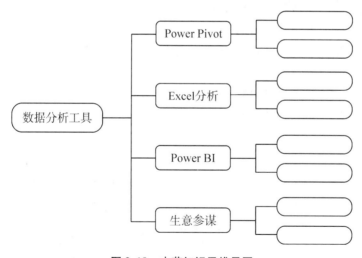

图 2.10　本节知识思维导图

任务 2-2　数据分析思路及方法

任务导入

任务　掌握数据分析过程

实训情境：

我们在对数据进行分析前，要对数据进行描述统计分析，通过对数据的描述统计分析能够了解数据的整体情况。描述统计分析的常用指标主要有平均数、中位数、众数、标准差、方差等，这些指标能够提供分析对象数据的集中程度和离散程度等信息。

根据岗位实训内容，我们可提炼出典型实训活动，具体如下：

（1）将"用户明细.txt"文件转化为"用户.xlsx"文件；

（2）使用 Excel 打开"用户.xlsx"文件；

（3）检查数据的变量名、变量属性是否正确；

（4）进行"描述统计"分析；

（5）导出分析结果。

学习目标：

知识目标：（1）掌握描述统计分析的常用指标；

（2）熟悉变量的属性。

技能目标：能够独立使用 Excel 对数据进行"描述统计"分析。

思政目标：（1）树立严谨、细致的实训态度；

（2）培养克服困难解决问题的能力；

（3）追求职业高度。

学习导图：

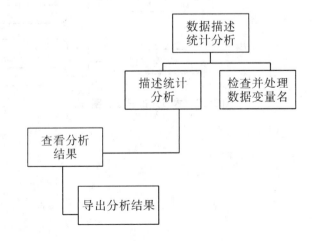

实 训 任 务 书

任务名称：_____

任务功能：_____

典型实训任务：_____

实训任务	数据描述统计分析			
任务成员			指导教师	
任务描述	根据老师提供的原始数据"用户明细.txt",使用 PowerPivot 将数据导入 Excel 中生成"用户.xlsx"			
实训目标	目标(O)	完成描述统计分析		
	关键成果	关键成果 1（KR1）	对"用户.xlsx"文件进行描述性分析	
		关键成果 2（KR2）	能够正确设置"描述统计"对话框中的各项参数	
		关键成果 3（KR3）	将"用户.xlsx"文件的描述统计结果正确输出	
实训职责	·理解"描述统计"各项参数代表的意义 ·通过"描述统计"相关参数的正确设计，输出正确分析的结果			
实训内容	①导入数据	②检查变量名		③描述统计分析
	④导出分析结果			
实训难度	√ 简单	□一般	□较难	□困难
完成确认	序号	检查事项		教师签名
	1	"用户.xlsx"文件是否正常打开		
	2	"用户.xlsx"文件中的变量名是否正确		
	3	进行描述统计分析，"描述统计"对话框各项参数是否正确		
	4	导出描述统计结果		

注意事项：

1. 请严格按照实训任务内容要求实践，不得随意更改实训流程。

2. 完成实训内容后，请进行清单检查，完成请打钩。

学生签名：

情境描述

在对数据进行分析前，首先要对数据进行表述统计分析，通过对数据的描述统计分析能够了解数据的整体情况。描述统计分析的常用指标主要有平均数、中位数、众数、标准差、方差等，这些指标能够提供分析对象数据的集中程度和离散程度等信息。

实训计划

对"用户.xslx"进行描述统计分析，使用 Excel 分析数据，生成并导出分析结果。实训流程图如图 2.11 所示。

（备注：实训流程图上方为该环节所需知识点，下方为项目实践活动。）

图 2.11　实训流程图

典型实训活动一：检查数据的变量名

实训要点 1：正确打开数据

实训要点 2：检查数据的变量名是否正确

实训任务：检查所有变量名是否正确。

典型实训活动二：描述统计分析

实训要点 1：打开"描述统计对话框"

实训要点 2：对数据进行"总量统计""平均数置信度""第 5 大值"以及"第 5 小值"设置

实训任务：完成"描述统计"参数设置。

典型实训活动三：结果输出

实训要点 1：输出"描述统计"分析的结果

实训要点 2：导出结果

实训任务：导出分析结果。

学习目标

本实训的学习目标如表 2.4 所示。

表 2.4 学习目标

难度	序号	任务内容
初级	1	"用户明细.txt"文件转化为"用户. Excel"
	2	使用 Excel 打开数据
	3	检查数据变量名的正确性
	4	"描述统计"参数的设置
	5	生成"描述统计结果"
	6	导出结果
中级		
高级		

知识讲解

任务 熟悉数据分析思路及方法

数据分析一般分为五个步骤：第一步，数据收集，包括一手数据和二手数据的收集；第二步，数据处理，即从大量的、杂乱无章的数据中抽取并推导出对解决问题有价值、有意义的数据；第三步，数据分析，包括分类、聚类、关联、预测数据；第四步，数据展现，用饼图、柱形图、条形图、折线图、散点图、雷达图、金字塔图、矩阵图等常用图表可视化展现数据；第五步，报告撰写，图文并茂、层次清晰地向读者阐明结论，提出建议或解决方案。当我们面对规模越来越庞大的数据，已不能依靠计算器进行分析时，我们必须依靠强大的数据分析工具。数据分析工具能帮助我们熟悉数据分析方法理论，完成数据分析实训。

我们在对数据进行分析前，要对数据进行描述性分析，描述性分析是数据分析的第一个步骤，即对调查所得的大量数据资料进行初步的整理和归纳，以找出这些资料的内在规律——集中趋势和分散趋势。其主要针对各种数据所表示的统计量，如均数、百分比等，进行单因素分析。

事实证明，仅靠百分比或平均差是不能完全反映客观事物的本质的，仅仅对一个样本进行分析也是不够的。这个样本是否能够反映其总体的特征，还需要进行推断性分析，本节主要基于对比分析法、预警分析法、二八法则分析法以及高级分析法介绍数据分析的思路和方法。

一、描述性分析

描述性统计是指运用制表和分类、图形以及计算概括性数据特征的各项活动。描述性分析要对相关数据进行统计性描述，主要包括数据的频数分析、集中趋势分析、离散程度分析、分布以及一些基本的统计图形[①]。

（1）数据的频数分析：在数据的预处理部分，我们利用频数分析和交叉频数分析可以检验异常值。

（2）数据的集中趋势分析：用来反映数据的一般水平，常用的指标有平均值、中位数和众数等。

（3）数据的离散程度分析：主要用来反映数据之间的差异程度，常用的指标有方差和标准差。

（4）数据的分布：在统计分析中，通常要假设样本所属总体的分布属于正态分布，因此需要用偏度和峰度两个指标来检查样本数据是否符合正态分布。

（5）绘制统计图：用图形的形式来表达数据，比用文字表达更清晰、更简明。

描述统计分为集中趋势分析、离中趋势分析和相关分析三大部分。

（一）集中趋势分析

集中趋势分析主要靠平均数、中数、众数等统计指标来表示数据的集中趋势。例如，被试的平均成绩是多少？是正偏分布还是负偏分布？

（二）离中趋势分析

研究离中趋势分析主要靠全距、四分差、平均差、方差、标准差等统计指标。例如，我们想知道两个教学班中，哪个班级的语文成绩分布更分散，就可以用两个班级的四分差或百分点来比较。

（三）相关分析

相关分析探讨数据之间是否具有统计学上的关联性。这种关系既包括两个数据之间的单一相关关系——如年龄与个人领域空间之间的关系，也包括多个数据之间的多重相关关系——如年龄、抑郁症发生率、个人领域空间之间的关系；既包括 A 大 B 就大（小），A 小 B 就小（大）的直线相关关系，也包括复杂相关关系（$A = Y - B \cdot X$）；既可以是 A、B 变量同时增大这种正相关关系，也可以是 A 变量增大时 B 变量减小这种负相关；还包括两个变量共同变化的紧密程度——相关系数。实际上，相关关系唯一不研究的数据关系，就是数据协同变化的内在根据——因果关系。获得相关系数有什么用呢？简而言之，有了相关系数，就可以根据回归方程，进行 A 变量到 B 变量的估算，这就是所谓的回归分析。因此，相关分析是一种完整的统计研究方法，它贯穿于提出假设、数据研究、数据分析的始终。

例如，我们想知道，对监狱进行哪些改造可以降低囚徒的暴力倾向。我们可以将不同的囚舍颜色基调、囚舍绿化程度、囚室人口密度、放风时间、探视时间进行排列

① 张文霖，耿松，林风琼，等. 谁说菜鸟不会数据分析工具篇［M］. 北京：电子工业出版社，2019：73.

组合，然后以每个因室为单位进行一种实验处理，再用因素分析法找出与囚徒暴力倾向相关系数最高的因素。假定这一因素为因室人口密度，我们又要将被试随机分入不同人口密度的十几个因室中生活，继而得到人口密度和暴力倾向两组变量（我们讨论过的 A、B 两列变量）。然后，我们将人口密度排入 X 轴，将暴力倾向排入 Y 轴，获得了一个很有价值的图表。当某典狱长想知道，某囚舍扩建到 N 人/间因室，暴力倾向能降低多少时，我们可以将当前人口密度和改建后人口密度带入相应的回归方程，算出扩建前的预期暴力倾向和扩建后的预期暴力倾向，两数据之差即典狱长想知道的结果。

二、对比分析方法

对比分析方法是将两个或两个以上的数据进行对比，分析差异进而揭示这些数据所代表的规律。对比分析法包括横向比较及纵向比较。横向比较即在同一时间下对不同总体指标进行对比，如今日头条同领域作者文章阅读量对比、粉丝数对比等。纵向比较即在不同时间条件下对同一总体指标进行对比，如将本月文章阅读量与上月阅读量进行对比、将本月粉丝增长数与上月增长数进行对比等，如图 2.12 所示。通过对比分析，经营者可以直接观察到目前的运营水平，既可以找到当前已经处于优秀水平的方面，后续予以保持，又可以及时发现当前的薄弱环节，重点突破[①]。

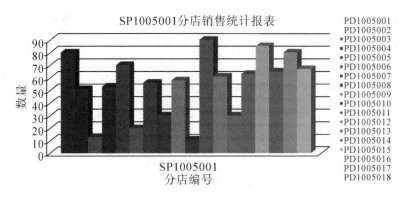

图 2.12　对比分析举例

对比分析是为一个孤立的指标找到一个参照系，否则一个孤立的指标其实没有任何实际意义。常见对比分析方法有如下三个。

（一）同比分析

同比分析一般情况下是将今年第 N 月与上年第 N 月对比。同比发展速度消除了季节变动的影响，用以说明本期发展水平与上年同期发展水平相对比而达到的相对发展速度，见图 2.13。

（二）环比分析

环比分析是将报告期水平与前一时期水平做对比，表明现象逐期的发展速度。如计算一年内各月与前一个月的对比[②]，见图 2.13。

① 张文霖，刘夏璐，耿松. 谁说菜鸟不会数据分析入门篇［M］. 北京：电子工业出版社，2019：108.
② 吴洪贵. 商务数据分析与应用［M］. 北京：高等教育出版社，2019：109.

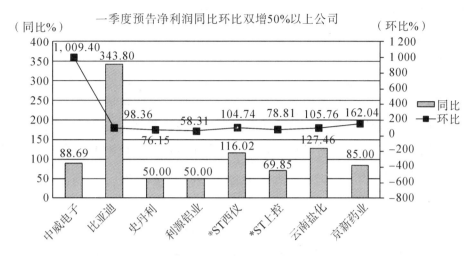

图 2.13　同比分析与环比分析

（三）定比分析

定比数据是指具有顺序、距离和比例属性的数据，是由定比尺度计量形成的，表现为数值，可以进行加、减、乘、除运算，没有负数。例如，有三个等级甲、乙和丙，小明说甲和乙之间的距离是相同的，小王说乙的大小与甲和丙成比例，它有暗含顺序，因此，列在第一位的对象比列在第二位的对象大或小，以此类推。

定比数据广泛应用于统计中，例如：产量、产值、固定资产投资额、居民货币收入和支出、银行存款余额等。定比数据在算术运算和线性变换中也有广泛的运用。

公式如下：

$$同比 = 本期数据 ÷ 上年同期数据$$

$$定比 = 本期数据 ÷ 本年度的第一期数据$$

$$环比 = 本期数据 / 上期数据$$

$$同比增长率 = （本期数据 - 上年同期数据）÷ 上年同期数据 × 100\%$$

$$定比增长率 = （本期数据 - 本年度的第一期数据）÷ 本年度第一期数据 × 100\%$$

$$环比增长率 = （本期数据 - 上期数据）÷ 上期数据 × 100\%$$

式中，上期可以指上年、上季或上月。

三、预警分析法

预警分析法是一种能预测可能影响到企业竞争地位和财务状况的潜在因素，界定出一系列财务指标及相关因素的目标值、正常值和警戒值，将其与竞争对手指标进行比较，从而帮助管理者能在不利情况来临之前就采取防御措施，找到解决问题的方法。预警分析法可以使企业未雨绸缪、明察秋毫，把握企业内外动向，及时采取应对措施，保持企业长期发展能力[1]。

预警分析法分为外部预警分析法和内部预警分析法。外部预警分析法主要分析市

① 吴洪贵. 商务数据分析与应用［M］. 北京：高等教育出版社，2019：111.

项目2　数据分析工具与方法

场状况、市场占有率、竞争对手情况等；内部预警分析法主要分析劳动生产率、机制运转率、队伍稳定性等。

预警分析法有定量预警分析法和定性预警分析法两种，在实践中这两种方法应结合使用。定量预警分析法可以将实际值与目标值进行对比，根据其差距发出不同程度的预警信息，或通过运用相应的数据图表分析来判断一些定量指标的变动趋势。定量预警分析法所得结论比较精确，但可能不完整。定性预警分析法则通过实践调查来获取相关评价性指标，或者根据风险因素出现的概率来发出警报，在一定程度上弥补了定量预警分析法的不足。

四、二八法则分析法

"二八定律"又名帕累托定律，也叫巴莱多定律、80/20 定律、最省力法则、不平衡原则等，是 19 世纪末 20 世纪初意大利经济学家帕累托发现的。他认为：在任何一组东西中，最重要的只占其中一小部分，约 20%，其余的 80% 尽管是多数，却是次要的，因此又称"二八法则"。

生活中普遍存在"二八法则"。商家 80% 的销售额来自 20% 的商品，80% 的业务收入是由 20% 的客户创造的；在销售公司里，20% 的推销员带回 80% 的新生意，等等。"二八法则"告诉我们，通常用 80% 的精力只会取得 20% 的成效。

五、高级分析方法

（一）时间序列分析

时间序列分析（time series analysis）是一种动态数据处理的统计方法。该方法基于随机过程理论和数理统计学方法，研究随机数据序列所遵从的统计规律，以解决实际问题。时间序列构成要素是：现象所属的时间、反应现象发展水平的指标数值。

时间序列就是按照时间顺序排列的一组数据。时间序列分析就是发现这组数据的变动规律并将其用于预测的统计技术[①]。该技术由以下三个基本特点：假设事物发展趋势会延伸到未来；预测所依据的数据具有不规则性；不考虑发展的实务之间的因果关系。

对时间序列进行分析的最终目的，是要通过分析序列进行合理预测，做到提前掌握其未来发展趋势，以此为业务决策提供依据。在实际进行时间序列预测时，遇到的数据会比较复杂，所以需要用到更专业的预测方法来对数据进行合理预测。

（二）波士顿矩阵分析

波士顿矩阵（BCG Matrix）又称市场增长率—相对市场份额矩阵、四象限分析法、产品系列结构管理法等，是一种规划企业产品组合的方法。企业经常遇到的问题是如何使企业的产品品种及其结构适合市场需求的变化，只有解决了这个问题，企业的生产才有意义。波士顿矩阵是由全球性管理咨询公司 BCG 提出的，这个模型主要用来协助企业进行业务组合或投资组合。在矩阵坐标轴中的两个变量分别是业务单元所在市

---

① 吴洪贵. 商务数据分析与应用［M］. 北京：高等教育出版社，2019：114.

场的增长率和所占据的市场份额。每个象限中的企业处于不同的现金流位置，并且应用不同的方式加以管理，这样就引申出公司如何寻求其总体业务组合①。

本节对常用数据分析方法进行讲解，通过图表或数学方法，对数据资料进行整理、分析，对数据的分布状态、数字特征和随机变量之间的关系采用描述性分析方法，对两个或两个以上的数据采用对比分析法，并预测可能存在的影响因素的预警分析法、二八法则分析法、时间序列分析和波士顿矩阵分析。

案例解析

某网店销售数据描述性分析

有一家销售女装的店铺通过节日活动积累了一定访问数据后，需要统计流量的均值、区间、众数、方差、标准差等统计数据，并给出该专题访问量差异的量化标准，以此作为分析每天访问量的价值的依据。

在进行数据分析的时候，我们首先要对数据进行描述统计分析（descriptive analysis），以发现其内在的规律，再选择进一步分析的方法。描述统计分析要对调查总体所有变量的相关数据做统计性描述，主要包括数据的频数分析、数据的集中趋势分析、数据离散程度分析、数据的分布以及一些基本的统计图形，常用的指标有均值、中位数、众数、方差、标准差等。

描述统计分析步骤如下。

（1）打开数据表格，由于本案例对数据无特殊要求，因此只需选择所需的数据列的值，如图 2.14 所示。

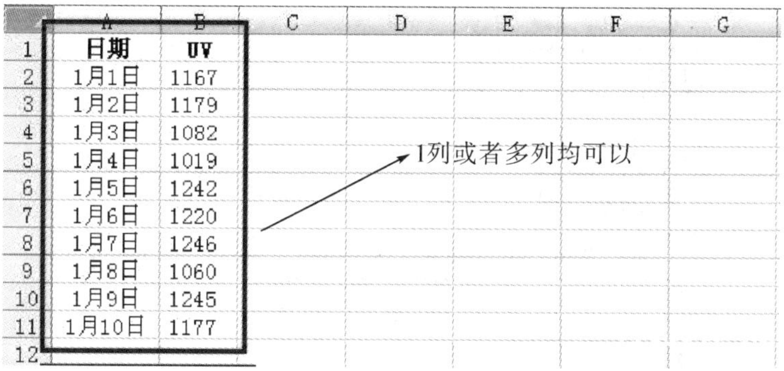

图 2.14　数据选取

（2）选择"工具"—"数据分析"—"描述统计"后，出现属性设置框，如图 2.15 所示。

① 胡华江，杨甜甜. 商务数据分析与应用［M］. 北京：电子工业出版社，2018：155.

项目 2　数据分析工具与方法

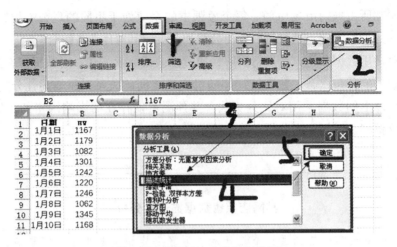

图 2.15　使用 Excel 的数据分析

注意：数据分析功能需要使用 Excel 扩展功能，如果当前使用的 Excel 尚未安装数据分析插件，则需要进行数据分析功能的添加操作。具体步骤如下：点击"文件"菜单，选择"选项"，打开"Excel 选项"对话框，选择"加载项"，选择"分析工具库"，选择"加载项"，按下"确定"按钮后，在"数据菜单"的"分析"项就能看到"数据分析"功能。

（3）描述统计。我们首先要进行描述统计参数设置，如图 2.16 所示。

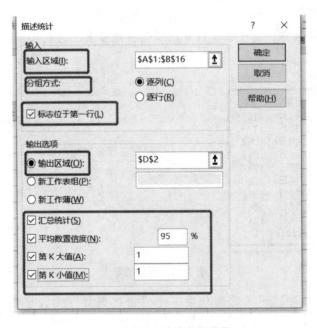

图 2.16　描述统计参数设置

对数据进行描述统计分析后即可得到数据的平均值、中位数等数据信息。

注意："描述统计"对话框中有两部分内容，分别为输入和输出选项。

输入区域：原始数据区域，选中多个行或列，选择相应的分组方式——逐行/逐列。

如果数据有标志，勾选"标志位于第一行"；如果输入区域没有标志项，该复选框将被清除，Excel 将在输出表中生成适宜的数据标志。

输出区域可以选择本表、新工作表或是新工作簿。

汇总统计：包括平均值、标准误差（相对于平均值）、中值、众数、标准偏差、方差、峰值、偏斜度、极差、最小值、最大值、总和、总个数和置信度等相关项目。

第 K 大（小）值：输出表的某一行中包含每个数据区域中的第 K 个最大（小）值。

平均置信度：置信度也称为可靠度，或者置信水平、置信系数，是指总体参数值落在样本统计值一区内的概率，常用的置信度为 95% 或 90%。

回顾总结

知识总结：

把本节课的知识梳理汇总成流程图，如图 2.17 所示。

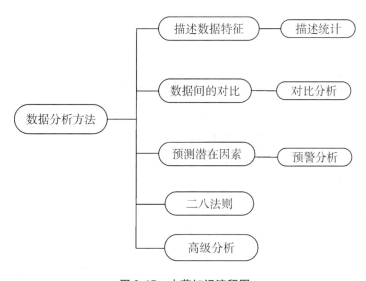

图 2.17　本节知识流程图

思维导图：

整理本节课所学知识点，补充下方思维导图（如图 2.18 所示），管理你的知识。

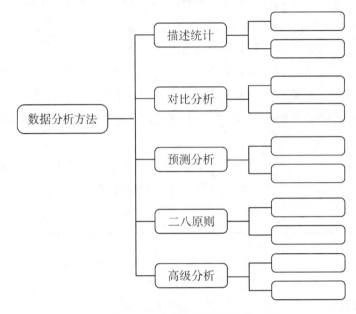

图 2.18　本节知识思维导图

实训作业

活动　描述统计分析

>>> **实训目标**

通过此活动的实践，学生应当能够：

- 判断数据的变量名、变量属性是否正确；
- 对数据进行描述统计分析。

>>> **实训实施流程**（如图 2.19 所示）

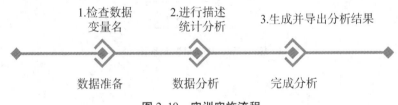

图 2.19　实训实施流程

>>> **活动要求**

1. 根据实践要求完成任务。

2. 在实训实施过程中，学生可自由查阅资料或向老师求助。

3. 在规定时间内完成任务，超时则视为未完成任务，不予评分。

请先下载"参考资料"，根据实训步骤演示，在"答题卡"中完成任务。

请在下框中填写你在活动过程中遇到的问题。
·
·
·

>>> 任务实践

请根据活动步骤流程，完成字段的计算，并将计算结果填入下面方框中。

>>> 检查清单（见表2.5）

表2.5　检查清单

序号	检查事项	是否完成
1	对本实训页的任务要求是否明确	
2	是否明确描述统计的分析流程	
3	是否完成记事本数据转化为 Excel 数据	
4	是否对数据的变量名、变量属性进行判断	
5	数据的描述统计是否正确	
6	是否达成本次任务的实训目标	

>>> 任务评价（见表2.6）

表2.6　任务评价表

评价类别	评价内容	分值	教师评分
知识与技能	能够独立完成数据的转化	10	
	能够独立判断变量名、变量属性的有效性	20	
	能够独立对数据进行描述性分析	30	
	能够对描述性分析结果进行总结	20	

评价类别	评价内容	分值	教师评分
情感态度	课堂上积极参与，积极思考，勇于开口、动脑，发言次数多	10	
	小组协作交流情况：小组成员间配合默契，彼此协作愉快，互帮互助	10	

▰▰ **项目检测** ▰▰

一、选择题

1. 在 Excel 中，一个实训簿就是一个 Excel 文件，其扩展名为（　　）。

    A. xlsx   B. dbfx

    C. exex   D. lblx

2. 在 Excel 中，一个实训簿可以包含（　　）实训表。

    A. 1 个   B. 255 个

    C. 多个   D. 3 个

3. Excel 电子表格 A1 到 C5 为对角构成的区域，其表示方法是（　　）。

    A. A1：C5   B. A1，C5

    C. C5；A1   D. A1+C5

4. 以下单元格引用中，哪一项属于混合引用（　　）。

    A. E3   B. C18

    C. D13   D. B$20

5. 在 Excel 中，下面关于单元格的叙述正确的是（　　）。

    A. 在编辑的过程中，单元格地址在不同的环境中会有所变化

    B. 实训表中单元格是用单元格地址来表示的

    C. 为了区分不同实训表中相同地址的单元格地址，我们可以在单元格前加上实训表的名称，中间用"#"间隔

    D. A4 表示第 4 列第 1 行的单元格

    E. 从亚马逊运营角度来看，美国银行账户和中国香港银行账户功能更为丰富

6. 某校九年级数学模拟测试中，六名学生的数学成绩如下表所示，下列关于这组数据描述正确的是（　　）。

姓名	小红	小明	小东	小亮	小丽	小华
成绩（分）	110	106	109	111	108	110

    A. 众数是 110   B. 方差是 16

    C. 平均数是 109.5   D. 中位数是 109

7. 多多班长统计去年 1—8 月"书香校园"活动中全班同学的课外阅读数量（单位：本），绘制了如下折线统计图，下列说法正确的是（　　）。

某班学生1~8月课外阅读数量折线统计图

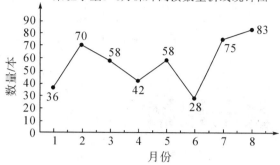

A. 极差是 47

B. 众数是 42

C. 中位数是 58

D. 每月阅读数量超过 40 的有 4 个月

8. 某鞋店一天卖出运动鞋 12 双，其中各种尺码的鞋的销售量如下表，则这 12 双鞋的尺码组成的一组数据中，众数和中位数分别是（　　　）。

码（cm）	23.5	24	24.5	25	25.5
销售量（双）	1	2	2	5	2

A. 25，25

B. 24.5，25

C. 25，24.5

D. 24.5，24.5

二、简答题

1. 简述数据分析的步骤。

2. 简述 Power BI 并说明其优点。

三、论述题

学习本章数据分析工具后，同学们对常见的数据分析工具有了一定的认识，请结合本章所学知识论述 Power Query 的使用场景。

项目 3

数据挖掘

数据挖掘在近年来尤其引起了信息产业界的极大关注，其主要原因是大量数据可以被广泛利用，且这些数据能被转换成为有用的信息和知识。

本章主要介绍数据挖掘的概念、体系、分类及流程等。初学者可能感到较难理解，但这里只要求掌握整个框架体系即可。

项目 3 课件

任务 3-1　数据挖掘认知

任务导入

任务　使用 Excel 进行数据挖掘

实训情境：

Excel 是微软公司开发的一种强大的数据处理工具，也是非常简单实用的数据挖掘工具，它具备函数、图表、数据分析、数据透视表以及规划求解等功能。我们可以使用 Excel 工具，实现简单的数据挖掘。

根据岗位工作内容，我们可提炼出典型实训活动，具体如下：

（1）连接本地主机；

（2）新建本地服务器；

（3）连接数据挖掘。

学习目标：

知识目标：（1）了解 Excel 环境特点；

　　　　　（2）掌握数据挖掘在 Excel 中的安装要点。

技能目标：（1）独立完成数据挖掘插件的安装；

（2）独立完成本地主机的连接；

（3）独立完成本地服务器的连接。

思政目标：（1）树立严谨、细致的实训态度；

（2）用正确的立场、观点和方法分析数据问题；

（3）用科学的思维处理数据挖掘。

学习导图：

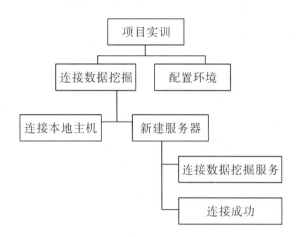

实训任务

实 训 任 务 书

任务名称：＿＿＿＿＿＿＿＿＿＿＿＿＿＿＿＿

任务功能：＿＿＿＿＿＿＿＿＿＿＿＿＿＿＿＿

典型实训任务：＿＿＿＿＿＿＿＿＿＿＿＿＿＿

实训任务	使用 Excel 连接数据挖掘服务			
任务成员			指导教师	
任务描述	本任务依据数据挖掘的典型实训流程制定开发,主要面向数据分析师岗位,培养数据挖掘人员的信息技术能力、数据思维能力,助其提升专业技能,积累实操经验			
实训目标	目标(O)	完成数据挖掘在 Excel 中的基础数据分析		
	关键成果	关键成果 1(KR1)	完成数据挖掘在 Excel 中的基础数据连接	
		关键成果 2(KR2)	完成数据挖掘在 Excel 中的连接服务	
		关键成果 3(KR3)		
实训职责	·负责数据挖掘中数据的安全性 ·维护数据挖掘中数据的稳定性			
实训内容	①连接本地主机	②新建服务器	③完成数据挖掘的连接服务	
实训难度	√ 简单	□一般	□较难	□困难
完成确认	序号	检查事项		教师签名
	1	对本实训的任务要求是否明确		
	2	是否准备妥当安装数据挖掘的安装包与插件		
	3	是否已完成新建服务器		
	4	是否已完成数据挖掘的连接服务		

注意事项:

1. 请严格按照实训任务内容要求实践,不得随意更改实训流程。

2. 完成实训内容后,请进行清单检查,完成请打钩。

学生签名:

情境描述

某店铺在开店初期计划做一定的推广，想测试推广后实现的利润是否有所增长以及增长幅度。在明确 Excel 数据挖掘功能后，现需要着手做好数据挖掘准备，以便为后续完成数据导入、分析、运行及生成报表等实训提供环境基础。

实训计划

对企业典型实训活动进行提取，并辅以学习知识点，组成新型实训计划。

实训流程图如图 3.1 所示。

（备注：实训流程图上方为该环节所需知识点，下方为项目实践活动。）

图 3.1 实训流程图

典型实训活动一：环境配置

实训要点 1：准备 SQL 插件安装包材料

实训要点 2：准备安装插件至 Excel 中

实训任务：准备数据挖掘需要的 SQL 插件材料并安装，实现环境配置要求。

典型实训活动二：连接数据挖掘服务

实训要点 1：连接本地主机

实训要点 2：连接本地服务，新建本地服务器

实训要点 3：完成连接服务，能够正常实现数据挖掘功能

实训任务：完成数据挖掘本地服务器的新建与连接。

学习目标

本实训的学习目标如表 3.1 所示。

表 3.1 学习目标

难度	序号	任务内容
初级	1	准备数据挖掘需要的 SQL 插件材料并安装
	2	实现环境配置要求
	3	完成数据挖掘本地服务器的新建与连接

表3.1(续)

难度	序号	任务内容
中级		
高级		

知识讲解

任务　认识数据挖掘

一、数据挖掘的定义

在数字经济时代，数据挖掘（data mining，简称 DM）产生了极大的影响力，其主要原因是大量数据可以被广泛使用，且这些数据能被转换成有用的信息和知识。获取的信息和知识可以广泛应用于各个行业，如生产控制、市场分析、商务管理、工程设计和科学探索等。通过数据挖掘，我们可以从数据库提取有用的知识、规律或信息，并可以从不同角度观察或浏览。

数据挖掘在不同的认知角度有不同的观点定义。

从实训过程角度来看，数据挖掘是从存放在数据库、数据仓库或其他信息库中的大量数据中去挖掘有用的信息和知识的过程。

从原理角度看，数据挖掘就是从大量数据及文本中挖掘出隐含的、未知的、对决策有潜在价值的关系、模式和趋势，并用这些知识和规则建立用于决策支持的模型，提供预测性决策支持的方法、工具；是利用各种分析工具在海量数据中发现模型和数据之间关系的过程。这些模型和关系可以被企业用来分析风险、进行预测。

从使用目的的角度看，数据挖掘是通过仔细分析大量数据来揭示有意义的新的关系、模式和趋势的过程。它可以使用模式认知技术、统计技术和数学技术。

从因果角度看，数据挖掘是一个从大型数据库中提取以前不知道的可操作性信息的知识挖掘过程[①]。

二、数据挖掘人员具备的技能

（一）业务分析能力

企业产生了大量的业务数据，这些数据和由此产生的信息是企业的财富，它如实地记录了企业运作的状况。数据挖掘人员通过数据挖掘分析，能帮助企业发现业务的趋势，揭示已知的事实，预测未知的结果。这种分析能力已成为企业保持竞争力的必需能力。

---

① 韩家炜. 数据挖掘：概念与技术［M］. 北京：机械工业出版社，2012：11.

（二）数据管理能力

经过数据挖掘的结果分析得到的数据知识，可以帮助企业进行决策、控制过程、管理信息、处理查询等。数据挖掘的数据库提供了数据管理技术，供数据挖掘人员进行数据集成、选择、提取等。这就需要数据挖掘人员具备一定的数据管理能力。

三、数据挖掘的现状及前景

数据挖掘技术已经开始在多媒体、计算机图形学、计算机网络乃至操作系统、软件工程等计算机科学的众多领域中发挥作用。特别是在计算机视觉和自然语言处理领域，数据挖掘已经成为最流行、最热门的技术之一，以至于在这些领域的顶级会议上相当多的论文都与数据挖掘技术有关。总的来看，引入数据挖掘技术在计算机科学的众多分支领域中都是一个重要趋势[①]。

（一）数据挖掘的应用范围

作为一门应用技术，数据挖掘可谓涵盖广泛，尤其在发达国家，数据挖掘技术的触角已经伸向了各行各业。企业只要拥有具有分析价值的数据源，就可利用数据挖掘工具进行有目的的挖掘分析。一般较常见的应用行业有零售业、制造业、财务金融保险业、通信业以及医疗服务业等。

数据挖掘的应用领域具体可以分为三类：

（1）商业与电子商务数据。银行、管理部门、网络应用在商业运作过程中产生了大量数据，这些行业需要通过数据分析做出有效的决策。

（2）科学、工程学和卫生保健数据。工程领域的数据往往比商业数据更复杂，此外，科学家和工程师越来越多地使用模拟系统。

（3）网络数据。网络上的数据不仅在数量上日益膨胀，在内容上也越来越复杂。网络数据不仅包括图像、文本，还包括数据流和数值数据。

（二）数据挖掘的发展前景

对于研究者来说，数据挖掘是一个充满潜力和机遇无限的研究领域。而且，由于数据挖掘能分析出数据中的有用信息，给企业带来了显著的经济效益，数据挖掘技术越来越普及。

美国 Palo Alto 管理集团公司对欧洲、北美和日本的 375 家大中型企业的数据挖掘技术的使用情况进行了调查。结果显示，在金融领域，数据挖掘技术的应用已经达到70%，在营销领域也达到50%，并且在未来的数年中，各个应用领域对该技术的采纳水平都将提高约50%。

英国电信要发布一种新的产品，通过直邮的方式向客户推荐这种产品，使用数据挖掘技术可以使直邮的回应率提高100%；GUS 日用品零售商店需要准确预测未来的商品销售量，降低库存成本，使用数据挖掘技术使库存成本比原来减少了3.8%；汇丰银行需要对不断增长的客户群进行分类，针对每种产品找出最有价值的客户，使用数据挖掘技术使营销费用减少了30%；美国国防部每年有上百万笔的军火交易，使用数据挖掘技术能够发现可能存在的欺诈交易，然后进行深入调查，这样节约了大量的调查成本[②]。

① ZHOU Z H. Three perspectives of data mining [J]. Artificial Intelligence, 2003, 143（1）: 139-146.

② 张良均，陈俊德. 数据挖掘：实用案例分析 [M]. 北京：机械工业出版社，2013：21.

总之，未来若干年，数据挖掘将会成为极为重要的成长领域，数据挖掘的应用也会越来越广泛。研究结果显示，企业所处理的数据每五年就会呈倍数增长。

案例解析

NBA 教练如何布阵以提升获胜机会？

> 美国著名的 NBA 教练，利用 IBM 公司提供的数据挖掘工具临场决定替换队员。如果你是 NBA 的教练，你靠什么带领你的球队取得胜利呢？当然，最容易想到的是全场紧逼、交叉扯动和快速抢断等具体的战术和技术。但是今天，NBA 的教练又有了他们的新式武器：数据挖掘。

大约 20 支 NBA 球队使用了 IBM 公司开发的数据挖掘应用软件 Advanced Scout 系统来优化它们的战术组合。例如，Advanced Scout 研究了魔术队队员不同的布阵安排，然后在魔术队与迈阿密热队的比赛中帮其找到了获胜的机会。

系统分析显示，魔术队先发阵容中的两个后卫安佛尼·哈德卫（Anfernee Hardaway）和伯兰·绍（Brian Shaw）在前两场中被评为负 17 分，这意味着他俩在场上，本队输掉的分数比得到的分数多 17 分。然而，当哈德卫与替补后卫达利尔·阿姆斯创（Darrell Armstrong）组合时，魔术队得分为正 14 分。

在下一场中，魔术队增加了阿姆斯创的上场时间。此招果然见效：阿姆斯创得到了 21 分，哈德卫得了 42 分，魔术队以 88 比 79 获胜。魔术队在第四场让阿姆斯创进入先发阵容，再一次打败了热队。在第五场比赛中，这个靠数据挖掘支持的阵容没能拖住热队，但 Advanced Scout 毕竟帮助魔术队赢得了打满 5 场，直到最后才决出胜负的机会。

Advanced Scout 是一个数据分析工具，教练可以用便携式电脑在家里或在路上挖掘存储在 NBA 中心服务器上的数据。每一场比赛的数据都被统计分类，比如得分、助攻、失误等。时间标记让教练非常容易通过搜索 NBA 比赛的录像来理解统计发现的含义。例如：教练通过 Advanced Scout 发现本队的球员在与对方一个球员对抗时有犯规记录，他可以在对方球员与这个队员"头碰头"的瞬间分解双方接触的动作，进而设计合理的防守策略。

Advanced Scout 的开发人，因德帕尔·布罕德瑞，开发该应用系统时正在 IBM 的 Thomas J. Watson 研究中心当研究员，他演示了一个技术新手应该如何使用数据挖掘。布罕德瑞说："教练们可以完全没有统计学的知识，但他们可以利用数据挖掘制定策略"。与此同时，另一个正式的体育联盟——国家曲棍球联盟，正在开发自己的数据挖掘应用 NHL-ICE，联盟与 IBM 建立了一个技术型的合资公司，推出了一个电子实时的比赛计分和统计系统。其在原理上是一个与 Advanced Scout 相似的数据挖掘应用，可以让教练、广播员、新闻记者及球迷挖掘 NHL 的统计。当访问 NHL 的 Web 站点时，球迷能够使用该系统循环看联盟的比赛，广播员可以挖掘统计数据。

回顾总结

知识总结：

把本节课的知识梳理汇总成流程图，如图 3.2 所示。

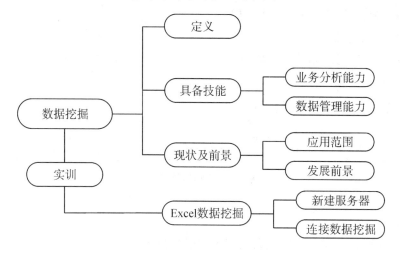

图 3.2　本节知识流程图

思维导图：

整理本节课所学知识点，补充下方思维导图（如图 3.3 所示），管理你的知识。

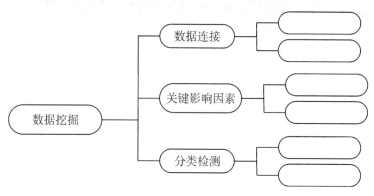

图 3.3　本节知识思维导图

活动　连接数据挖掘服务

>>> **实训目标**

通过此活动的实践，学生应当能够：

- 连接本地主机；
- 连接本地服务，新建本地服务器；
- 连接数据挖掘。

>>> **实训实施流程**（如图 3.4 所示）

图 3.4　实训实施流程

>>> **活动要求**

1. 根据实践任务要求，完成数据挖掘的连接服务。

2. 在实训实施过程中，学生可自由查阅资料或向老师求助。

3. 在规定时间内完成任务，超时则视为未完成任务，不予评分。

请先下载"参考资料"，根据实训步骤演示，在"答题卡"中完成任务。

请在下框中填写你在活动过程中遇到的问题。
·
·
·

>>> **任务实践**

请根据活动步骤流程，连接数据挖掘服务功能，并将完成过程体现在下方表格中。

检查清单（见表3.2）

表3.2　检查清单

序号	检查事项	是否完成
1	对本实训页的任务要求是否明确	
2	是否成功完成了本地主机连接	
3	是否成功建好了本地服务器	
4	是否达成本次任务的实训目标	

>>> **任务评价**（见表3.3）

表3.3　任务评价表

评价类别	评价内容	分值	教师评分
知识与技能	掌握数据挖掘的连接方法	60	
情感态度	课堂上积极参与，积极思考，勇于开口、动脑，发言次数多	20	
	小组协作交流情况：小组成员间配合默契，彼此协作愉快，互帮互助	20	

任务 3-2　数据挖掘的方法

任务导入

任务　分析关键影响因素

实训情境：

　　当今，大数据已逐步渗透每一个行业和业务职能领域，数据分析实训将从传统的统计部门和专门的数据分析行业蔓延到社会的各行各业，数据分析的技能成为未来人才的一种基本技能。学生在数据表中，选择数据表；用鼠标点击表格中的数据，选项卡会多出一个"分析"；根据已有用户的统计信息，对"收入"进行分析，并分析其他因素对"收入"的影响。例如，一个有较好职业的用户，其相应的收入应该较高，反之亦然。职业是对收入有较大影响的因素。运行完成后，Excel 会生成分析报表。

　　根据岗位实训内容，我们可提炼出典型实训活动，具体如下：

（1）调入数据表；

（2）选择数据列；

（3）分析生成影响因素报表。

学习目标：

　　知识目标：（1）了解数据挖掘中的分析的作用；

（2）掌握关键影响因素中相对影响的作用。

技能目标：（1）掌握"分析"选项卡的插入；

（2）掌握关键影响因素的分析方法。

思政目标：（1）树立严谨、细致的实训态度；

（2）培养克服困难解决问题的能力；

（3）追求数据挖掘的职业高度。

学习导图：

实训任务

实 训 任 务 书

任务名称：_____

任务功能：_____

典型实训任务：_____

实训任务	关键影响因素分析			
任务成员			指导教师	
任务描述	本任务依据数据挖掘的典型实训流程制定开发，主要面向数据分析师岗位，培养数据挖掘人员的关键影响因素分析能力、类别检测分析能力，助其提升专业技能，积累实操经验			
实训目标	目标（O）	掌握关键因素作用并会运用		
	关键成果	关键成果1（KR1）	生成影响关键因素报表	
		关键成果2（KR2）	学会分析关键因素	
		关键成果3（KR3）		
实训职责	·负责数据挖掘中数据的安全性 ·维护数据挖掘中数据的稳定性			
实训内容	①环境配置	②SQL 插件安装		③导入数据
	④关键影响因素分析	⑤生成报表		
实训难度	□简单	√一般	□较难	□困难
完成确认	序号	检查事项		教师签名
	1	对本实训的任务要求是否明确		
	2	是否准备妥当数据挖掘的安装包与插件		
	3	是否已完成数据挖掘环境配置		
	4	是否已完成数据表的导入		
	5	是否已完成影响因素的分析运行		
	6	是否已完成关键影响因素报表的生成		

注意事项：

1. 请严格按照实训任务内容要求实践，不得随意更改实训流程。

2. 完成实训内容后，请进行清单检查，完成请打钩。

学生签名：

◈ 情境描述

某店铺在开店初期计划做一定程度的推广，想测试推广后实现的利润是否有所增长以及增长幅度。在明确 Excel 数据挖掘功能后，现需要着手做好数据挖掘准备，完成数据导入、分析、运行及生成报表等实训，并完成掌握数据分析能力、维护数据安全及稳定性实训。

▤ 实训计划

对企业典型实训活动进行提取，并辅以学习知识点，组成新型实训计划。

实训流程图如图 3.5 所示。

（备注：实训流程图上方为该环节所需知识点，下方为项目实践活动。）

图 3.5　实训流程图

典型实训活动一：环境配置

实训要点 1：准备 SQL 插件安装包材料

实训要点 2：准备安装插件至 Excel 中

实训任务：准备数据挖掘需要的 SQL 插件材料并安装，实现环境配置要求。

典型实训活动二：连接数据挖掘服务

实训要点 1：连接本地主机

实训要点 2：连接本地服务，新建本地服务器

实训要点 3：完成连接服务，能够正常实现数据挖掘功能

实训任务：完成数据挖掘本地服务器的新建与连接。

典型实训活动三：关键影响因素分析

实训要点 1：导入需要分析的数据表

实训要点 2：点击分析，选择要分析的列，运行

实训要点 3：生成关键影响因素报表

实训要点 4：分析关键影响因素值

实训任务：完成关键影响因素报表的分析。

学习目标

本实训的学习目标如表 3.4 所示。

表 3.4　学习目标

难度	序号	任务内容
初级	1	准备数据挖掘需要的 SQL 插件材料并安装，实现环境配置要求
	2	完成数据挖掘本地服务器的新建与连接
	3	完成关键影响因素报表的分析
中级		
高级		

知识讲解

任务　掌握数据挖掘技术

由于数据挖掘能分析出数据中的有用信息，给企业带来显著的经济效益，因此数据挖掘技术越来越普及。如在销售数据中发掘顾客的消费习惯，并可从交易记录中找出顾客偏好的产品组合，其他包括找出流失顾客的特征与推出新产品的时机点等都是零售业常见的实例；利用数据挖掘分析顾客群的消费行为与交易纪录，结合基本数据，并以品牌价值等级的高低来区隔顾客，进而达到差异化营销的目的；制造业对数据挖掘的需求多运用在品质控管方面，从制造过程中找出影响产品品质最重要的因素，以期提高作业流程的效率。

归纳起来，数据挖掘技术的方法主要体现在分类与回归、聚类、关联规则、时序模式、偏差检测五个方面。[①]

一、分类与回归

（一）分类

分类是指将数据映射到预先定义好的群组或类上。分类就是构造一个分类函数

---

① 张良均，陈俊德. 数据挖掘：实用案例分析［M］. 北京：机械工业出版社，2013：9-10.

（分类模型），把具有某些特征的数据项映射到某个给定的类别上。该过程由两步构成。①模型创建：通过对训练数据集的学习来建立分类模型。②模型使用：使用分类模型对测试数据和新的数据进行分类。其中的训练数据集是带有类标号的，也就是说在分类之前，要划分的类别是已经确定的。

分类法是最普通的数据挖掘方法之一。它试图按照事先定义的标准对数据进行归类。分类法大致可分为如下类型。

1. 决策树归纳法

决策树归纳法（decision tree induction）根据数据的值把数据分层组织成树型结构。在决策树中，每一个分支代表一个子类，树的每一层代表一个概念。国际上最有影响和最早的决策树方法是由 Quiulan 研制的 ID 3 方法，后人又发展了各种决策树方法，如 IBLE 方法使识别率提高了 10%。

2. 规则归纳法

规则归纳法（rule induction）由一系列的 if-then 规则来对数据进行归类。

3. 神经网络法

神经网络法（neural networks）主要是通过训练神经网络使其识别不同的类，再利用神经网络对数据进行归类[①]。

（二）回归

回归是指用属性的历史数据预测未来趋势。回归首先假设一些已知类型的函数，如线性函数、Logistic 函数等可以拟合的目标数据，然后利用某种误差分析确定一个与目标数据拟合程度最好的函数。

分类与回归的区别：

回归模式的函数定义与分类模式相似，主要差别在于分类模式采用离散预测值（如类标号），而回归模式采用连续的预测值。在这种观点下，分类和回归都是预测问题。但对于数据挖掘，业界普遍认为：用预测法预测类标号为分类，预测连续值（例如使用回归方法）为回归预测。从数据挖掘角度来看，分类和回归的区别在于输出变量的类型：定量输出称为回归，或者说是连续变量预测；定性输出称为分类，或者说是离散变量预测。

以支持向量机（support vector machine，简称 SVM）为例说明：

分类问题和回归问题都要根据训练样本找到一个实值函数 $g(x)$。

回归问题是给定一个新的模式，根据训练集推断它所对应的输出 y（实数）是多少。也就是使用 $y=g(x)$ 来推断任一输入 x 所对应的输出值。

分类问题是给定一个新的模式，根据训练集推断它所对应的类别（如：+1，−1）。也就是使用 $y=sign[g(x)]$ 来推断任一输入 x 所对应的类别。

综上，回归问题和分类问题的本质一样，不同仅在于它们的输出的取值范围不同。分类问题中，输出只允许取两个值；而在回归问题中，输出可取任意实数。

二、聚类

聚类分析是在没有给定分类的情况下，根据信息相似度进行信息聚类的一种方法，

---

① 赵连胜，行飞. 数据挖掘的任务、对象和方法 [J]. 内蒙古大学学报(自然科学版)，2002，33(2)：236−240.

因此聚类又称为无指导的学习（无监督学习）。聚类的输入是一组未被标记的数据，并根据数据自身的距离或相似度进行划分。划分的原则是保持最大的组内相似性和最小的组间相似性。当然，聚类除了将样本分类外，还可以完成孤立点挖掘，如将其应用于网络入侵检测或金融风险欺诈探测中。

分类与聚类的区别：

与聚类不同，分类需要先定义类别和训练样本，是有指导的学习（监督学习）。聚类是将数据划分或分割成相交或者不相交的群组的过程，通过确定数据之间在预先指定的属性上的相似性，就可以完成聚类任务。表 3.5 清晰地指出了它们的区别[①]。

表 3.5　分类与聚类的区别

	分类	聚类
性质	监督式数据	无监督式数据
训练集	高度重视	不重视
使用	无标签数据	无标签数据、有标签数据
目的	确认数据属于哪个类别	找出数据中的相似之处
步骤	一步	两步
边界条件	确定边界条件至关重要	确定边界条件不是最重要的
工作原理	用于将新样本分配到已知类别中	用于根据数据中的模式进行分组
常用算法	K 近邻（KNN） 决策树 朴素贝叶斯 逻辑回归 支持向量机 随机森林	K 均值（K-means） DBSCAN DPEAK Mediods Canopy

三、关联规则

关联规则主要揭示数据之间的相互关系，而这种关系没有在数据中直接表示出来。关联规则是形如 $X \rightarrow Y$ 的蕴含表达式，X 称为前件，Y 称为后件，X 和 Y 不包含相同的项。即如果 X 发生了，那么 Y 也很有可能会发生。

例如，购买了 {尿布} 的人很可能会购买 {啤酒}。关联规则暗示两个物品之间可能存在很强的关系。关联规则的强度可以用它的支持度和置信度来检验。支持度确定规则可以用于给定数据集的频繁程度，而置信试确定 Y 在包含 X 的事务中出现的频繁程度[②]。

四、时序模式

时序模式主要描述基于时间或其他序列的经常发生的规律或趋势，并对其建模。

①　GENE BROWN. Difference between clustering and classification［EB/OL］.（2018-06-15）［2020-05-15］. http://www.differencebetween.net/technology/difference-between-clustering-and-classification/.

②　PANG-NING TAN, MICHAEL STEINBACH, V IPIN KUMAR. 数据挖掘导论［M］. 范明，译. 北京：人民邮电出版社，2011：202.

与回归一样，它也用已知的数据预测未来的值，但这些数据的区别是变量所处时间的不同。序列模式将关联模式和时间序列模式结合起来，重点考虑数据之间在时间维度上的关联性。时序模式包含时间序列分析和序列发现。

时序模式在生活中应用也较多。如测算一段时间内的商品销量、销售额或库存量是多少？某市的最高用电负荷是多少？

五、偏差检测

偏差检测又叫异常检测，偏差是对差异和极端特例的表述，如分类中的反常实例、聚类外的离群值、不满足规则的特例等，这类的观测值称为异常点（离群点）。

偏差检测用来发现与正常情况不同的异常和变化，并进一步分析这种变化是有意的诈骗行为，还是正常的变化。如果是异常行为，则需提示采取预防措施，尽早防范。注意，大部分数据挖掘方法都将这种差异信息视为噪声而丢弃，然而在一些应用中，罕见的数据可能比正常的数据更有用[①]。

案例解析

新品上市，如何分析新老顾客？

新顾客愿意尝试购买店铺新品吗？哪些老客户最有可能购买？如何针对新品进行数据挖掘来分析新老顾客？

蒙特利尔银行是加拿大历史最为悠久的银行，也是加拿大的第三大银行。在20世纪90年代中期，行业竞争的加剧导致该银行需要通过交叉销售来锁定1 800万客户。银行智能化商业高级经理 Jan Mrazek 说，这反映了银行的一个新焦点——客户（而不是商品）。银行应该认识到客户需要什么产品以及如何推销这些产品，而不是等待人们来排队购买。然后，银行需要开发相应商品并进行营销活动，从而满足这些需求。

在应用数据挖掘之前，银行的销售代表必须于晚上6点至9点在特定地区通过电话向客户推销产品。但是，正如每个处于接收端的人所了解的那样，大多数人对于兜售并不感兴趣。因此，在晚餐时间进行电话推销的反馈率非常低。

针对这种情况，该银行开始采用 IBM DB2 Intelligent Miner Scoring，基于银行账户余额、客户已拥有的银行产品以及所处地点和信贷风险等标准来评价记录档案。这些评价可用于确定客户购买某一具体产品的可能性。该系统能够通过浏览器窗口进行观察，使得管理人员不必分析基础数据，因此非常适合于非统计人员。

"我们对客户的财务行为习惯及其对银行收益率的影响有了更深入的了解。现在，当进行更具针对性的营销活动时，银行能够区别对待不同的客户群，以提升产品和服务质量，同时还能制订适当的价格和设计各种奖励方案，甚至确定利息费用。"

蒙特利尔银行的数据挖掘工具为管理人员提供了大量信息，从而帮助他们对从营销到产品设计的任何事情进行决策。

---

① 张良均，陈俊德. 数据挖掘：实用案例分析 [M]. 北京：机械工业出版社，2013：12-13.

回顾总结

知识总结:

把本节课的知识梳理汇总成流程图,如图3.6所示。

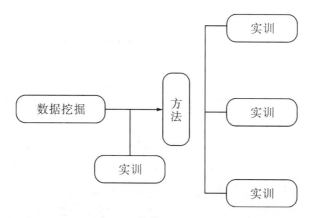

图3.6 本节知识流程图

思维导图:

整理本节课所学知识点,补充下方思维导图(如图3.7所示),管理你的知识。

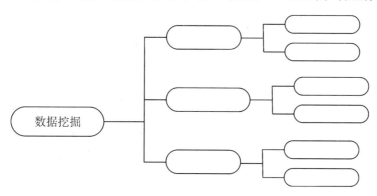

图3.7 本节知识思维导图

实训作业

活动 分析关键影响因素

>>> **实训目标**

通过此活动的实践,学生应当能够:
- 独立生成影响因素报表;
- 独立分析关键影响因素。

>>> **实训实施流程**（见图 3.8）

图 3.8　实训实施流程

>>> **活动要求**

1. 根据实践任务要求，完成对数据表中对应列的影响因素的分析。

2. 在实训实施过程中，学生可自由查阅资料或向老师求助。

3. 在规定时间内完成任务，超时则视为未完成任务，不予评分。

请先下载"参考资料"，根据实训步骤演示，在"答题卡"中完成任务。

请在下框中填写你在活动过程中遇到的问题。
·
·
·

>>> **任务实践**

请根据活动步骤流程，完成对数据表中对应列的影响因素的分析，并将报表截图附在下方表格中。

表3.6 检查清单

序号	检查事项	是否完成
1	对本实训页的任务要求是否明确	
2	是否正确找到分析选择卡	
3	是否生成影响因素报表	
4	是否知晓相对影响值大小的表示	
5	是否达成本次任务的实训目标	

>>> **任务评价**（见表3.7）

表3.7 任务评价表

评价类别	评价内容	分值	教师评分
知识与技能	能够独立加入数据表中分析功能	40	
	能够独立生成影响因素报表	40	
情感态度	课堂上积极参与，积极思考，勇于开口、动脑，发言次数多	10	
	小组协作交流情况：小组成员间配合默契，彼此协作愉快，互帮互助	10	

任务 3-3　数据挖掘的流程

任务导入

任务　类别检测

实训情境：

　　类别检测根据数据项间的关联程度，对每条记录进行类别的区分，试图将数据集进行大体的分类，并标明每个类别的关键影响因素。学生在数据表中，选择数据表，用鼠标点击表格中的数据，选项卡会多出一个"分析"检测类别，点击出现检测类别对话框。选择分类的几个影响因素，分类类别选为自动检测。运行完成后会出现检测类别报表。根据数据及分析因素，第一列为影响因素类别名称，第二列为每个类别的数目。同时报表中还有类别特征。

　　根据岗位实训内容，我们可提炼出典型实训活动，具体如下：

　　（1）选择数据表；

　　（2）检测类别；

（3）选择分类的影响因素列，运行；

（4）生成类别检测报表。

学习目标：

知识目标：（1）了解类别检测的作用；

（2）掌握类别检测的方法；

（3）学会分析检测类别报表。

技能目标：（1）独立完成检测类别的选择与运行；

（2）独立完成检测类别的报表。

思政目标：（1）树立严谨、细致的实训态度；

（2）培养克服困难解决问题的能力；

（3）追求职业高度。

学习导图：

实训任务

实 训 任 务 书

任务名称：＿＿＿＿＿＿＿＿＿＿＿＿＿＿＿＿＿＿

任务功能：＿＿＿＿＿＿＿＿＿＿＿＿＿＿＿＿＿＿

典型实训任务：＿＿＿＿＿＿＿＿＿＿＿＿＿＿＿＿

实训任务	类别检测应用			
任务成员			指导教师	
任务描述	本任务依据数据挖掘的典型实训流程制定开发，主要面向数据分析师岗位，培养数据挖掘人员的关键影响因素分析能力、类别检测分析能力，助其提升专业技能，积累实操经验			
实训目标	目标（O）	完成数据挖掘在 Excel 中的基础数据分析		
	关键成果	关键成果 1（KR1）	完成数据分类检测实训	
		关键成果 2（KR2）		
		关键成果 3（KR3）		
实训职责	·负责数据挖掘中数据的安全性 ·维护数据挖掘中数据的稳定性			
实训内容	①环境配置	②导入数据		③生成报表
	④分类检测			
实训难度	√ 简单	□一般	□较难	□困难
完成确认	序号	检查事项		教师签名
	1	是否已完成关键影响因素报表的生成		
	2	是否已掌握分类检测的步骤		
	3	是否学会分析生成各类报表		

注意事项：

1. 请严格按照实训任务内容要求实践，不得随意更改实训流程。

2. 完成实训内容后，请进行清单检查，完成请打钩。

学生签名：

情境描述

某店铺在开店初期计划做一定程度的推广，想测试推广后实现的利润是否有所增长以及增长幅度。在明确 Excel 数据挖掘功能后，现需要着手做好数据挖掘准备，完成数据导入、分析、运行及生成报表等实训，并完成掌握数据分析能力、维护数据安全及稳定性实训。

实训计划

对企业典型实训活动进行提取，并辅以学习知识点，组成新型实训计划。

实训流程图如图 3.9 所示。

（备注：实训流程图上方为该环节所需知识点，下方为项目实践活动。）

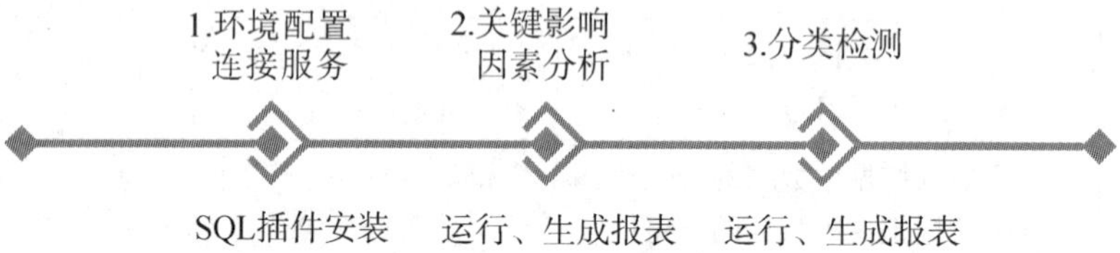

1.环境配置　　　2.关键影响　　　3.分类检测
连接服务　　　　　因素分析

SQL插件安装　　运行、生成报表　　运行、生成报表

图 3.9　实训流程图

典型实训活动一：环境配置

实训要点1：准备 SQL 插件安装包材料

实训要点2：准备安装插件至 Excel 中

实训任务：准备数据挖掘需要的 SQL 插件材料并安装，实现环境配置要求。

典型实训活动二：连接数据挖掘服务

实训要点1：连接本地主机

实训要点2：连接本地服务，新建本地服务器

实训要点3：完成连接服务，能够正常实现数据挖掘功能

实训任务：完成数据挖掘本地服务器的新建与连接。

典型实训活动三：关键影响因素分析

实训要点1：导入需要分析的数据表

实训要点2：点击"分析"，选择要分析的列，进行运行

实训要点3：生成关键影响因素报表

实训要点4：分析关键影响因素值

实训任务：完成关键影响因素报表的分析。

典型实训活动四：类别检测

实训要点1：导入需要检测的数据表

实训要点2：选择分类的影响因素列，进行运行

实训要点3：生成类别检测报表

实训任务：完成类别检测报表的分析。

学习目标

本实训的学习目标如表 3.8 所示。

表 3.8 学习目标

难度	序号	任务内容
初级	1	准备数据挖掘需要的 SQL 插件材料并安装，实现环境配置要求
	2	完成数据挖掘本地服务器的新建与连接
	3	完成关键影响因素报表的分析
	4	完成类别检测报表的分析
中级		分析数据挖掘类别检测报表中各项指标
高级		由类别检测报表各项指标得出结论

知识讲解 ├───────────────────────────────

任务 数据挖掘过程

数据挖掘过程通常包含商业理解、数据理解、数据的准备、建立模型、模型评估、部署六大流程。

一、确立数据挖掘目标

进行数据挖掘，我们首先要非常清楚：本次的挖掘目标是什么？系统完成后能达到什么样的效果？因此我们必须分析应用领域，包括应用中的各种知识和应用目标，了解相关领域的有关情况，熟悉背景知识，弄清用户需求。要想充分发挥数据挖掘的价值，我们必须要对目标有一个清晰明确的定义，即确定到底想干什么；否则，很难得到正确的结果。

二、数据取样

在明确了数据挖掘的目标后，接下来就需要从业务系统中抽取出一个与挖掘目标相关的样本数据子集。抽取数据的标准，一是相关性，二是可靠性，三是最新性，而不是动用全部企业数据。我们精选数据样本，不仅能减少数据处理量、节省系统资源，而且能通过数据的筛选，使想要反映的规律更加突出。进行数据取样一定要严把质量关。在任何时候都不要忽视数据的质量，即使是从一个数据仓库中进行数据取样，也不要忘记检查其质量如何。因为数据挖掘是探索企业运作的内在规律性，原始数据有误，就很难从中探索规律性。若从有误的数据中探索出来了"规律性"，再以此去指导实际，则很可能是在误导；若从正在运行的系统中进行数据取样，则更要注意数据的完整性和有效性。

三、数据探索

前面所叙述的数据取样，多少是基于人们对如何达到数据挖掘目的的先验认识进行操作的。当我们拿到一个样本数据集后，它是否达到我们原来设想的要求、其中有没有什么明显的规律和趋势、有没有出现从未设想过的数据状态、因素之间有什么相关性、可区分成怎样一些类别等，这都是要探索的内容。这里的数据探索，就是我们通常所进行的深入调查的过程。我们最终要达到的目的可能是要搞清多因素相互影响的、十分复杂的关系。但是，这种复杂的关系不可能一下子建立起来。一开始，我们可以先观察众多因素之间的相关性，再按其相关的程度，了解它们之间相互作用的情况。这些探索、分析并没有一成不变的操作规律，因此你要有耐心反复试探、仔细观察。在此过程中，原来的专业技术知识是非常有用的，它会帮助我们进行有效的观察。但是，需要注意，不要让专业知识束缚了我们对数据特征观察的敏锐性。虽然很可能实际存在着先验知识经验认为不存在其关系的情况，但是假如数据真实可靠，那么绝对不要轻易地否定数据呈现的新关系，很可能这就是新知识。有了它，也许在此后的分析中，会引导你得出比原有的认识更加符合实际的规律性知识。假如在操作中出现了这种情况，应当说，数据挖掘已挖到了有效的矿脉。对所抽取的样本数据进行探索、审核和必要的加工处理，是保证预测质量所必需的。可以说，预测的质量不会超过抽取样本的质量。数据探索和预处理的目的是为了保证样本数据的质量，从而为保证预测质量打下基础。数据探索主要包括：异常值分析、缺失值分析、相关分析、周期性分析、样本交叉验证等。

四、数据预处理

当采样数据维度过大时，如何进行降维处理，采样数据中的缺失值如何处理，这些都是数据预处理要解决的问题。采样数据中常常包含许多含有噪声、不完整甚至是不一致的数据，因此我们必须对数据挖掘所涉及的数据对象进行预处理。那么如何对数据进行预处理以改善数据质量，并最终达到完善数据挖掘结果的目的呢？数据预处理主要包括以下内容。

1. 数据筛选

数据筛选可从观测值样本中筛选掉不希望包括进来的观测值。对于离散变量可给定某一类的类值说明此类观测值是要排除于抽样范围之外的。对于连续变量可指定其值大于或小于某值时的这些组观测值是要排除于抽样范围之外的。

2. 数据变量转换

数据变量转换是指将某一个数据进行某种转换操作，然后将转换后的值作为新的变量存放在样本数据中。转换的目的是使数据和将来要建立的模型拟合得更好。例如，原来的非线性模型线性化、加强变量的稳定性等。数据变量可进行取幂、对数、开方等转换，当然，也可给定一个公式进行转换。

3. 缺失值处理

数据缺失在许多研究领域都是一个复杂的问题。对数据挖掘来说，空值的存在，造成的影响主要有：系统丢失了大量的有用信息；系统中所表现出的不确定性更加显著，系统中蕴涵的确定性成分更难把握；包含空值的数据会使挖掘过程陷入混乱，导致不可靠的输出。数据挖掘算法本身更致力于避免数据过分适合所建的模型，这一特性使得它难以通过自身的算法去很好地处理不完整数据。因此，空缺的数据需要通过专门的方法进行推导、填充等，以减少数据挖掘算法与实际应用之间的差距。

4. 坏数据处理

如果抽取的数据中存在坏数据（脏数据），则需要对坏数据进行预处理。通常的做法是采用绝对均值法或莱因达法等对样本中的坏数据进行剔除处理。

5. 数据标准化

数据标准化的目的就是要消除变量间的量纲关系，从而使数据具有可比性。比如一个百分制的变量与一个 5 分制的变量在一起怎么比较？只有通过数据标准化，把它们标准化到同一个标准时才具有可比性，一般标准化采用的是 Z 标准化，即均值为 0，方差为 1，当然也有其他标准化，比如 0-1 标准化等，研究人员可根据研究目的进行选择。

6. 主成分分析

主成分分析（PCA）是指用几个较少的综合指标来代替原来较多的指标，而这些较少的综合指标既能尽可能多地反映原来较多指标的有用信息，且相互之间又是无关的。PCA 运算就是一种确定一个坐标系统的直交变换，在这个新的坐标系统下，变换数据点的方差沿新的坐标轴得到了最大化。这些坐标轴经常被称为是主成分。PCA 运算是一个利用了数据集的统计性质的特征空间变换，这种变换在无损或很少损失数据集的信息的情况下降低了数据集的维数。

7. 属性选择

属性选择是数据预处理的一部分，因为采集的数据中的每一个属性对于整个数据的挖掘结果的作用不是完全对等的，一些属性对结果的影响占主导地位，一些属性对结果的影响不大，甚至没有影响。采用相应的算法，对数据的属性值进行评估，如去掉某个属性后对挖掘结果无影响，就能减少后续挖掘算法的运行时间，同时也能有效地去除数据中含有的噪声数据。如果建模数据集的维度较高，或输入属性与输出属性的相关性不明确时，对其进行属性选择是必要的步骤。综合考虑应用实现的复杂性，我们可使用标准属性选择方法，用一个评估标准对属性的有用性进行度量，并选择其最有用的一部分属性作为下一部分算法的输入。为了确定属性选择的标准，我们可选用多种方法进行属性评价，选出 5~10 个不同的属性，然后对处理后的数据集进行测试，综合评价维度约减前后的预测模型的性能及效果。

属性选择负责对属性进行筛选，搜索数据集中全部属性的所有可能组合形式，并找出预测效果最好的一组属性。为实现这一目标，我们必须设定属性评估器和搜索策略。属性评估器是对属性/属性子集进行评估确定，决定了怎样给一组属性安排一个表示它们好坏的值。搜索策略确定搜索算法，决定了要怎样进行搜索。

8. 数据规约

此即把繁杂的样本数据信息进行数据规约，简化以后存储在数据表中，避免数据的不一致性。

五、模型构建和特征工程

样本抽取完成并经预处理后，我们接下来要考虑的问题是：本次建模属于数据挖掘应用中的哪类问题（分类、聚类、关联规则或者时序模式）？选用哪种算法进行模型构建？模型构建的前提是在样本数据集中发现模式，如关联规则、分类预测、聚类分析、时序模式等。在目标进一步明确的基础上，我们就可以按照问题的具体要求来重新审视已经采集的数据，看它是否适应挖掘目标的需要。针对挖掘目标的需要我们可能要对数据进行增删，也可能按照对整个数据挖掘过程的新认识，组合或者生成一些新的变量，以体现对状态的有效描述。在挖掘目标进一步明确、数据结构和内容进一步调整的基础上，数据挖掘下一步应采用的技术手段就更加清晰明确了。

（一）模型构建

确定了本次建模所属的数据挖掘应用问题（分类、聚类、关联规则或者时序模式）后，我们还需考虑：具体应该采用什么算法？实施步骤是什么？这一步是数据挖掘实训的核心环节。模型构建是对采样数据轨迹的概括，它反映的是采样数据内部结构的一般特征，并与该采样数据的具体结构基本吻合。对于预测模型（包括分类与回归模型、时序预测模型）来说，模型的具体化就是预测公式，公式可以产生与观察值有相似结构的输出，这就是预测值。预测模型是多种多样的，可以适用于不同结构的样本数据，因此，对一个具体采样数据，就有选择适当预测模型的问题。正确选择预测模型在数据挖掘过程中是关键性的一步。有时模型选择不当，会造成预测误差过大，这时就需要改换模型。必要时，我们可同时采用几种预测模型进行运算以便对比、选择。对于建立模型来说，我们要记住最重要的一点就是，它是一个反复的过程。我们需要仔细考察不同的模型以判断哪个模型对问题最有用。预测模型的构建通常包括模型建立、模型训练、模型验证和模型预测四个步骤，但根据不同的数据挖掘分类应用会有细微的变化，本书在第二部分中对每个案例的建模步骤都有详细描述。

（二）特征工程

特征工程是指把原始数据转变为模型的训练数据的过程，它的目的就是获取更好的训练数据特征，使得机器学习模型逼近这个上限。特征工程能使模型的性能得到提升，有时甚至在简单的模型上也能取得不错的效果。特征工程在机器学习中占有非常重要的作用，一般认为包括特征构建、特征提取、特征选择三个部分。特征构建比较复杂，需要一定的经验。特征提取与特征选择都是为了从原始特征中找出最有效的特征。它们之间的区别是特征提取强调通过特征转换的方式得到一组具有明显物理或统计意义的特征；而特征选择是从特征集合中挑选一组具有明显物理或统计意义的特征子集。两者都能帮助减少特征的维度、数据冗余，特征提取有时能发现更有意义的特征属性，特征选择的过程经常能表示出每个特征对于模型构建的重要性。本书主要尝试总结几个常用的特征提取和特征选择的方法。

六、模型选择和评价

模型评价的目的是什么？如何评价模型的效果？通过什么评价指标来衡量？从前面的建模构建过程中会得出一系列的分析结果、模式或模型。同一个采样数据可以利用多种数据分析方法和模型进行分析，模型评价的目的之一就是从这些模型中自动找出一个最好的模型出来，另外就是要针对业务对模型进行解释和应用。模型效果评价通常分两步，第一步是直接使用原来建立模型的样本数据来进行检验。假如这一步都通不过，那么所得到的决策支持信息价值就不太大了。一般来说，在这一步应得到较好的评价。这说明你确实从这批数据样本中挖掘出了符合实际的规律。第一步通过后，第二步是另外找一批数据，已知这些数据是反映客观实际的、规律性的。这次的检验效果可能会比前一种差，差多少是要注意的，若是差到不能容忍的程度，那就要考虑第一步构建的样本数据是否具有充分的代表性，或是模型本身是否够完善。这时候可能要对前面的实训进行反思了。若这一步也得到了肯定的结果时，那所建立的数据挖掘模型应得到很好的评价。

案例解析

登录网站的当前用户现在最可能购买什么东西？

丹佛的 eBags 旨在针对常旅客销售手提箱、手提袋、钱包以及提供其他旅行服务。该公司采用 Kana 软件公司的 E-Marketing Suite 来整合其网站的 Oracle 数据库、J. D. Edwards 财务系统、客户服务电子邮件和呼叫中心，从而获得客户购买行为习惯方面的信息。数据分析能够帮助公司确定是哪个页面导致了客户的高采购率，并了解是什么内容推动了销售。

eBags 技术副总裁 Mike Frazini 说："我们尝试展示不同的内容来观察哪些内容的促销效果最好。我们最终的目标是完全个性化。"与设计页面以鼓励大部分消费者采购的做法不同，一个个性化的解决方案将不停地创建页面以适合每个具体的访问者。因此，如果访问者的浏览记录显示其对手提包感兴趣，网站将创建突出这些商品的客户化页面。Frazini 指出，用于当前实施数据挖掘的分析方法也能用于部署自动化的网站定制规则。

寻找基于较少的数据和商业规则来创建个性化网页是客户化网站减少资源耗费的方法之一。位于美国康涅狄格州的一家空调制造厂商——开利（Carrier）公司声称，仅仅通过利用邮政编码数据，其升级版 B2C 网站的每位访问者所产生的平均收益在一个月内从 1.47 美元提高到了 37.42 美元。

当客户登录网站时，系统将指示他们提供邮政编码。这些邮政编码信息将被发送到 Web Miner 服务器，也就是一个数据挖掘 ASP。然后，Web Miner 的数据挖掘软件将对客户进行假设，并基于这些假设来展示商品。例如，如果客户来自富裕的郊外地区，网站将显示出带有遥控器的空调机；如果客户的邮政编码显示其邻近大量公寓楼，则弹出式广告将展示窗式空调机。

通过采用这种相对简易的方法，该公司能够在数秒内生成网页。Carrier 全球电子商务经理 Paul Berman 说："与通常的想法相反，客户化电子商务在创建有针对性的服务时并不需要询问客户 8 条或 9 条信息。我们只需要 1 条信息，而且实际证明效果确实不错。"

回顾总结

知识总结：

把本节课的知识梳理汇总成流程图，如图 3.10 所示。

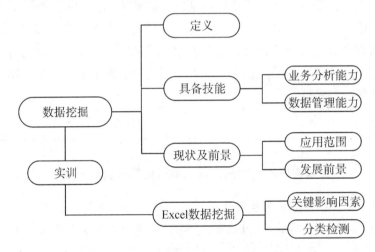

图 3.10　本节知识流程图

思维导图：

整理本节课所学知识点，补充下方思维导图（如图 3.11 所示），管理你的知识。

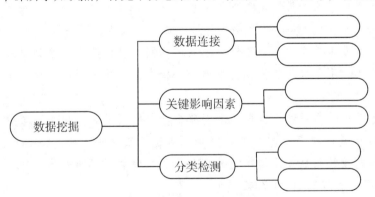

图 3.11　本节知识思维导图

活动 类别检测应用

>>> **实训目标**

通过此活动的实践，学生应当能够：

● 独立完成类别检测；

● 学会分析类别检测报表。

>>> **实训实施流程**（如图 3.12 所示）

图 3.12 实训实施流程

>>> **活动要求**

1. 根据实践任务要求，完成类别检测报表分析。

2. 在实训实施过程中，学生可自由查阅资料或向老师求助。

3. 在规定时间内完成任务，超时则视为未完成任务，不予评分。

请先下载"参考资料"，根据实训步骤演示，在"答题卡"中完成任务。

请在下框中填写你在活动过程中遇到的问题。
·
·
·

>>> **任务实践**

请根据活动步骤流程，完成类别检测，并将类别检测报表界面截图附在下方表格中。

检查清单（见表3.9）

表3.9　检查清单

序号	检查事项	是否完成
1	对本实训页的任务要求是否明确	
2	是否了解了类别检测作用	
3	是否完成了类别检测	
4	是否达成本次任务的实训目标	

任务评价（见表3.10）

表3.10　任务评价表

评价类别	评价内容	分值	教师评分
知识与技能	掌握类别检测操作流程	60	
情感态度	课堂上积极参与，积极思考，勇于开口、动脑，发言次数多	20	
	小组协作交流情况：小组成员间配合默契，彼此协作愉快，互帮互助	20	

项目检测

一、选择题

1. 某超市研究销售记录数据后发现，买啤酒的人很大概率也会购买尿布，这属于数据挖掘的哪类问题？（　　　）

　　A. 关联规则发现　　　　　　　　　B. 聚类

　　C. 分类　　　　　　　　　　　　　D. 自然语言处理

2. 当不知道数据所带标签时，我们可以使用哪种技术促使带同类标签的数据与带其他标签的数据相分离？（　　　）

　　A. 分类　　　　　　　　　　　　　B. 聚类

　　C. 关联分析　　　　　　　　　　　D. 隐马尔可夫链

3. 以下哪些学科和数据挖掘有密切联系？（　　　）

　　A. 统计　　　　　　　　　　　　　B. 计算机组成原理

　　C. 矿产挖掘　　　　　　　　　　　D. 人工智能

4. 对于数据挖掘中的原始数据，存在的问题有（　　　）。

　　A. 不一致　　　　　　　　　　　　B. 重复

　　C. 不完整　　　　　　　　　　　　D. 含噪声维度高

5. 下面哪种数据预处理技术可以用来平滑数据，消除数据噪声？（　　　）

　　A. 数据清理　　　　　　　　　　　B. 数据集成

　　C. 数据变换　　　　　　　　　　　D. 数据归约

6. 下列哪个描述是正确的？（　　）

    A. 分类和聚类都是有指导的学习

    B. 分类和聚类都是无指导的学习

    C. 分类是有指导的学习，聚类是无指导的学习

    D. 分类是无指导的学习，聚类是有指导的学习

二、判断题

1. 关联规则挖掘过程是发现满足最小支持度的所有项集代表的规则。　　（　　）

2. 数据挖掘的主要任务是从数据中发现潜在的规则，从而能更好地完成描述数据、预测数据等任务。　　（　　）

3. 数据挖掘的目标不在于数据采集策略，而在于对已经存在的数据进行模式的发掘。　　（　　）

4. 在聚类分析当中，簇内的相似性越大，簇间的差别越大，聚类的效果就越差。　　（　　）

5. 聚类分析可以看作一种无监督的分类。　　（　　）

6. 分类通常被称为有监督的学习。　　（　　）

三、简答题

1. 什么是数据挖掘？数据挖掘的目的是什么？

2. 什么是聚类？它与分类有何区别？

3. 举例说明关联规则的典型应用。

4. 请简述数据挖掘过程。

5. 简述数据预处理的内容。

6. 在数据挖掘之前为什么要对原始数据进行预处理？

项目 4

数据分析

数据分析的价值在于发现问题、解决问题和创造价值。数据分析能将现实的问题转化为数据能够解决的问题。数据分析流程包含确立数据分析目标、数据获取、数据处理、数据分析、数据展现和撰写数据报告等环节。

项目 4 课件

任务 4-1　数据分析常用的指标

任务导入

任务　利用 Excel 进行数据清洗

实训情境：

进行数据分析时，我们通常需要先清理数据才能进行数据分析。幸运的是，Excel 提供许多功能，可帮助用户获取所需的精确格式的数据。有时任务非常简单，Excel 具有执行此任务的特定功能。例如，可轻松使用拼写检查清理包含批注或说明的列中拼写错误的单词；或者如果想要删除重复行，可使用"删除重复项"对话框快速执行此操作。

根据岗位实训内容，我们可提炼出典型实训活动，具体如下：

（1）选择子集；

（2）列名重命名；

（3）删除重复值；

（4）缺失值处理；

（5）一致化处理；

（6）数据排序；

（7）异常值处理。

学习目标：

知识目标：（1）了解数据清洗的作用；
（2）掌握数据清洗的步骤。

技能目标：（1）独立完成数据的导入；
（2）熟悉 Excel 数据清洗的选项；
（3）独立完成数据清洗的每个步骤。

思政目标：（1）树立严谨、细致的实训态度；
（2）培养克服困难解决问题的能力；
（3）了解我国数据保护相关法律政策。

学习导图：

实训任务 ├──

实 训 任 务 书

任务名称：＿＿＿＿＿＿＿＿＿＿＿＿＿＿＿＿＿＿＿＿＿

任务功能：＿＿＿＿＿＿＿＿＿＿＿＿＿＿＿＿＿＿＿＿＿

典型实训任务：＿＿＿＿＿＿＿＿＿＿＿＿＿＿＿＿＿＿＿

实训任务	以短视频为例分析常见的数据分析指标		
任务成员		指导教师	
任务描述	本任务依据数据分析的常用指标作用和分类，主要用于数据分析内容，便于得出结论。培养数据分析人员的数据获取能力、分析能力，助其提升专业技能，积累实操经验		
实训目标	目标（O）	数据获取、分析指标的应用和数据分析能力的提升	
	关键成果	关键成果 1（KR1）	成功完成数据获取
		关键成果 2（KR2）	完成分析指标的选取
		关键成果 3（KR3）	根据选取的指标分析并得出正确结论
实训职责	·负责数据的真实性 ·维护数据的安全性和稳定性		
实训内容	①数据获取　　②数据选取　　③选取分析指标 ④分析总结		
实训难度	√ 简单　　□一般　　□较难　　□困难		
完成确认	序号	检查事项	教师签名
	1	对本实训的任务要求是否明确	
	2	是否准备妥当数据的获取资源	
	3	是否已对数据分析指标进行分类	
	4	是否根据短视频数据进行分析指标的选取和运用	
	5	是否已完成数据的分析	
	6	是否已得出相关结论	
	7	是否已找到问题并给出对应解决方案	

注意事项：

1. 请严格按照实训任务内容要求实践，不得随意更改实训流程。

2. 完成实训内容后，请进行清单检查，完成请打钩。

学生签名：

情境描述

某店铺计划进行一次推广，推广渠道为短视频社交平台，但不知选取什么平台，也不知推广重点。请为该店铺选择合适的分析指标，并进行短视频数据分析，得出结论并给出解决方案。

实训计划

对企业典型工作活动进行提取，并辅以学习知识点，组成新型实训计划。

实训流程图如图 4.1 所示。

（备注：实训流程图上方为该环节所需知识点，下方为项目实践活动。）

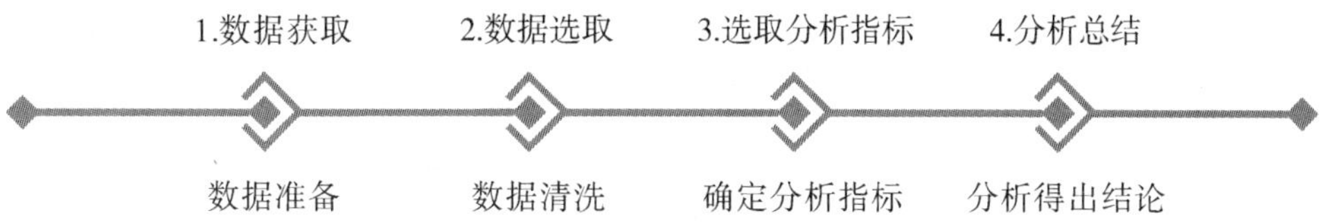

| 1.数据获取 | 2.数据选取 | 3.选取分析指标 | 4.分析总结 |

| 数据准备 | 数据清洗 | 确定分析指标 | 分析得出结论 |

图 4.1　实训流程图

典型实训活动一：数据获取

实训要点 1：寻找数据

实训要点 2：获取数据

实训任务：在艾瑞网中寻找短视频相关数据，获取数据。

典型实训活动二：选取数据分析指标

实训要点 1：数据指标分类

实训要点 2：分析数据

实训任务：根据获取的短视频数据资源进行数据指标的选取并分析。

典型实训活动三：得出结论

实训要点 1：列出分析结论

实训要点 2：总结

实训要点 3：提出解决方案

实训任务：完成短视频数据分析结论，总结并给短视频推广给出解决方案。

学习目标

本实训的学习目标如表4.1所示。

表4.1 学习目标

难度	序号	任务内容
初级	1	数据获取
	2	选取数据分析指标
	3	得出短视频数据分析结论，总结并给短视频推广给出解决方案
中级	1	获取数据内容
	2	了解数据指标的含义和分类
高级	1	得出分析结论并给出解决方案
	2	确保获取数据的安全性和稳定性

知识讲解

任务　掌握数据分析常用指标

一、用户数据指标

（一）活跃率

活跃率是判断用户最基本的指标，它指在一定时间段里，活跃用户与总用户的比例关系，即活跃用户数除以总用户数。该指标用来分析店铺在一定时期内有多少用户来到店里，这对于产品对用户的黏性分析有着直观的价值表现。活跃率按时间划分，可分为日活跃率（DAU）、周活跃率（WAU）和月活跃率（MAU）。

（二）新增用户

新增用户指标用来判定每天新增用户数，衡量企业的潜力，可分析不同渠道的新增用户数。新增用户在业务起步阶段尤为重要，当企业用户增速有提升时，市场潜力较大，当企业用户增速下降或呈负数时，就需要做一些推广活动来拉动用户。

（三）留存率

留存率就是我们常说的回头客，它反映了不同时期获得的新用户的留存情况。其计算公式为：留存率=新增用户中第 n 天还使用过产品的用户数/第1天新增用户总数。其中，n 值可以取天、周或月。只有留存率高，才能说明用户对企业的产品或服务是满意的，才能持续消费[1]。

用户数据指标结构如图 4.2 所示。

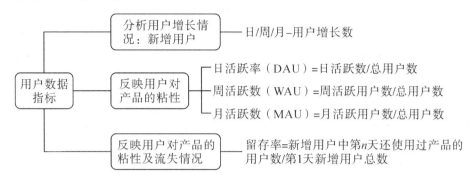

图 4.2 用户数据指标结构

二、行为数据指标

（一）访问次数（PV）与访问人数（UV）

访问次数（page view，PV）指页面浏览量，该指标不需要去重；访问人数（unique visitor，UV）指一定时间内访问网页的人数，该指标需要去重。访问次数与访问人数两个指标越大，证明有可能交易订单量越多。

（二）转化率

转化率是指潜在客户完成一次推广商户期望的行动的比率，如下载率、激活率、购买率、打开率、成交率、复购率等。因此，转化率与具体业务有关，比如店铺购买转化率＝购买商品的人数/到店铺的人数，广告转化率＝点击广告的人数/看到广告的人数。由于总人数在一定范围是固定的，所以我们就要想尽办法提高期望行为人数来增加转化率。

（三）跳出率

互联网行业经常用"跳出率"来衡量页面质量。跳出率是指浏览了一个页面就离开的访问次数除以该页面的全部访问次数，分为首页跳失率、关键页面跳失率、具体产品页面跳失率等。该指标可以反映页面内容受欢迎程度。跳出率高可能由许多原因造成，如店铺页面本身质量不佳、产品不符合用户的期望、用户不是目标群体等。

行为数据指标结构如图 4.3 所示。

三、产品业务数据指标

（一）成交总额

成交总额通常用 GMV（gross merchandise volume）表示，主要是指企业的成交金额，包括付款金额和未付款。该指标在行业内较为重要，能在一定程度上反映市场体量大小。如 2020 年"双 11"期间，天猫的 GMV 高达 4 982 亿元，京东平台 GMV 达 2 715 亿元。

① 百度百科. 留存率［EB/OL］.（2020-01-14）［2020-05-15］. https://baike.baidu.com/item/%E7%95%99%E5%AD%98%E7%8E%87/3609437? fr=aladdin.

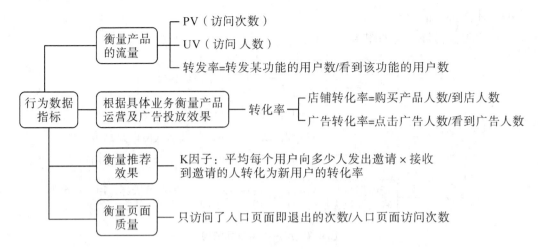

图4.3　行为数据指标结构

（二）付费率

付费率是付费用户占活跃用户的比例。到底有多少比例用户是付费用户，这是一个关键点。比如爱奇艺的财报，每次必提会员用户数量，用来彰显有多少用户愿意付费购买他们的服务。反之，一些工具类的 App 付费率就很低，如墨迹天气，虽然用户量巨大，但付费用户却要少得多。

产品数据指标结构如图4.4所示。

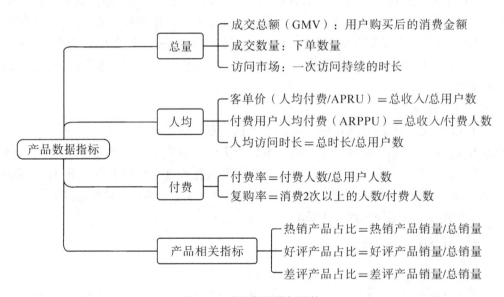

图4.4　产品数据指标结构

知识小延伸:

电商关键指标

1. 企业在不同阶段,有不同的关注指标

(1) 对于新电商而言:积累数据,找准运营方向很重要。这个阶段其关注的关键指标是流量指标,如访客数、访客来源、注册用户数、浏览量、浏览深度、产品的浏览量排行、产品的跳出率、顾客的评价指数、转化率等。

(2) 对于已发展一段时间的电商,提高店铺销量是重中之重。关键指标是流量和销售指标,如访客数、浏览量、转化率、新增会员数、会员流失率、客单价、动销率、库存天数、ROI、销售额等。

(3) 对于规模较大的电商,利用数据提升运营水平很关键。关键指标是访客数、浏览量、转化率、复购率、留存率、流失率、客单价、利润率、库存天数、ROI、销售额等。

2. 不同的时间阶段,关注的指标不同

(1) 每日追踪指标:访客数、浏览深度、转化率、跳出率、件单价、连带率、重点产品的库存天数、销售额。

(2) 周分析指标:每周进行分析的指标,侧重在重点商品的分析和重点流量上面,包括浏览深度、日均 UV、日均 PV、复购率、TOP 商品贡献率、TOP 库存天数等。

(3) 月绩效考核 KPI 指标:不同职位有不同的绩效考核指标,如店铺运营人员为访客数、转化率、访问深度、件单价、连带率;推广人员为新增访客数、新增购买用户数、新客成本、跳失率、ROI;活动策划人员为广告点击率、转化率、活动商品销售比重、ROI;数据分析人员为报表准确率、报表及时率、需求满足率、报告数量、被投诉率[①]。

案例解析

如何打造一款爆品 App?

> 喜马拉雅是专业的音频分享平台,汇集了有声小说、有声读物、有声书、FM 电台、儿童睡前故事、相声小品、鬼故事等数亿条音频,用户超过 6 亿。
>
> 定位为用户原创内容模式的喜马拉雅除了拥有海量的节目音频之外,也已成为音频创作者最集中、最活跃的平台。2014 年 5 月初,喜马拉雅激活用户突破 5 000 万大关,成为国内最大的在线音频分享平台。2019 年 10 月,平台开启青少年模式的用户累计超过 67 万。

项目 4 数据分析

[①] 李子. 电子商务的数据分析指标,你记住了吗?[EB/OL]. (2018 - 09 - 10)[2020 - 05 - 20]. https://zhuanlan.zhihu.com/p/44192191? utm_source = wechat_session.

作为视听类 App 领袖产品，喜马拉雅是如何在众多音频分享平台中打造成一款爆品 App 的呢？

（1）需要找到选择方向，在这方面我们需要获取 App 的相关数据指标如新增用户数、下载次数、收听时长、搜索次数、使用次数等，目的是了解用户需求（见表4.2）。

（2）需要做产品研发与内测，这一研究需要获取 App 的活跃率、留存率、播放次数、播放人数、转发率、转化率、跳出率等行为指标，目的是衡量用户的黏性，产品质量是否足以让用户推进接下来的行为。

（3）产品优化与小规模推广，在这方面我们需要获取用户成本、新增用户、下载量、付费量、人均收听时长等指标，目的是对比不同渠道的推广成本以及推广效果。

（4）增长式爆发，这方面我们需要获取用户收听时长，这是分析的核心指标，目的是减少推广陷阱。

表4.2　喜马拉雅数据分析指标

发展阶段	业务指标	分析目的
方向选择与调研论证	新增用户数	用户需求宽度，人群受众面
	下载次数、收听时长、搜索次数	用户需求强度，是否满足刚需
	日/周/月使用次数	用户需求频率，用户使用产品的频率
产品研发与内测	活跃率，日/周/月留存率	衡量用户黏性
	播放次数、播放人数、转发率	产品质量是否足以让用户进行转发、推广
	转化率（下载、付费）	对比各个环节转化率，分析哪个环节最需改进
	闪退率	提高用户体验
产品优化与小规模推广	获取客户成本	对比不同渠道推广成本
	新增用户、下载量、付费量、人均收听时长	推广效果如何
	留存率	产品哪些地方需要改进和优化
增长式爆发	用户收听时长	核心指标，减少推广陷阱

从以上分析得出结论，我们需做到有优质内容，最好能做到破局，即找到天使用户，然后有层次地规模化，最后可适当做 App 推广，用宽战略、狠执行的策略达到爆品推广。

回顾总结

知识总结：

把本节课的知识梳理汇总成流程图，如图4.5所示。

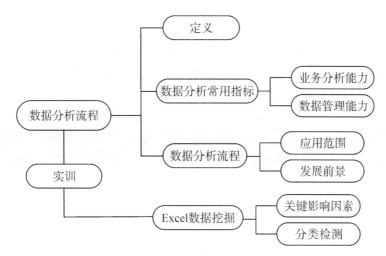

图 4.5　本节知识流程图

思维导图:

整理本节课所学知识点,补充下方思维导图(如图 4.6 所示),管理你的知识。

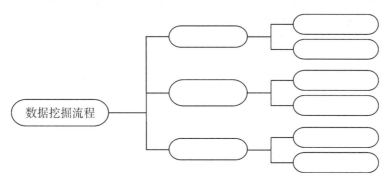

图 4.6　本节知识思维导图

实训作业

活动　以短视频为例分析常见的数据分析指标

>>>> **实训目标**

通过此活动的实践,学生应当能够:

- 获取数据内容;
- 了解数据指标的含义和分类,从数据当中找出有用的指标进行分析;
- 得出分析结论并给出解决方案。

>>>> **实训实施流程**(如图 4.7 所示)

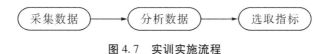

图 4.7　实训实施流程

>>> 活动要求

1. 根据实践任务要求，选择一款短视频 App 进行数据分析指标的选择并分析。

2. 在实训实施过程中，学生可自由查阅资料或向老师求助。

3. 在规定时间内完成任务，超时则视为未完成任务，不予评分。

请根据实训步骤演示，在"答题卡"中完成任务。

请在下框中填写你在活动过程中遇到的问题。
·
·
·

>>> 任务实践

请在艾瑞咨询网中获取数据，选择一款短视频 App 进行数据分析指标的选取，并做一定的分析，将完成过程体现在下方表格中。

>>> 检查清单（见表 4.3）

表 4.3　检查清单

序号	检查事项	是否完成
1	对本实训页的任务要求是否明确	
2	是否成功获取到了数据	
3	是否达成本次任务的实训目标	

>>> 任务评价（见表4.4）

表4.4　任务评价表

评价类别	评价内容	分值	教师评分
知识与技能	掌握数据的获取方法	60	
情感态度	课堂上积极参与，积极思考，勇于开口、动脑，发言次数多	20	
	小组协作交流情况：小组成员间配合默契，彼此协作愉快，互帮互助	20	

任务 4-2　数据分析流程

任务导入

任务　掌握数据采集方法

实训情境：

说到数据采集，我们第一个想到的问题自然是"从哪儿采?"，也就是我们的采集源是什么。

在当今大数据时代，数据的采集源往往是高度多样化的，而不同的数据源往往需要不同的采集手段来进行针对性的采集。我们如果掌握了数据获取的方式和资源，不仅可以使数据收集的效率得到很大的提升，同时也可以学习更多的思维方式。

根据岗位实训内容，我们可提炼出典型实训活动，具体如下：

（1）找到数据获取渠道；

（2）数据筛查；

（3）数据对比。

学习目标：

知识目标：（1）了解数据获取环境特点；

　　　　　（2）掌握数据获取方式。

技能目标：（1）独立完成数据采集；

　　　　　（2）独立完成数据筛查；

　　　　　（3）独立完成数据对比。

思政目标：（1）树立严谨的实训态度；

　　　　　（2）了解我国数据获取政策；

　　　　　（3）培养数据获取的隐私与保护意识。

学习导图：

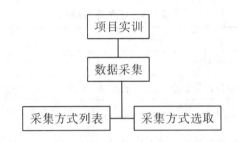

实训任务 ┤

实 训 任 务 书

任务名称：_____

任务功能：_____

典型实训任务：_____

实训任务	电子商务企业数据分析案例			
任务成员			指导教师	
任务描述	本任务依据数据分析的实训流程，以案例方式培养数据分析人员的数据获取能力、分析能力，助其提升专业技能，积累实操经验			
实训目标	目标（O）	数据分析的实训五大流程的掌握		
	关键成果	关键成果1（KR1）	数据分析方法和策略的体现	
		关键成果2（KR2）	分析流程图	
		关键成果3（KR3）		
实训职责	·负责数据的真实性 ·维护数据的安全性和稳定性			
实训内容	①案例寻找	②分析数据分析方法		③分析取得的成果
	④分析策略	⑤构建分析流程图		
实训难度	√ 简单	□一般	□较难	□困难
完成确认	序号	检查事项		教师签名
	1	对本实训的任务要求是否明确		
	2	是否能正确寻找电子商务企业案例		
	3	是否能确定数据分析指标		
	4	是否能确定案例数据分析方法		
	5	是否分析出案例分析策略		
	6	是否得出相关结论		
	7	是否能构建分析流程图		

注意事项：

1. 请严格按照实训任务内容要求实践，不得随意更改实训流程。
2. 完成实训内容后，请进行清单检查，完成请打钩。

学生签名：

项目
4
数据
分析

情境描述

在本地找一家电子商务企业作为案例，分析企业运用何种数据分析方法，取得了何种成果，根据企业运营现状提出相应的数据分析策略，加深对数据分析实训流程的认知。

实训计划

对企业典型工作活动进行提取，并辅以学习知识点，组成新型实训计划。

实训流程图如图4.8所示。

（备注：实训流程图上方为该环节所需知识点，下方为项目实践活动。）

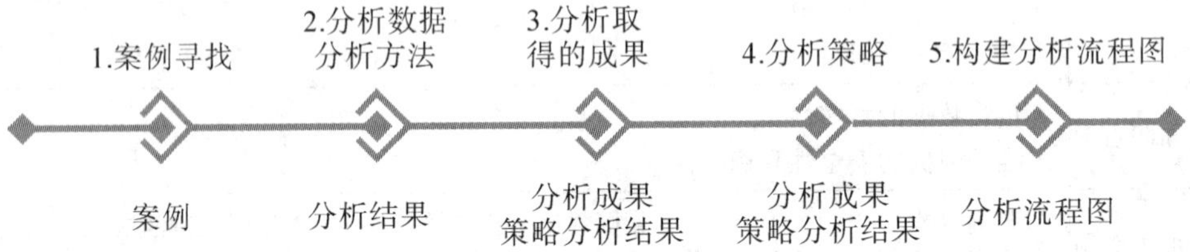

图4.8 实训流程图

典型实训活动一：分析数据分析方法

实训要点1：分析方法的提取

实训要点2：分析方法是否正确

实训任务：分析企业是否正确运用数据分析方法。

典型实训活动二：分析取得的成果

实训要点1：企业分析成果展现

实训要点2：分析成果

实训任务：根据企业数据分析的目的，分析其是否达到分析目的并取得相应成果。

典型实训活动三：分析策略，得出结论

实训要点1：分析企业数据分析的策略

实训要点2：完成企业数据分析流程图

实训要点3：得出结论

实训任务：分析企业数据分析的策略、分析得出结论，并完成分析流程图。

🔖 学习目标

本实训的学习目标如表4.5所示。

表4.5　学习目标

难度	序号	任务内容
初级	1	分析企业是否正确运用数据分析方法
	2	分析企业是否达到分析目的并取得相应成果
	3	分析企业数据分析的策略、结论，并完成分析流程图
中级	1	正确识别数据分析方法
	2	达到分析目的，得出分析成果
高级	1	分析企业数据分析的策略
	2	确保获取数据的安全性和稳定性

知识讲解

任务　掌握数据分析流程

一、确立数据分析目标

常见的数据分析目标包括以下三种类型：

（1）波动解释型：当销售额突然下降了，或新用户留存率突然降低了，这时候往往需要分析师分析这些数据波动的原因。

（2）数据复盘型：数据复盘类似于月报、季报，在互联网领域常见于App某功能上线了一段时间后，数据分析师需要复盘这个功能的表现情况，看看有没有什么问题。

（3）专题探索型：对某个主题发起的专项探索，如新用户流失、营收分析等。

二、数据获取

在明确分析目标后，我们就可以根据目标去获取所需要的数据，即数据采集。数据获取的意义不仅在于获取数据以了解数据的原始面貌，包括数据产生的时间、条件、格式、内容、长度、限制条件等，它还能帮助数据分析师更有针对性地控制数据生产和采集过程，避免由于违反数据采集规则导致的数据问题；同时，对数据采集逻辑的认识增加了数据分析师对数据的理解程度，尤其是数据中的异常变化。数据获取主要分为外部数据和内部数据两类[①]。

---

① 风清扬. 一次完整的数据分析流程包括哪些环节［EB/OL］.［2020-03-08］（2020-06-02）. https://zhuan-lan.zhihu.com/p/111736339.

（一）外部数据

想要获取外部数据，我们一般可以从公开的数据网站上查询，如国家数据网、中国统计信息网、Github 等。

1. 国家数据网

国家数据网的数据来源于中华人民共和国国家统计局，包含了我国经济民生等多个领域的数据，并且在月度、季度、年度都有覆盖，全面又权威。以下为示例。

（1）数据采集。

打开 IE 浏览器，在地址栏输入"https://dzswgf.mofcom.gov.cn/sjcx.html"，进入国家数据网站的电子商务公共服务网，点击数据中心——数据查询，输入查询日期为2020 年第三季度，进入数据查询页面，点击右侧"下载"按钮，如图4.9 所示。

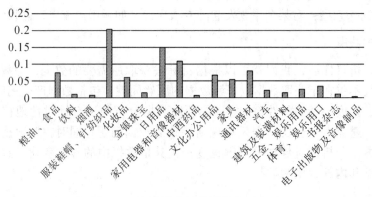

图 4.9　国家数据网数据采集页面

（2）数据对比。

将 2019 年第二季度至 2020 年第二季度电商指数的数据导入 Excel 软件，然后选择"指标名称"和"绝对值/占比"两列，选择菜单中"插入/柱形图"生成电商指数对比图，如图 4.10 所示。

图 4.10　国家数据网数据指数对比图

2. 中国统计信息网

中国统计信息网的官方网站汇集了海量的全国各级政府各年度的国民经济和社会发展统计信息，建立了以统计公报为主，统计年鉴、阶段发展数据、统计分析、经济新闻、主要统计指标排行等为辅的数据库体系。

中国统计信息网的数据采集方式如下：

打开 IE 浏览器，在地址栏输入"http://www.cnstats.org/"，进入中国统计信息网，点击右侧快捷区域的"中国统计年鉴 2016（光盘版）免费下载"，点击"立即下载"按钮（注意页面下方的"下载说明"）。

3. Github

Github 是一个非常全面的数据获取渠道，包含各个细分领域的数据库资源，自然科学和社会科学的覆盖都很全面，适合做研究和数据分析的人员。

（二）内部数据

内部数据是企业内部的数据，对于互联网行业，用户行为的数据是通过埋点的形式上报获取的，最终储存在 HIVE 表中，作为数据分析师，其需要用 SQL 去把数据提取出来。

三、数据处理

数据处理是数据分析前必不可少的阶段，指对采集到的数据进行加工整理，形成适合数据分析的样式，保证数据的一致性和有效性。数据处理阶段主要的目的是解决数据质量的问题。在数据获取环节中，内部的数据往往质量较好，但是外部数据，如爬虫获取的数据，往往会比较杂乱，俗称"脏数据"，需要进行数据清洗，包括补全缺失值、删去异常值、删去重复值、进行数据转换等。

1. 异常值处理

异常值是指在数据集中存在的不合理的值，又称离群点。图 4.11 就是一个很明显的异常值的例子，这种异常值在进行分析时候，往往都要删掉，否则会对结果产生很大的影响。但是并不是所有情况下的异常值都要删掉，不同领域对异常值的处理方法不同，如在风控领域，反而要重点关注异常值，因为大部分用户都是正常的，异常值可能就是作弊用户。因此，异常值的处理方法常用有四种：

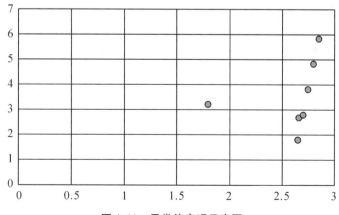

图 4.11 异常值表现示意图

（1）删除含有异常值的记录；

（2）将异常值视为缺失值，用缺失值处理方法来处理；

（3）用平均值来修正；

（4）不处理。

2. 补全缺失值

有缺失值怎么办？一般是补上。常见的补缺失值的办法包括：

（1）通过其他信息填补，如通过身份证补充生日、籍贯等；

（2）将样本进行分类，然后以该类样本的均值、中位数补全。

下面以 Excel 为例，进行数据处理步骤演示。

第1步：【选择子集】。选择整列，右键，隐藏或者开始，格式，隐藏或取消隐藏。

重复的字段或数据太大，可选择隐藏列（尽量不删除数据，隐藏即可，保证原始数据的完整）。

第2步：【列名重命名】。点击单元格，直接修改。

第3步：【删除重复值】。数据，删除重复项。

第4步：【缺失值处理】。人工补全、删除、代替等。

①计算缺失值。

首先进行定位：在开始—查找—定位条件里选择定位空值，可以快速筛选出所有空值，找出是否存在数据的缺失，如图 4.12、图 4.13 所示。

指标名称	绝对值/占比	同比
粮油、食品	7.46%	34.10%
饮料	1.18%	35.10%
烟酒	0.91%	63.10%
服装鞋帽、针纺织品	20.38%	0.00%
化妆品	6.03%	22.10%
金银珠宝	1.66%	20.30%
日用品	15.08%	13.00%
家用电器和音像器材	10.72%	16.60%
中西药品	0.80%	112.30%
文化办公用品	6.67%	17.90%
家具	5.30%	8.50%
通讯器材	7.84%	16.30%
汽车	2.33%	-16.80%
建筑及装潢材料		11.70%
五金、电料	2.41%	15.20%
体育、娱乐用品	3.49%	5.80%
书报杂志	1.12%	8.90%
电子出版物及音像制品	0.05%	16.30%

图 4.12　Excel 查找数据缺失示意图

图4.13　Excel数据缺失定位示意图

②处理缺失值。

第一，人工补全（适合缺失数据较少的情况）。

Ctrl+选中所有空值单元格，在选完后最后一个单元格那里松开 Ctrl 键，并在这个单元格里输入缺失值，然后按 Ctrl + Enter 即可补齐全部空值。

第二，删除缺失数据。

我们可通过删除缺失数据对应列或行来完成缺失值的处理。

第三，代替缺失值。

我们可用均值、众数、中位数等代替缺失值。其优点是简单且有依据，缺点是可能会使缺失值失去其本身的含义。对于寻找替代值的除了统计学中常用的描述数据的值以外，我们还可以人为地去赋予缺失值一个具体的值。

第5步：【一致化处理】。

数据要有统一的标准或者命名。如果存在单元格内的数据值，有一个或多个，为了统一，就会进行分列处理，统一每列的数值个数，使之一致。

操作如下：选择"数据"—"分列"—"分隔符号"，勾选"连续分隔符号"—"其他"，设置用什么分割，点击"下一步"—"完成"。

注意：分列功能会覆盖掉后面一列的数据，使用分列功能需要将数据复制到新列进行处理。

例如，公司所属领域（一个或多个领域的名词混在一个单元格内，需要分列）、薪水（最高薪水、最低薪水、平均薪资需要分开）、统一数据格式等。

第6步：【数据排序】。

数据排序用来发现更多有价值的数据。选择数据—排序，如图4.14所示。

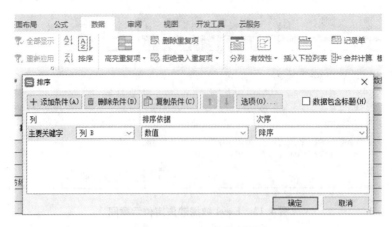

图 4.14　Excel 处理数据排序

第 7 步：【异常值处理】。

对异常值的判断除了依靠统计学常识以外，就是对业务的理解。如果某个类别变量出现的频率非常低，或者某数值型变量相对业务来说太异常就可以判断为异常值。比如，我们对薪资下限升序排列，发现了一个薪资区间在 1~1 000 的，但因为当地的基本工资为 2 200 元，所以对于薪资上限小于 2 000 的值我们都判定为异常值。

这里使用 Excel 上的数据透视表来进行操作：

点击"插入"—"数据透视表"，创建数据透视表窗口，框选数据区域，点击"确定"，然后可以看到数据透视表；

选择数据透视表区域，点击右键，弹出选项后，点击"数据透视表选项"，在里面勾选"经典数据透视表布局"，点击"确定"，如图 4.15 所示。

图 4.15　Excel 用数据透视表对异常值处理

最后数据透视表如果可以正常显示，我们拖入数据即可进行各种数据对比。当发现有异常值时，此时在透视表中将异常值直接删除就好了。

四、数据分析

数据分析主要负责业务应用和解读。数据处理好了之后就可以开始进行分析，根据不同的分析目标，我们要选择合适的分析方法。常见的分析方法如下。

（一）描述性分析

描述性分析是对所收集的数据进行分析，得出反映客观现象的各种数量特征的一种分析方法，包括数据的集中趋势分析、数据离散程度分析、数据的频数分布分析等。描述性分析是对数据进一步分析的基础。

在第一步的分析目标中，我们提到了一种常见的分析类型是做数据复盘，在这种分析报告中，描述性分析就是我们最常用的方法。

（二）推断性分析

推断性分析是研究如何根据样本数据来推断总体样本数量特征的，它是在对样本数据进行描述统计分析的基础上，对研究总体的数量特征做出推断。常见的分析方法有假设检验、相关分析、回归分析、时间序列分析等方法。

（三）探索性分析

探索性分析主要是通过一些分析方法从大量的数据中发现未知且有价值的信息的过程，它不受研究假设和分析模型的限制，只会尽可能地寻找变量之间的关联性。常见的分析方法有聚类分析、因子分析、对应分析等方法。

五、数据展现

数据展现又叫数据可视化。我们通过数据分析得出结论后，还需要用图表展示出来，用图表可以更清晰地展现数据分析的结论，如图4.16所示。展现的具体形式需根据实际需求和场景而定，原则是能让阅读者快速清晰地理解，展现的常用工具如FineBI、Excel、Tableau。

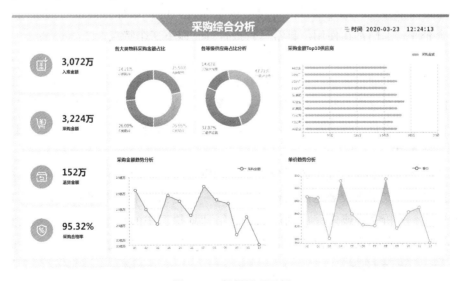

图 4.16　数据展现示例

六、撰写数据报告

数据分析报告是数据分析师通过对大量数据的收集、整理和分析，结合自身的理解，整理数据、阐述现状，说明现阶段的优势与不足，再提出行之有效的优化建议，以期指导未来发展的报告。

（一）数据分析报告的作用

1. 得出分析结论

报告以某一种特定的形式将数据分析结果清晰地展示给决策者，使得他们能够迅速理解问题的基本情况、结论与建议等内容。

2. 提供决策依据

大部分的数据分析报告都是具有时效性的，因此所得到的结论与建议可以作为决策者在决策方面的一个重要参考依据。虽然，大部分决策者（尤其是高层管理人员）没有时间去通篇阅读分析报告，但是在决策过程中，报告的结论与建议或其他相关章节将会被重点阅读，并根据结果辅助其最终决策。所以，分析报告是决策者二手数据的重要来源之一。

3. 验证分析质量

从某种角度来讲，分析报告也是对整个数据分析项目的一个总结。报告通过对数据分析方法的描述、对数据结果的处理与分析等来检验数据分析的质量，并让决策者能够感受到这个数据分析过程是科学并且严谨的[①]。

（二）数据分析报告的分类

1. 日常运营报告

日常运营报告是以定期数据分析报表为依据，反映计划执行情况，并分析影响和形成原因的一种数据分析报告。这种数据分析报告一般是按日、周、月、季、年等时间阶段定期进行，所以也叫定期分析报告。

日常运营报告可以是专题性的，也可以是综合性的。这种分析报告的应用十分广泛，各个企业、部门都在使用。日常运营报告具有以下三个特点。

（1）进度性。

由于日常数据通报主要反映计划的执行情况，因此分析者必须把计划执行的进度与时间的进展结合起来分析，观察比较两者是否一致，从而判断计划完成的好坏。为此，分析者需要进行一些必要的计算，通过一些绝对数和相对数据指标来突出进度。

（2）规范性。

日常数据通报基本上成了数据分析部门的例行报告，定时向决策者提供。所以这种分析报告就形成了比较规范的结构形式。其一般包括以下基本部分：反映计划执行的基本情况、分析完成或未完成的原因、总结计划执行中的成绩和经验、找出存在的问题、提出措施和建议。这种分析报告的标题也比较规范，一般变化不大，有时为了

---

① 杨从亚，邹洪芬，斯燕. 商务数据分析与应用［M］. 北京：中国人民大学出版社，2019：205.

保持连续性，标题只变动一下时间，如《××月××日业务发展通报》。

（3）时效性。

由日常数据通报和性质和任务决定，它是时效性最强的一种分析报告。只有及时提供业务发展过程中的各种信息，其才能帮助决策者掌握企业经营的主动权。对大多数公司而言，这些报告主要通过微软 Office 中的 Word、Excel 和 PowerPoint 系列软件来表现。

2. 综合分析报告

综合分析报告是全面评价一个地区、单位、部门业务或其他方面发展情况的一种数据分析报告。例如世界人口发展报告、全国经济发展报告、某某企业运营分析报告等。综合分析报告具有以下两个特点。

（1）全面性。

综合分析报告反映的对象，无论是一个地区、一个部门还是一个单位，都必须以这个地区、这个部门、这个单位为分析总体，站在全局的高度，反映总体特征，做出总体评价，得出总体认识。在分析总体现象时，报告必须全面、综合地反映对象各个方面的情况。例如在分析方法论时提到的 4P 分析法，就是从产品、价格、渠道、促销四个角度对企业进行分析的。

（2）关联性。

综合分析报告要把互相关系的一些现象、问题综合起来进行全面系统的分析。这种综合分析不是对全面资料的简单罗列，而是在系统地分析指标体系的基础上，考察现象之间的内部联系和外部联系。这种联系的重点是比例关系和平衡关系，分析研究它们的发展是否协调，是否适应。因此，从宏观角度反映指标之间关系的数据分析报告一般属于综合分析报告[①]。

3. 专题分析报告

专题分析报告是对社会经济现象的某一方面或某一个问题进行专门研究的一种数据分析报告，它的主要作用是为决策者制定某项政策、解决某个问题提供决策参考和依据。专题分析报告具有以下两个特点。

（1）单一性。

专题分析报告不要求反映事物的全貌，主要针对某一方面或某一个问题进行分析。其针对单一问题，如用户流失分析、提升用户消费分析、提升企业利润率分析等，且要提出解决方案。

（2）深入性和透彻性。

由于专题分析报告内容单一，重点突出，因此其能集中精力抓住主要问题进行深入分析。它不仅要对问题进行具体描述，还要对引起问题的原因进行分析，并且提出切实可行的解决办法。这就要求分析者对公司业务的认知有一定的深度，由感性上升

① DataHunter. 如何撰写数据分析报告［EB/OL］.［2020-05-06］. https://zhuanlan.zhihu.com/p/53857057.

至理性，切忌蜻蜓点水，泛泛而谈。

（三）数据分析报告的主要内容

数据分析报告有特定的内容结构，但是这种结构并非一成不变，不同的数据分析师、不同的老板、不同的客户、不同性质的数据分析，其最后的报告可能会有不同的结构。最经典的报告结构还是"总—分—总"结构，主要包括开篇、正文和结尾三大部分。

在数据分析报告结构中，"总—分—总"结构的开篇部分包括标题页、目录和前言（主要包括分析背景、目的与思路）；正文部分主要包括具体分析过程与结果；结尾部分包括结论、建议及附录①。关于数据分析报告的具体内容，我们会放在项目9中详细讲解。

案例解析

数据分析电子邮件营销的业务核心指标

电子邮件营销是现在很多企业仍在采用的营销和运营方式，某互联网金融企业通过 EDM 给新用户（有邮件地址但是未注册用户）发送激活邮件。一直以来注册转化率维持在 20%~30%，但之后注册转化率暴跌，一直维持在 10% 左右。

对于网络营销来说，这是一个非常严重的衰退，需要立即排查原因。EDM 渠道注册转化率涉及太多的因素，需要一个一个排查，我们列举可能的原因。

（1）技术原因：ETL（数据抽取、转化、载入）出现问题，导致后端数据没有及时呈现在 BI 报表中。

（2）宏观原因：季节性因素（节假日等），其余邮件冲击（其余部门也给用户发邮件分散了用户的注意力）。

（3）微观原因：邮件的标题、文案、排版设计，注册流程设计。

一个简单的业务指标，能影响它的因素可能是多种多样的，所以我们需要对可能涉及的因素进行精细化衡量才能不断优化。企业通过数据分析，最后发现，产品经理在注册环节添加了"绑定信用卡"，从而导致注册转化率大幅度下降②。

---

① 张文霖，刘夏璐，狄松. 谁说菜鸟不会数据分析［M］. 北京：电子工业出版社，2013：222-223.

② TalkingData. 案例解析如何进行运营的数据分析［EB/OL］.（2017-02-10）［2020-04-11］. https://www.niaogebiji.com/pc/article/detail/？aid=14349.

回顾总结

知识总结：

把本节课的知识梳理汇总成流程图，如图4.17所示。

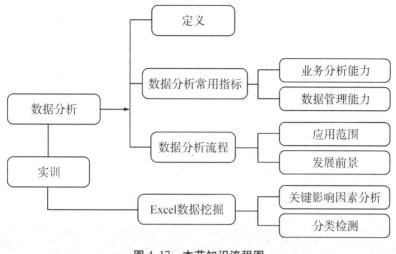

图4.17 本节知识流程图

思维导图：

整理本节课所学知识点，补充下方思维导图（如图4.18所示），管理你的知识。

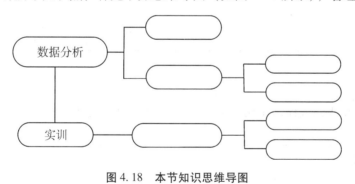

图4.18 本节知识思维导图

实训作业

活动 电子商务企业数据分析案例

>>> **实训目标**

通过此活动的实践，学生应当能够：

- 掌握数据分析方法的正确运用；
- 掌握数据分析策略。

实训实施流程（如图4.19所示）

图 4.19　实训实施流程

>>> **活动要求**

1. 根据实践任务要求，完成对某一电商企业的数据实训分析。
2. 在实训实施过程中，学生可自由查阅资料或向老师求助。
3. 在规定时间内完成任务，超时则视为未完成任务，不予评分。

请根据实训步骤演示，在"答题卡"中完成任务。

请在下框中填写你在活动过程中遇到的问题。
· · ·

>>> **任务实践**

请根据活动步骤流程，完成对电子商务企业案例的实训分析，并将成果写在下方表格中。

企业运用的数据分析方法： 数据分析结果： 数据分析策略： 企业数据分析流程图： 总结与建议：

检查清单（见表 4.6）

表 4.6　检查清单

序号	检查事项	是否完成
1	对本实训页的任务要求是否明确	
2	是否正确找到电子商务企业数据分析案例	
3	是否正确找到数据分析方法	
4	是否清楚数据分析实训流程	
5	是否达成本次任务的实训目标	

任务评价（见表 4.7）

表 4.7　任务评价表

评价类别	评价内容	分值	教师评分
知识与技能	能够独立寻找企业案例	20	
	能够独立分析数据分析结果与结论	60	
情感态度	课堂上积极参与，积极思考，勇于开口、动脑，发言次数多	10	
	小组协作交流情况：小组成员间配合默契，彼此协作愉快，互帮互助	10	

项目检测

项目检测

一、选择题

1. 商务数据分析的流程依次是（　　　）。

　　A. 确立数据分析目标、数据获取、数据处理、数据分析、数据展现、撰写数据报告

　　B. 确立数据分析目标、数据处理、数据获取、数据分析、数据展现、撰写数据报告

　　C. 确立数据分析目标、数据获取、数据处理、数据展现、数据分析、撰写数据报告

　　D. 确立数据分析目标、数据展现、数据获取、数据处理、数据分析、撰写数据报告

2. 数据获取阶段，内部渠道不包括（　　　）。

　　A. 顾客的购买记录　　　　　　　　B. 客户访谈

　　C. 客户问卷调查　　　　　　　　　D. 产品展销会

3. 数据获取阶段，外部渠道不包括（　　　）。

 A. 顾客的购买记录   B. 行业协会

 C. 专业咨询机构   D. 报刊书籍资料

4. 数据处理阶段，处理的对象包括（　　　）。

 A. 残缺数据   B. 错误数据

 C. 重复数据   D. 外部数据

5. 数据分析的常用方法包括（　　　）。

 A. 假设性分析   B. 描述性分析

 C. 推断性分析   D. 探索性分析

6. 以下哪些不属于行为指标（　　　）。

 A. 留存率   B. 成交总额

 C. PV   D. 转化率

二、判断题

1. 一般以"天"为单位统计 24 小时内的 UV 总数，一天之内重复访问的只算一次。

                   （　　）

2. 合格的数据分析报告要有明确的结论、建议，要找出问题所在，这是数据分析报告的意义所在。   （　　）

3. 执行人员侧重结果指标，管理层侧重过程指标。   （　　）

4. 跳失率反映页面内容受欢迎的程度，跳失率越大，页面内容越需要调整。

                   （　　）

5. 数据分析报告中只需要写出分析过程中发现的问题以及产生问题的原因，不需要给出合理的解决方案。   （　　）

6. 活跃率是判断用户最基本的指标，它指在一定时间段里，活跃用户与总用户的比例关系，即活跃用户数除以总用户数。   （　　）

三、简答题

1. 简述商务数据分析的基本流程。

2. 简述商务数据分析报告的作用。

3. 简述商务数据分析报告的主要内容。

4. 数据分析常用的指标分为哪几类？

第二篇 分析篇

项目 5

市场数据分析

市场数据分析是商务大数据分析的基础内容，宏观的行业分析能帮助决策者很好地把握市场趋势，对经营决策而言，必不可少。

项目 5 课件

任务 5-1　行业分析

任务导入

任务　对某保健品进行行业分析

实训情境：

商务数据分析员在进行行业数据分析前，需要做好项目规划，根据公司当前项目市场分析目标，确定需要准备的各项材料，并通过各个途径收集并整理材料。一切准备妥当之后，再根据数据特征进行分析、展示并对结果进行分析，最终完成行业数据分析报告。

根据岗位实训内容，我们可提炼出典型实训活动，具体如下：

（1）数据整理；

（2）数据展示；

（3）数据分析。

学习目标：

知识目标：（1）了解行业分析范畴；

（2）了解电商各行业发展趋势。

技能目标：（1）能够分析行业外部宏观经营环境；

　　　　　　（2）能够对公司经营决策提出有效策略。

思政目标：培养全局观及前瞻能力。

学习导图：

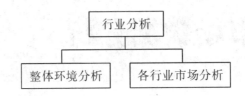

实训任务 ├─────────────────────────────────────

实 训 任 务 书

任务名称： ＿＿＿＿＿＿＿＿＿＿＿＿＿＿＿＿＿＿＿＿＿

任务功能： ＿＿＿＿＿＿＿＿＿＿＿＿＿＿＿＿＿＿＿＿＿

典型实训任务： ＿＿＿＿＿＿＿＿＿＿＿＿＿＿＿＿＿＿＿

实训任务	羽绒服行业数据分析			
任务成员			指导教师	
任务描述	本任务将对羽绒服行业数据进行分析，通过此实践活动，学生能够了解行业分析范畴，能够分析行业外部宏观经营环境，能够为公司经营决策提出有效策略			
实训目标	目标（O）	进行行业分析，为公司经营决策提出有效策略		
	关键成果	关键成果1（KR1）	完成数据的收集与整理	
		关键成果2（KR2）	完成数据的可视化展示	
		关键成果3（KR3）	对图表进行分析并得到结论	
实训职责	·负责数据的真实性 ·确保数据的有效展示			
实训内容	①收集数据	②整理数据		③展现数据
	④分析数据			
实训难度	√简单	□一般	□较难	□困难
完成确认	序号	检查事项		教师签名
	1	对本实训的任务要求是否明确		
	2	是否准备妥当数据的获取资源		
	3	是否已对收集来的数据进行整理		
	4	是否根据数据的特征和分析要求选择合适的数据图表		
	5	是否已完成数据的分析		
	6	是否已得出相关结论		
	7	是否根据结论给出对应解决方案		

注意事项：

1. 请严格按照实训任务内容要求实践，不得随意更改实训流程。

2. 完成实训内容后，请进行清单检查，完成请打钩。

学生签名：

情境描述

某店铺是一家线上羽绒服专卖店，想要转型售卖其他的服装，但是目前该店铺并不清楚其他服装的销售行情如何，如不清楚应该售卖哪类或哪几类服装。请为该店铺选择合适的分析指标进行行业分析，得出结论并给出销售建议。

实训计划

对企业典型工作活动进行提取，并辅以学习知识点，组成新型实训计划。

实训流程图如图 5.1 所示。

（备注：实训流程图上方为该环节所需知识点，下方为项目实践活动。）

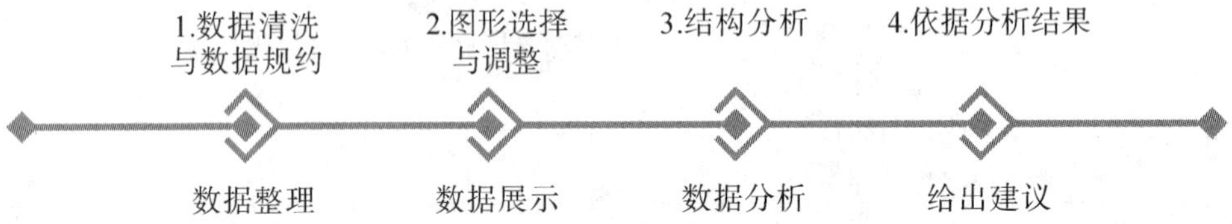

| 1.数据清洗
与数据规约 | 2.图形选择
与调整 | 3.结构分析 | 4.依据分析结果 |

数据整理　　　　数据展示　　　　数据分析　　　　给出建议

图 5.1　实训流程图

典型实训活动一：数据整理

实训要点 1：数据清洗

实训要点 2：数据规约

实训任务：根据分析的目标要求，对数据进行整理，便于后续展示和分析。

典型实训活动二：数据展示

实训要点 1：选择合适的图形

实训要点 2：图形的调整

实训任务：根据分析目标和数据特征，选择合适的图形，调整图形使其美观。

典型实训活动三：数据分析

实训要点 1：分析图形

实训要点 2：得出结论

实训任务：分析图形并得到结论。

典型实训活动四：给出建议

实训要点：提出建议

实训任务：根据分析结论给出相应建议。

学习目标

本实训的学习目标如表5.1所示。

表5.1 学习目标

难度	序号	任务内容
初级	1	数据整理
	2	选择合适的图形，数据展示
	3	分析图形并得到结论
	4	根据分析结论给出相应建议
中级		
高级		

知识讲解 ├────────────────────────

任务 进行行业分析

一、整体环境分析

（一）中国电商市场规模分析

我国目前是全球最大的电子商务市场，自电子商务兴起以来，网络零售规模不断增长。据统计，我国电子商务的销售额每年以超过 10% 的增幅增长，2017 年中国网络购物市场交易规模为 72 000 亿元，同比增长 39.2%，占社会消费零售的 19.6%。截至 2021 年年底，中国电商市场规模突破 251 000 亿元。可以说，相较于实体店而言，电子商务拥有更广阔的前景。

（二）中国电商行业结构分析

中国电商行业的商业机构主要由原材料及服务生产商、产品及服务集成商、设计规划商、行业产品与服务代理、行业的产品与服务经销商与消费者组成。

原材料及服务供应商，负责上游产品与服务，主要包括产品与服务的供应商以及各原料供应商。

产品与服务集成商，负责中间服务集成，主要为上游服务的再加工及上游服务的集成。

设计规划商，负责产品与服务设计，主要为整个业务环节提供设计与规划。

行业产品与服务代理，负责行业代理，主要包括代理上游提供的服务和产品。

行业的产品与服务经销商与消费者，主要是行业经销商以及产品与服务的消费者。

（三）中国电商行业 PEST 分析

PEST 分析法是从政治（political）、经济（economic）、社会文化（social）、技术（technological）四个方面分析企业外部宏观环境的一种方法，不同的行业和企业根据自身特点和经营需求，分析的具体内容会有差异。

1. 政策分析

"十四五"规划对电商行业发展提出了更高的要求，要重点推进顶层设计、创新发展两个方面的工作。

2. 经济因素

（1）中国电商行业持续火热，资本利好中国电商领域，行业发展长期向好。

（2）下游交易规模增大，为中国电商行业提供新的发展动力。

（3）2020 年，受到疫情的影响，居民人均可支配收入为 32 189 元，扣除价格因素，实际增长 2.1%，居民消费水平的提升为中国电商市场需求提供了经济基础。

3. 社会因素

（1）传统中国电商行业市场门槛低、缺乏统一行业标准，服务过程没有专业的监督等问题影响行业发展。互联网与中国电商的结合，减少了中间环节，为用户提供高性价比的服务。

（2）电子商务的发展深刻改变了人们的生产和生活方式，特别是疫情发生以来，网络购物已经成为居民消费的重要渠道，2020 年实物商品网上零售额占到社消零总额的比重接近 1/4。

（3）"90 后""00 后"等各类人群逐步成为中国电商行业的主要消费者。

4. 技术因素

（1）科技赋能，VR、大数据、云计算、物联网、5G 技术逐步从一线城市过渡到二、三、四线城市，实现电商行业科技体验的普及化。

（2）ERP、OA、EAP 等系统以及智能分拣系统的使用，优化了信息化管理过程并提高了行业效率。

（四）电商商业发展趋势

2019 年的电商可谓是见证奇迹的一年：港美互联网企业（不含教育）年度涨幅十强榜中，中国电商股——唯品会、美团、拼多多、京东、阿里全面上榜，而且排名靠前。2020 年，电子商务的发展深刻改变了人们的生产和生活方式。在这个信息瞬息万变的时代，电商行业每年都在发生变化，那么，电商行业将会有怎样的发展趋势呢？

1. 社交媒体购物大大发展

在以前，人们如果想在线购买商品，就必须通过电子商务网站购物，但是现在，大家可以直接从自己喜欢的社交媒体网站上在线购物。

2. 电商补贴大战加剧

从行业监管来看，电商法的推出、京东与阿里 N 选 1 的官司仍在持续，电商行业未来"二选一"的执行难度在加大。

3. 内容营销成为大趋势

以往的营销注重媒介，不注重营销内容本身，但实际上内容在促销中扮演一个非常重要的角色，未来的电商会更加强调使用内容来促进销售，B2B电商趋势也在朝着这个方向发展。

如果产品拥有许多评论，或者消费者是被已经使用过的人推荐购买的，那么他们就会对你的产品更感兴趣。同样，消费者认为关于产品的推文比传统广告更可靠，因此，最新的电商趋势包括使用内容作为强大的营销工具。

4. 电商直播更加热闹

2019年，随着一些主播被大家熟知，淘宝、京东、抖音、拼多多、快手、微博等都纷纷开启了直播带货业务。从图文到短视频，从短视频到直播，再加上5G民用的到来，直播低延迟、高清画质的特点，使其离我们每个人的生活越来越近。

5. AR和VR体验将更受欢迎

AR和VR可以增强在线购物者网购时的体验。从低谷到复苏，5G的快速发展成为AR、VR再次大热的"助燃剂"，市场的目光再次投向AR、VR领域，随着5G普及越来越广，AR和VR体验将更受欢迎。

二、各行业市场分析

在整个网上零售市场发展已经较为成熟的背景下，中国网上零售市场交易规模增长率仍然维持高位，2020年实物商品网上零售额占到社会消费零售总额的比重接近1/4，成为中国经济社会中一股不可忽视的力量。中国网上零售已经进入了相对成熟的阶段，但不同品类的产品线上销售也存在较大的差异。

（一）日消品电子商务的市场分析

日消品在整个零售市场中占据非常重要的地位，但线上销售处于低位，日消品本身的产品特性，使其在销售过程中表现出高时效性、高场景化和冲动型消费的需求，而目前线上零售渠道并未表现出优势，相对于产品单价，物流成本高。

传统日消品线下零售渠道发展较为成熟，基本满足了消费者的需求。但消费者的成长、用户需求的转变、企业的推动成为支撑线上日消品零售发展的基础。以"80后""90后"为主的网购人群逐渐成长为日消品的主要消费人群，消费者需求从低需求逐渐转为便利性需求。巨大的潜在市场空间吸引了大量电子商务企业和零售企业积极进入该市场。

（二）3C类产品电子商务的市场分析

3C（computer，communication，consumer electronics）类产品是较早在网络上销售的产品，也是网络市场销售额最高的产品之一，3C类产品网购市场复杂多变，一方面是因为网购渠道多样，另一方面是因为网络销售的3C类产品鱼龙混杂。我国3C类产品网购市场规模近年来不断扩大，促进我国3C类产品网购市场不断发展的因素有：我国网络购物环境的不断成熟与完善；网络用户规模扩大并且3C类产品相对标准化程度较高，更适合网购；传统家电企业纷纷向电子商务转型，为这个行业注入了活力。

我国3C类产品网购市场的特点包括：

（1）相较于其他网络市场，消费者的学历、收入、年龄都相对较高，并且男性消费者占绝对的主导地位，以 19~30 岁男性用户为主；

（2）3C 类产品的网购主要集中在大城市，但每个城市均有差异；

（3）整体 3C 类产品网购市场的大规模发展与消费者购物需求大、消费实力强有紧密联系；

（4）3C 类产品网购市场包括京东、天猫、淘宝、1 号店、亚马逊等电商平台，苏宁易购、新蛋网等家电 3C 类垂直平台，以及富士康旗下富连网、小米旗下小米商城这些硬件大厂旗下平台；

（5）3C 类产品网购市场价格战日趋激烈，同类平台的竞争增大，传统家电企业（如国美、苏宁）纷纷加入 3C 类产品网购市场；

（6）3C 类产品网购用户看重的因素为价格便宜、方便快捷和样式丰富；

（7）3C 类产品相对于服装、美妆等类目而言，更加标准化，产品从发布之时定价就非常透明，成熟度领先于服装等大部分品类；

（8）电商的作用是去渠道化，3C 电商将这一点更是体现得淋漓尽致。

（三）农产品电子商务的市场分析

党的十八大以来，国家大力推进农业现代化，同时从政策上给予大力支持，农产品电子商务发展迎来有利契机。与此同时，农产品电子商务是提高农产品流动环节经营效率的重要手段之一。

农产品电商市场环境特点包括：

（1）农户的入网率比较低，对辅助上网有强烈的需求，同时，村民之间多相互熟识，抱团现象严重；

（2）销售种子、农药类产品有一定风险，如代售假种子，赔款率基本为 100%；

（3）基础建设非常不完善，农村"最后一公里"物流缺失，多靠农户自行解决运货问题；

（4）乡镇级经销商往往会为农户提供赊销服务，依靠熟人关系来维持还款，农资电商平台初期难以提供赊销服务，经销商仍具有竞争优势；

（5）国家对农业贷款大力支持且农户融资需求非常强烈，但是农村家庭正常信贷获批率远低于全国平均水平，农户贷款违约风险较高，即使农户用土地、房屋抵押，也难以催收。

（四）服装服饰电子商务的市场分析

服装服饰类产品是网购的第一大品类，有巨大的发展空间和潜力，引导着整个电子商务市场的发展。电商服装品牌分为两类，分别是以传统服装品牌涉足网络的企业和最先成功塑造于网络的纯网络服装品牌企业。第一种企业以李宁为代表，其先进入淘宝商城建立官方网站，然后推出网络分销、代销模式。第二种企业以 VANCL 为代表，其最开始是 vancl.com 上线，两年后 VANCL 淘宝官方旗舰店也正式上线，而随着VANCL 品牌的塑造，很多网络分销商也相应产生。

（五）大宗商品电子商务的市场分析

我国大宗商品电子交易市场自 1997 年成立以来，发展十分迅速，交易品种日益丰富，因为大宗商品单位资金量大，商品销售层级少、产品集中度高等特点使得传统电商的优势在大宗商品领域难以发挥，所以大宗商品电子商务一直比消费品电子商务发展滞后。同时，大宗商品的电子交易主要以金融属性的中远期交易为主，以交割为目的的现货交易较少。因此，大宗商品电子商务难以与消费品电子商务同步发展的主要原因是大宗商品的天然属性区别于一般消费品，传统电商的优势在大宗商品领域难以发挥。

（六）旅游电子商务的市场分析

我国旅游电子商务经过十多年的摸索和积累，已产生相当一批具有资讯服务能力的旅游网站，主要包括区域性网站、专业性网站和门户网站的专业频道三类。这些网站可以提供比较专业的服务，主要涉及旅游的食、住、行、游、购、娱等方面的网上资讯服务，成为旅游服务的主要媒介。我国逐步向国外开放旅游市场，国际旅游企业将携带观念、管理、网络、资金、人才等多个方面的优势，以各种方式进入中国旅游市场，随着旅游市场竞争日益激烈，旅游者的需求越来越多，我国只有把传统旅游市场转向以互联网技术为核心的旅游电子商务，才能满足不同旅游者的需求[①]。

案例解析

对某保健品进行竞品分析

> 随着社会进步和经济发展，人类对自身的健康日益关注。20 世纪 90 年代以来，全球居民的健康消费逐年攀升，对营养保健品的需求十分旺盛。在按国际标准划分的 15 类国际化产业中，医药保健是世界贸易增长最快的五个行业之一，保健食品的销售额每年以 13% 的速度增长。
>
> 而从 20 世纪 80 年代起步的中国保健品行业，在短短十几年时间里，已经迅速发展成为一个独特的产业。保健品产业之所以蓬勃发展，主要原因是人民生活水平明显提高；人民生活方式的改变，是保健品产业发展的重要契机；多层次的社会生活需要，为保健品产业的发展提供了广阔空间。

对保健品市场数据进行分析。

步骤一：分析目标

认清保健品所处的整体环境。

步骤二：实施准备

（1）从"生意参谋"下载行业大盘数据并进行统计；

（2）对自身所属商品进行明确，假设某商品属于氨基葡萄糖。

步骤三：任务实施

对行业大盘数据进行整理，如表 5.2 所示。

① 邹益民，等. 电子商务数据运营与管理 [M]. 北京：人民邮电出版社，2020：53-54.

表 5.2　保健品行业大盘数据

序号	品类	销售额/元	销售占比/%
1	胶原蛋白	11 938 384	7
2	氨基葡萄糖	13 314 602	8
3	膳食纤维/果蔬纤维	13 862 161	8
4	酵素	10 507 952	6
5	钙	12 372 767	7
6	葡萄籽提取物	8 744 673	5
7	鱼油/深海鱼油	10 724 229	6
8	复合纤维素/矿物质	8 313 255	5
9	乳清蛋白	5 881 259	4
10	蓟类	6 701 226	4
11	丽人海外膳补	8 518 903	5
12	辅酶 Q10	5 310 782	3
13	益生菌	8 179 874	5
14	叶黄素	4 519 597	3
15	其他植物提取物	4 872 303	3
16	维生素 C	4 687 394	3
17	铁	4 415 328	3
18	蔓越莓	3 019 821	2
19	大豆分离蛋白	2 590 938	2
20	卵磷脂	2 389 135	1
21	氨基酸	1 019 269	1
22	褪黑素/松果体素	4 886 052	3
23	膳食补充剂性饮料	1 367 996	1
24	B 族维生素	1 999 369	1
25	玛咖提取物	1 607 883	1
26	纳豆提取物	1 487 591	1
27	月见草油	896 539	1
28	左旋肉碱	787 194	0
29	番茄红素	1 269 907	1
30	牡蛎/贝类提取物	1 477 167	1
31	骨胶原蛋白	126 489	0

需要说明的是，左旋肉碱和骨胶原蛋白因销售额太低，还不到总量的1%，在百分比不显示小数的情况下，显示为0，实际并不为0。

步骤四：数据可视化与结果分析

对大盘数据中的每个品类销售额占比进行数据分析，首先将数据导入 Excel，选中数据后，在插入图表处选择合适的图表类型，为了清楚地分辨各类产品的市场销售占比，使用饼状图，如图 5.2、图 5.3 所示。

序号	品类	销售额/元	销售占比/%
1	胶原蛋白	11938384	7
2	氨基葡萄糖	13314602	8
3	膳食纤维/果蔬纤维	13862161	8
4	酵素	10507952	6
5	钙	12372767	7
6	葡萄籽提取物	8744673	5
7	鱼油/深海鱼油	10724229	6
8	复合纤维素/矿物质	8313255	5
9	乳清蛋白	5881259	4
10	蓟类	6701226	4
11	丽人海外膳补	8518903	5
12	辅酶Q10	5310782	3
13	益生菌	8179874	5
14	叶黄素	4519597	3

图 5.2　将数据输入 Excel

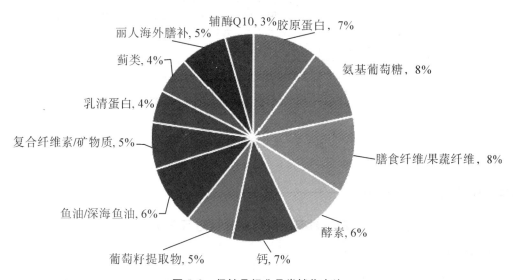

图 5.3　保健品行业品类销售占比

根据以上分析，我们可以得到以下结论：

（1）氨基葡萄糖在保健品行业占 8% 的市场份额，与膳食纤维/果蔬纤维并列第一；

（2）品类具有较大的发展空间，后续可进一步提高自己的竞争力，为改进措施做进一步指导。

回顾总结

知识总结：

把本节课的知识梳理汇总成流程图，如图 5.4 所示。

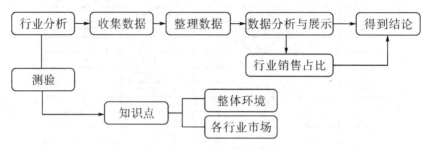

图 5.4　本节知识流程图

思维导图：

整理本节课所学知识点，补充下方思维导图（如图 5.5 所示），管理你的知识。

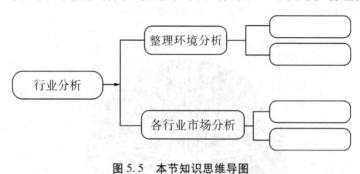

图 5.5　本节知识思维导图

实训作业

活动　对羽绒服行业数据进行分析

>>> **实训目标**

对羽绒服行业数据进行分析，通过此活动的实践，学生应当能够独立对各行业数据进行分析。

>>> **实训实施流程**（如图 5.6 所示）

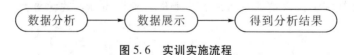

图 5.6　实训实施流程

服装销售数据如表 5.3 所示。

表 5.3　服装销售数据

序号	商品名称	销量/件	销售金额/元
1	T 恤	1 243 460	107 344 011
2	背心	1 415 710	67 071 674
3	衬衣	806 030	97 252 483
4	吊带	337 560	13 514 942
5	风衣	187 840	33 492 480
6	毛衣	236 790	28 043 430
7	棉衣	142 420	28 236 653
8	皮草	6 980	15 637 586
9	卫衣	453 360	53 603 302
10	羽绒服	132 750	74 110 150
11	针织	150 050	18 696 380

>>>> **活动要求**

1. 根据实践任务要求，完成羽绒服的行业数据分析。

2. 在实训实施过程中，学生可自由查阅资料或向老师求助。

3. 在规定时间内完成任务，超时则视为未完成任务，不予评分。

请先下载"参考资料"，根据实训步骤演示，在"答题卡"中完成任务。

请在下框中填写你在活动过程中遇到的问题。
·
·
·

>>>> **任务实践**

请根据活动步骤流程，从销售量和销售金额两个维度对羽绒服的行业情况进行分析，并将分析结果截图附在下方表格中。

>>> **检查清单**（见表5.4）

表5.4　检查清单

序号	检查事项	是否完成
1	对本实训页的任务要求是否明确	
2	是否掌握了根据数据特征选择数据分析图表类型的方法	
3	是否会作图以及对图表修饰完善	
4	是否能根据分析得到结论	
5	是否达成本次任务的实训目标	

>>> **任务评价**（见表5.5）

表5.5　任务评价表

评价类别	评价内容	分值	教师评分
知识与技能	掌握行业分析技能	60	
情感态度	课堂上积极参与，积极思考，勇于开口、动脑，发言次数多	20	
	小组协作交流情况：小组成员间配合默契，彼此协作愉快，互帮互助	20	

任务 5-2　竞争分析

任务导入

任务　对某保健品进行竞争分析

实训情境：

当今时代，大数据已逐步渗透每一个行业和业务职能领域，数据分析实训将从传统的统计部门和专门的数据分析行业蔓延到社会的各行各业。数据分析的技能成为未来人才的一种基本技能。在完全竞争的市场，做好竞争分析对保持企业的竞争优势具有重要意义。

根据岗位实训内容，我们可提炼出典型实训活动，具体如下：

（1）数据整理；

（2）数据展示；

（3）数据分析。

学习目标：

　　知识目标：（1）了解竞争分析的范畴；

　　　　　　　（2）掌握市场数据分析方法技能。

　　技能目标：能够以竞争分析为依据提出有效策略。

　　思政目标：培养系统分析、数据整合的能力。

学习导图：

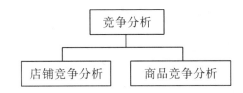

实训任务 ├──

实 训 任 务 书

任务名称：_____

任务功能：_____

典型实训任务：_____

实训任务	对羽绒服行业进行竞争分析			
任务成员			指导教师	
任务描述	本任务对羽绒服行业进行竞争分析，通过此活动的实践，学生能够了解竞争分析的范畴，掌握市场数据分析方法			
实训目标	目标（O）	进行竞争分析，公司经营决策提出有效策略		
	关键成果	关键成果1（KR1）	完成数据的收集与整理	
		关键成果2（KR2）	完成数据的可视化展示	
		关键成果3（KR3）	对图表进行分析并得到结论	
实训职责	·负责数据真实性 ·确保数据的有效展示			
实训内容	①收集数据	②整理数据		③展示数据
	④分析数据			
实训难度	√简单	□一般	□较难	□困难
完成确认	序号	检查事项		教师签名
	1	对本实训的任务要求是否明确		
	2	是否准备妥当数据的获取来源		
	3	是否对收集来的数据进行整理		
	4	是否根据数据的特征和分析要求选择合适的数据图表		
	5	是否完成数据的分析		
	6	是否得出相关结论		
	7	是否根据结论给出对应解决方案		

注意事项：

1. 请严格按照实训任务内容要求实践，不得随意更改实训流程。

2. 完成实训内容后，请进行清单检查，完成请打钩。

学生签名：

情境描述

某店铺是一家线上羽绒服专卖店，店铺老板想要继续售卖羽绒服，并且想要对店铺的各个方面进行优化，提升消费者满意度。但目前店铺老板并不清楚应该如何评估分析羽绒服现在的竞争力，也不知道如何改进。请为该店铺选择合适的分析指标并进行竞争分析，得出结论并给出改进建议。

实训计划

对企业典型实训活动进行提取，并辅以学习知识点，组成新型实训计划。

实训流程图如 5.7 所示。

（备注：实训流程图上方为该环节所需知识点，下方为项目实践活动。）

图 5.7　实训流程图

典型实训活动一：数据整理

实训要点 1：数据清洗

实训要点 2：数据规约

实训任务：根据分析的目标要求，对数据进行整理，便于后续展示和分析。

典型实训活动二：数据展示

实训要点 1：选择合适的图形

实训要点 2：图形的调整

实训任务：根据分析目标和数据特征，选择合适的图形，调整图形使其美观。

典型实训活动三：数据分析

实训要点 1：分析图形

实训要点 2：得到结论

实训任务：分析图形并得到结论。

典型实训活动四：给出建议

实训要点：提出建议

实训任务：根据分析结论给出相应建议。

学习目标

本实训的学习目标如表5.6所示。

表5.6　学习目标

难度	序号	任务内容
初级	1	数据整理
	2	选择合适的图形，数据展示
	3	分析图形并得到结论
	4	根据分析结论给出相应建议
中级		
高级		

知识讲解

任务　进行竞争分析

一、竞争对手概念

谁是我们的竞争对手？他们的策略是什么？和他们比我们的优势和劣势是什么？这是我们必须面对的问题。竞争对手就是和你抢夺各种资源的人或组织，其中资源掠夺性最强的人或组织就是你的核心竞争对手。而资源的涵盖范围非常广，包括人力资源、顾客资源、资金资源、人脉资源等。角度不同，竞争对手就不同，我们可以从人、货、场及财四个部分来界定竞争对手。

（一）从"人"的方面发现竞争对手

总在挖你墙脚的那些企业，或者你的员工离职后去得最多的公司，一定是你的竞争对手，你们之间的资源也有相似性，你们在争夺同一类型的人力资源。

（二）从"货"的角度发现竞争对手

销售同类商品和提供同类服务的组织为竞争对手，这是最大众化意义上的竞争对手，即大家所说的同行竞争。如我们熟知的家乐福和沃尔玛、肯德基和麦当劳、百事可乐和可口可乐；还有具有地域特色的红旗超市和舞东风超市，你会发现有红旗超市的地方就有舞东风超市。

销售扩大品类的商品和服务，也就是销售非同类但属于可替代的商品的，也是竞争关系。睡眠面膜销售企业的竞争对手是同类企业，但也可以是贴片式面膜销售企业，甚至还可以是精华液销售企业。

销售互补品类的商品和服务也是你的竞争对手。互补商品之间相互依赖，形成互联关系。例如，牙膏和牙刷，汽车行业和石油、石化业都形成互补关系。如果说汽车和石油形成竞争关系，这听着似乎有点不合逻辑，但电动汽车和加油站就是竞争关系，当然相对于电动汽车和燃油汽车、充电桩和加油站这种明显的竞争关系，电动汽车和加油站是一种隐形的竞争关系。

（三）从"场"的角度发现竞争对手

这样的竞争对手主要和你进行卖场商业资源的竞争。举个例子，你想开一个服装专卖店，在寻找店铺位置的时候，其他服装品牌、电器手机专卖、餐饮企业、银行等都是你的竞争对手，因为你看中的地方别人也中意，如此你们之间便形成了对资源占有的竞争关系，如果你想在百货商场的共享空间搞一场大型特价促销活动，那商场内所有品牌可能都是你的竞争对手，因为大家都有促销的需要，需要利用共享空间做促销。

（四）从"财"的方面发现竞争对手

与你争夺营销资源的竞争对手，如果你想做广告，则在同时段、同一媒介准备做广告的其他企业就是你的竞争对手。

与你争夺生产资源的竞争对手，争夺同一类生产资源的企业间形成竞争关系，如星巴克和所有以咖啡为生产原料的厂家都是竞争关系。

与你争夺物流资源的竞争对手，在每年的春节和近年的"双11"活动中尤为明显，为了顺利发货，各大厂商使出了浑身解数。对于一个企业来说找到竞争对手不难，但找准竞争对手不容易。

竞争对手有如下特点。

（1）竞争对手形式多样，包括直接竞争、间接竞争、替代竞争等。

（2）竞争对手具有地域性。同一企业在不同的地区很可能有不一样的竞争对手，所以竞争对手管理需要差异化，包括全球性竞争、全国性竞争、区域性竞争、渠道通路内竞争等。渠道通路内竞争，如在超市，方便面的直接竞争对手就是其他方便面；在学校，方便面的竞争对手就是食堂和餐厅。

（3）竞争对手具有非唯一性。对销售部来说，同业竞争者就是最大的竞争对手；对市场来说，抢夺市场资源的就是竞争对手；对生产部来说，抢夺生产资源的就是竞争对手；对人力资源部来说，抢夺人才的企业就是竞争对手。

（4）竞争对手具有变化性。企业现在的竞争对手是甲，未来的竞争对手可能是乙。是否能及时发现潜在对手也非常关键[①]。

而对于电商行业，其通常需要从店铺、商品两个维度对竞争对手进行分析。

---

① 邹益民，等. 电子商务数据运营与管理 [M]. 北京：人民邮电出版社，2020：102-103.

二、竞争店铺分析

(一) 店铺排名分析

店铺排名分析就是将店铺销售的商品进行优化，商品通过搜索的排名越是靠前，就越容易被消费者发现，从而增加店铺的流量，达到商品转化的目的。

在所有电商平台中，任何一名买家，都想让自己的商品在搜索结果展示页面排名尽可能靠前，不同的平台影响排名的因素不尽相同。以淘宝为例，影响排名的因素分为店铺权重和商品权重。

影响店铺权重的因素包括以下三点。

1. 店铺作弊违规

店铺作弊行为，就是通常所说的虚假交易行为。按照淘宝的官方规定，给各家店铺一年12分，若卖家们在一年之内，由于涉及虚假交易或者触犯某些淘宝规则而被扣分处理的话，淘宝对其信任度也就降低，店铺商品的排名自然也会降低，当12分都被扣掉时，店铺则会被关闭。因此，不管在哪个网购平台开店，卖家都必须熟悉平台的规则。

2. 退款和投诉率

卖家缺货，物流速度慢以及商品质量差是导致卖家退款的三个主要因素。买家的退款一般伴随着投诉，进而影响店铺的排名。

3. 好评率

买家对店铺评分的高低不仅影响店铺动态评分（detail seller rating，简称DSR），如图5.8所示，还会对店铺权重的高低产生重要的影响，因此，好评率是卖家最为重视的因素。

店铺动态评分		与同行业相比
描述相符： 4.8	↑	高于 12.12%
服务态度： 4.8	↑	高于 8.21%
物流服务： 4.8	↑	高于 7.73%

图5.8 店铺动态评分

店铺动态评分由三部分构成：描述相符评分、服务态度评分、物流服务评分。描述相符评分受到款式、大小、颜色、面料等多个因素影响，买家通常会依据商品性价比进行打分，浏览者也最看重该指标的评分。客服作为与买家交流的一线人员，为买家提供服务，买家通常根据客服提供的服务的质量对服务态度进行打分。服务态度包括客服回复的速度以及解决问题的态度。此外，服务评分在一定程度上会对商品评价产生影响。实际上，对商品不满意的买家倾向于去进行评价，当买家对客服的服务态度满意时，买家对商品描述打分会高，并且评价中很可能会提及客服帮忙解决了什么问题，提升店铺好感度。当买家对客服的服务态度不满意时，买家通常会打低分，并在评价中详细描述如何不满意，甚至进行追加差评。物流服务也越来越受到买家的重视，物流服务主要受到发货速度、运输时长、商品包装、信息更新、快递派送等多个因素的影响，和服务态度一样，物流服务评分会对商品描述评分产生影响。

影响商品权重的因素包括以下四点。

1. 商品的月销量

商品的销售量与排名成正比。对于刚开始经营店铺的新卖家来说,可能刚开始没有什么销量,但是做好网页的推广,销量自然也就上去了。

一般来说,宝贝的销售量是影响买家购买该商品的重要因素。绝大多数买家在输入自己想要购买的商品的关键词后都是选择按销量排序,如图5.9所示。该商品销量越高,说明买家对该商品的认可度越高,毕竟群众的眼睛都是雪亮的。

图5.9 淘宝搜索结果页面

2. 店铺的收藏人数

店铺的收藏人数越多,店铺的排名也就越靠前,买家收藏店铺的行为,一是对店铺商品综合评价比较高,二是有回购的意愿。当其他用户进入该店铺时,看到那么多人收藏,自然会对该店铺的信誉和品牌产生好的印象(如图5.10所示)。

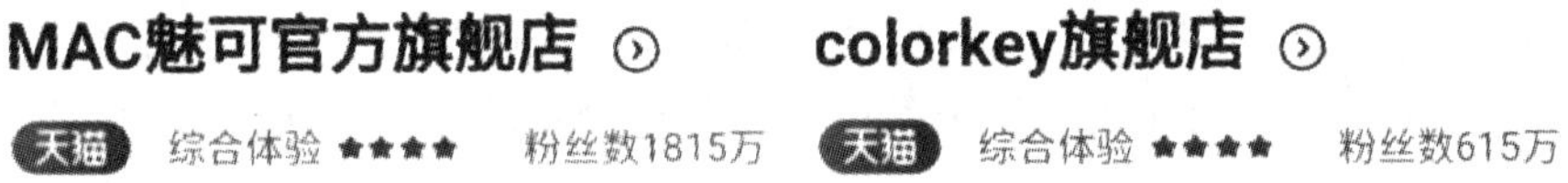

MAC魅可官方旗舰店 ⊙   **colorkey旗舰店** ⊙

天猫 综合体验 ★★★★ 粉丝数1815万   天猫 综合体验 ★★★★ 粉丝数615万

图5.10 MAC官方旗舰店与colorkey旗舰店收藏人数对比

3. 商品的价格

在所有影响消费者购买商品的因素中,价格因素所占比例较大,如图5.11所示,而对于前面提到的商品,卖家搜寻时也会通过价格高低排序,或者按价格区间来选择商品。

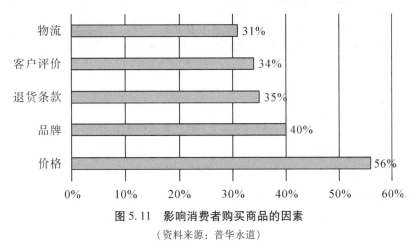

图5.11 影响消费者购买商品的因素

(资料来源:普华永道)

4. 店铺的消费者保障服务

店铺的消费者保障服务在店铺排名中起着至关重要的作用,而店铺如果没有开通消费者保障服务,就不能发布全新的商品,而只能发布二手和闲置的商品,这对于店铺的排名是不利的。如果要快速提升商品排名，就一定要给店铺开通消费者保障服务[1]。基本所有的店铺都会开通正品保证及七天无理由退货服务，但不同类型的商品开通服务个数和类型会有所差异。图5.12是某美妆店铺消费者保障服务，图5.13是某服装店铺消费者保障服务。美妆产品通常用于脸部，产品使用过敏会对买家皮肤造成不良影响，严重影响买家的评价。因此，对美妆产品而言，过敏包退以及正品保证非常重要。几年前，淘宝退货比较麻烦，在买家自己购买运费险的情况下，退货需要填写物流单号各种信息，而现在的退货运费险做到了让买家放心购物，快递人员上门取件退货，非常方便。

服务承诺　过敏包退　破损包退　正品保证　极速退款

退货运费险　七天无理由退换

图5.12　美妆产品店铺消费者保障服务

服务承诺　正品保证　极速退款　七天无理由退换

图5.13　服装店铺消费者保障服务

（二）竞争店铺营销分析

在网购平台上开店，不可避免会与同行激烈竞争。以在淘宝上搜索"口红"为例，如图5.14所示，按销量由高到低排序，排名第一的"柯拉琪空气唇釉"，销量超过20万，排名第二的"完善日记天鹅绒金丝绒唇釉"销量超过10万，但相较于第一还有很大的差距。

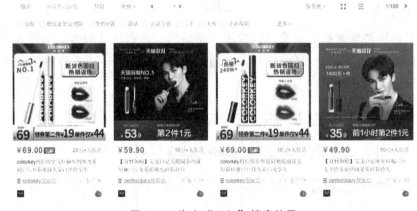

图5.14　淘宝"口红"搜索结果

进入"柯拉琪"店铺首页，如图5.15所示，明星代言是众多美妆品牌选择的营销方式，店铺页面底色为中国红色，且带有丝绒光泽。第一，红色看着喜庆，特别是在中秋、国庆、春节等国家法定节假日以及"双11"购物节，红色特别应景。第二，红色能刺激购买欲望甚至让买家冲动消费。第三，"柯拉琪"商品以口红为主，红色与产品相符，而丝绒感会让人觉得有质感，会引导消费者认为"柯拉琪"口红品质好。此外，明星产品及不同套餐的优惠活动的展示进一步刺激了消费者的购买欲望。

---

① 吴洪贵，等. 商务数据分析与应用［M］. 北京：高等教育出版社，2020：262-263.

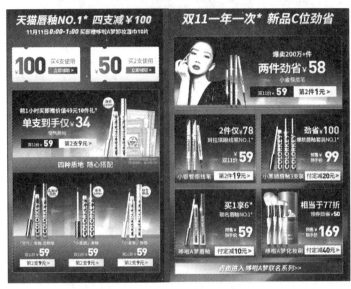

图 5.15 "柯拉琪"店铺首页部分内容

再以面膜为例,在淘宝上进行搜索并按照销量从高到低进行排序,排名第一的是"佰草世家",销量已超过 30 万,WIS 面膜销量也超过 30 万,并且标注"天猫面膜销量 TOP1"。而排名第三的自然堂销量超 15 万,较第一和第二还是有很大的差距,如图 5.16 所示。

图 5.16 淘宝"面膜"搜索结果

进入"佰草世家"官网,如图 5.17 所示,店铺首页诗情画意之风迎面扑来,与"萃于自然、本草养颜、温和亲肤"的产品定位非常符合,整体设计非常专业。

图 5.17　佰草世家店铺首页

面对如此激烈的市场竞争环境，做好营销策划，吸引消费者的眼球非常重要，特别是对于计划开店的卖家而言。店铺营销分析，不仅包括设计风格、设计版面的问题，还包含很多方面。在大数据时代，全方面了解资讯将有助于店铺的发展。我们可以从以下六个方面进行分析：

（1）对行业规模、销售趋势进行分析，更好地把握行业走势，发掘潜力类目；

（2）店铺流量分析；

（3）同行的产品分析，统计产品的销售趋势、热销 SKU 信息、上新时间等；

（4）同行热卖产品分析；

（5）对同行产品的价格进行分析；

（6）对同行客服、产品评价等进行分析①。

三、竞争商品分析

竞争商品/产品分析其实就是对竞争对手的产品进行比较分析。做竞品分析的真正目的，就好比打仗之前做敌我分析。第一，看哪些市场没有人，赶紧去占领；第二，看哪些对手比较弱，把市场抢过来；第三，对于比较强的对手，就等我强起来再决战。

竞品分析的内容由两方面构成：客观和主观。客观即在竞争对手或市场相关产品中，圈定一些需要考察的角度，得出真实的情况；此时，不需要加入任何个人的判断，用事实说话。主观是一种接近于用户流程模拟的结论，比如可以根据事实（或者个人情感），列出竞品或者自己产品的优势与不足。

（一）"完美日记"口红 VS"珂拉琪"口红

以 2020 年天猫"双 11"口红销量前两名的"完美日记"天鹅绒金丝绒唇釉和"珂拉琪"空气唇釉为例进行分析。

从商品展示页面可以看出，"完美日记"封面注重氛围美，突出商品"金闪"特

---

① 吴洪贵，等. 商务数据分析与应用 [M]. 北京：高等教育出版社，2020：264−265.

点且符合新款定位——奢华闪耀。"珂拉琪"则是以本出发，展示商品的热卖色，吸引浏览者眼球，同时展示了商品的特点——薄如空气，轻雾丝绒，如图 5.18 所示。两个商品页面都传递了商品的优惠信息——第二支半价，但"珂拉琪"的"半价"更为突出，如图 5.19 所示。

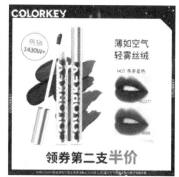

图 5.18 "完美日记"口红和"珂拉琪"口红展示页对比

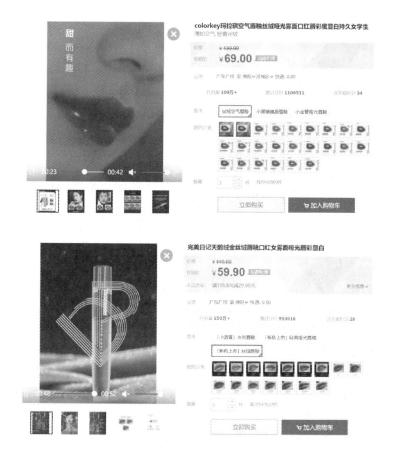

图 5.19 "完美日记"口红和"珂拉琪"口红商品页对比

两件商品都是视频+图片的形式。在视频方面，"完美日记"继续突出"奢华闪耀"，而"珂拉琪"则是明星试色展示各系列口红的特点，且图片部分也注重颜色的展示。在版本和颜色展示区，两件商品都是多系列多色彩，满足消费者个性化需求。

而商品详情页延续了各自的特点，重点介绍口红的系列和色彩。但需要指出的是，"完美日记"在颜色展示部分图片过大，不利于同系列色彩对比且看着心理舒适度较低。

在商品评价部分，图 5.20 从上到下分别是"珂拉琪"口红与"完美日记"口红商品描述评分和买家评价，显然"珂拉琪"口红商品描述评分更高。而评价标签能很好地帮助浏览者发现商品优点和缺点，"珂拉琪"口红主要问题是"色彩"，"完美日记"口红主要问题是"干燥"。

图 5.20 "完美日记"口红和"珂拉琪"口红评价对比

综合以上的对比，"珂拉琪"口红更胜一筹，这也是"珂拉琪"口红热销超过1 430 万的重要原因。当然"珂拉琪"口红与"完美日记"口红销量高与它们的性价比是密切相关的。在图 5.19 中，我们发现"完美日记"口红月销量高于"珂拉琪"约10 万，这就是图 5.11 所提到的"价格因素"。

（二）京东购物平台 VS 天猫购物平台

目前，国内已有众多网上购物平台，如天猫、京东、淘宝、拼多多、唯品会等，竞争激烈。下面以京东购物平台（简称"京东"）和天猫购物平台（简称"天猫"）为例，进行简单的竞品分析。

1. 商业模式对比

"天猫"像是一个大市场，用户进入后会直接对商品进行横向对比，同样的商品会有相当多卖家在经营，多维度的对比以及和卖家的沟通对买家最终的购买决策有着极大的影响。"京东"更像是个超市，你想要的产品直接放到购物车就好，口碑和销量不好的产品自然进不了消费者的法眼。

2. 盈利模式对比

"天猫"以租借为主，收取平台租借费，通过贷款账期获利，费用包括：

（1）技术服务年费和实时划扣技术服务费；

（2）广告收入和关键词竞价收费；

（3）软件和服务收费。

"天猫"本身并不参与产品的销售和服务，商品的销售、配送和售后服务均由卖家自己负责，从而大大降低了"天猫"的配送和服务成本。

"京东"以自主经营为主，自建仓库、自己经营、自己配送以及售后，获利主要通过以下方式：

（1）以低价甚至牺牲毛利率的方式来获得大规模销量，从而获得利润；

（2）虚拟店铺出售费，即店铺租金、产品登录费、交易手续费；

（3）资金沉淀收入，即利用收到消费者货款和支付供应商的时间差，产生现金沉淀进行再投资，从而获得利润；

（4）广告费；

（5）厂商返点和其他补贴。

3. 入驻条件对比

"天猫"需要企业提供营业执照副本复印件，且其注册资金为50万元以上；要求是一般纳税人资质。①保证金。品牌旗舰店、专卖店：带有 TM 商标的 10 万元；全部为 R 商标的 5 万元。专营店：带有 TM 商标的 15 万元；全部为 R 商标的 10 万元。②技术服务年费 6 万元/年，年销售额达 18 万元返还 50% 技术服务费，销售额达 36 万元返还全部技术服务费。而"京东"明确提出资金要求，需要入驻商家注册资金为 50 万元及 50 万元以上人民币。①平台使用年费 6 000 元/年。②保证金 3 万元。③营业额扣点 8%。

4. 品牌策略对比

在"天猫"，品牌商可以自己管理自己的品牌。在"京东"，所有品牌的服务都由京东提供。虽然京东的服务不错，但是如果所有品牌的服务都一样，那么对于很多品牌来说，长此以往它的品牌价值就被削弱得不剩下什么了。

5. 物流配送对比

关于物流，"天猫"和"京东"有着截然不同的哲学认识，"天猫"依照社会化分工，"京东"看重自建物流，这两种截然不同的认识源于各自不同的发家史，换句话说叫基因决定论。"天猫"所属的阿里集团是做信息流的，从 B2B 时代的黄页，延展进化到淘宝，平台级信息流服务拓展到了资金流服务，从一开始它便是平台基金。然而"京东"，它从诞生第一天起便需要与物流打交道。从刘强东的自述中可知，他家是在京杭运河做煤炭运输生意的，这强化了"京东"物流渊源，因此物流是"京东"的安身立命之本。

（1）库存管理区别："京东"是分布式管理库存，即提前把各供应商库存汇集到各区域，订单产生后快速配送；"天猫"是集约式管理库存，即订单产生后由快递完成各商家在各区域汇集，然后配送。所以同等效率下，"京东"更快。

（2）商品流通过程区别：从商品流通的整个过程看，同等效率下流通总成本是大致相同的。"京东"模式需要准确的销量预测，需要衡量物流的成本和效率。"天猫"模式，由商家预测销量，衡量物流的成本与效率。但在响应订单环节、库存存储环节、流通参与环节双方有所不同，正是这些不同导致了响应速度的不同。

（3）库存模式区别：物流能否更快的关键在于是否采用传统零售的"全国分仓制"，实现商家库存的全国"分布式管理"。传统零售通常将库存分布于全国各地的仓库和门店，就近满足用户需求，"京东"并没有改变零售的本质，门店被网站和配送站取代，但库存仍分布于各地分仓，这样才能快速满足用户需求，当然肯定不如门店快。"天猫"商家将库存集中于一地，从一地直发全国，速度自然比"京东"慢。

通过对比，"天猫"更趋向于大众化品牌，入驻条件宽，导致"天猫"商家品牌参差不齐，品牌与品牌之间的竞争激烈，价格战、促销战愈演愈烈。中小企业原创品牌得到"天猫"的大力支持，但更有利于大品牌的发展，因为店铺要投入大量的人力物力还有资金。重点店铺的形象装修美化，为品牌的形象展示提供了一个具有发展潜力的平台，但是这需要专业的美工、摄影和营销推广专员来配合。"天猫"具有的强大流量占据了电商销售榜的宝座，远超京东商城的销售额。此外，早在2013年，"天猫"发力逼迫商家"二选一"，让更多服装等品牌放弃"京东"，因为如果选择参与"京东"的促销活动就不可以参加"天猫"的年底"双11"大促等促销活动，这让很多商家处于两难之地。很多商家从"天猫"的销售额出发，暂时放弃"京东"的促销活动，因为在"天猫"的销售额一般是京东的两倍以上。

京东商城是自主经营的电商界老大，走"精品化"商品路线，助力中小品牌的发展，更加侧重于精准定位、产品搜索、物流配送等服务。对于3C产品，京东具有强大的优势，如价格、服务及配送等优势。对于服装类产品，"京东"弱于"天猫"平台，自"二选一"以来，很多服装品牌开始侧重于"天猫"，"京东"受到了打击，"京东"也强烈指责"天猫"的这一强硬行为，强调公平化竞争，但这丝毫不能撼动"天猫"。在"2021天猫商家新年团聚会"上，阿里巴巴集团副总裁吹雪表示，在新的一年，"天猫"将充分尊重商家自主经营权利，不支持"二选一"。

从整体情况来看，"天猫"略强于"京东"，从商家的战略观点来看，"天猫"更适合于原创品牌和大品牌的发展，但不适合中小企业单品的发展；"京东"更注重企业的自身情况，根据企业的自身条件给出合理建议，相对"天猫"会做得更加人性化一些。很多品牌在"天猫"竞争不过大品牌后转驻"京东"，"京东"通过这点抓住很大一部分的中小企业，然后关注并服务好它们。

案例解析

对某保健品进行竞品分析

随着社会进步和经济发展，人类对自身的健康日益关注。进入20世纪90年代以来，全球居民的健康消费逐年攀升，对营养保健品的需求十分旺盛。在按国际标准划分的15类国际化产业中，医药保健是世界贸易增长最快的五个行业之一，保健食品的销售额每年以13%的速度增长。保健品产业具有广阔的发展空间，请对某保健品进行竞品分析。

步骤一：分析目标

（1）明确某保健品自身的竞争力；

（2）了解某保健品受到的竞争威胁。

步骤二：实施准备

（1）统计行业大盘数据，从生意参谋下载；

（2）对自身所属商品进行明确，假设某商品属于氨基葡萄糖；

（3）从"生意参谋"下载自身店铺 DSR 数据。

步骤三：任务实施

对行业大盘数据进行整理，如表 5.7 所示。

表 5.7　保健品行业大盘数据

时间	描述相符评分	服务态度评分	物流服务评分
Jun wk1	4.85	4.75	4.61
Jun wk2	4.91	4.75	4.62
Jun wk3	4.93	4.76	4.63
Jun wk4	4.92	4.77	4.61
Jul wk1	4.9	4.76	4.61
Jul wk2	4.87	4.77	4.6
Jul wk3	4.85	4.79	4.58
Jul wk4	4.83	4.78	4.55
Jul wk5	4.86	4.78	4.55
Aug wk1	4.88	4.76	4.53
Aug wk2	4.89	4.75	4.54
Aug wk3	4.87	4.74	4.52
Aug wk4	4.85	4.73	4.55
Sep wk1	4.85	4.73	4.58
Sep wk2	4.84	4.73	4.54
Sep wk3	4.85	4.76	4.5
Sep wk4	4.85	4.77	4.51
Oct wk1	4.87	4.77	4.5
Oct wk2	4.86	4.76	4.49
Oct wk3	4.85	4.77	4.48
Oct wk4	4.87	4.78	4.47

步骤四：数据可视化与结果分析

为了分清趋势高低和各项动态评分指标，即 DSR 指标之间分数高低的关系，我们将店铺 DSR 数据以折线图进行可视化展示，以明确在同行中的地位，如图 5.21、图 5.22 所示。

	A	B	C	D
1	时间	描述相符评分	服务态度评分	物流服务评分
2	Jun wk1	4.85	4.75	4.61
3	Jun wk2	4.91	4.75	4.62
4	Jun wk3	4.93	4.76	4.63
5	Jun wk4	4.92	4.77	4.61
6	Jul wk1	4.9	4.76	4.61
7	Jul wk2	4.87	4.77	4.6
8	Jul wk3	4.85	4.79	4.58
9	Jul wk4	4.83	4.78	4.55
10	Jul wk5	4.86	4.78	4.55
11	Aug wk1	4.88	4.76	4.53
12	Aug wk2	4.89	4.75	4.54
13	Aug wk3	4.87	4.74	4.52
14	Aug wk4	4.85	4.73	4.55
15	Sep wk1	4.85	4.73	4.58
16	Sep wk2	4.84	4.73	4.54
17	Sep wk3	4.85	4.76	4.5
18	Sep wk4	4.85	4.77	4.51
19	Oct wk1	4.87	4.77	4.5
20	Oct wk2	4.86	4.76	4.49
21	Oct wk3	4.85	4.77	4.48
22	Oct wk4	4.87	4.78	4.47

图 5.21　将数据输入 Excel

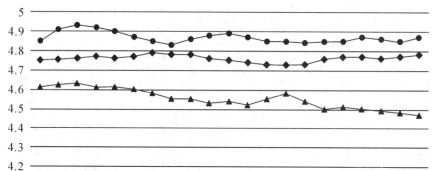

图 5.22　DSR 指标

根据以上分析，我们可以得到结论：

（1）品牌及产品定位：中高端品质较好；

（2）服务态度比较稳定，可以进一步提升；

（3）物流服务亟需改进，后续可根据买家评价对物流环节进行分析，有针对性地改进。

知识总结：

把本节课的知识梳理汇总成流程图，如图 5.23 所示。

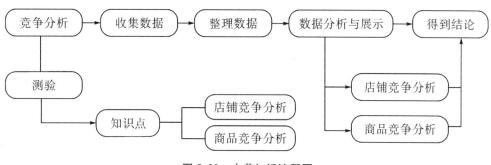

图 5.23 本节知识流程图

思维导图：

整理本节课所学知识点，补充下方思维导图（如图 5.24 所示），管理你的知识。

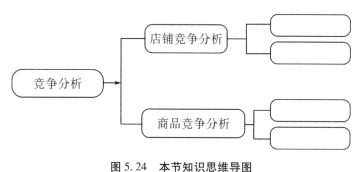

图 5.24 本节知识思维导图

活动 对某款羽绒服进行竞争分析

>>> **实训目标**

对羽绒服进行竞争分析，通过此活动的实践，学生应当能够独立完成竞争分析。

>>> **实训实施流程**（如图 5.25 所示）

图 5.25 实训实施流程

动态评分数据见表 5.8。

项目 5 市场数据分析

表 5.8　动态评分数据

时间	描述相符评分	服务态度评分	物流服务评分
Jun wk1	4.76	4.61	4.9
Jun wk2	4.77	4.6	4.87
Jun wk3	4.79	4.58	4.85
Jun wk4	4.78	4.55	4.83
Jul wk1	4.78	4.55	4.86
Jul wk2	4.76	4.53	4.88
Jul wk3	4.75	4.54	4.89
Jul wk4	4.74	4.52	4.87
Jul wk5	4.73	4.55	4.85
Aug wk1	4.73	4.58	4.85
Aug wk2	4.73	4.54	4.84
Aug wk3	4.76	4.5	4.85
Aug wk4	4.77	4.51	4.85
Sep wk1	4.77	4.5	4.87
Sep wk2	4.76	4.49	4.86
Sep wk3	4.77	4.48	4.85
Sep wk4	4.78	4.47	4.87

》》》 活动要求

1. 根据实践任务要求，完成羽绒服的竞争分析。
2. 在实训实施过程中，学生可自由查阅资料或向老师求助。
3. 在规定时间内完成任务，超时则视为未完成任务，不予评分。

请先下载"参考资料"，根据实训步骤演示，在"答题卡"中完成任务。

请在下框中填写你在活动过程中遇到的问题。
· · ·

》》》 任务实践

请根据活动步骤流程，对店铺某款羽绒服的动态评分数据进行分析，并将分析结果界面截图附在下方表格中。

（空白方框）

>>> **检查清单**（见表 5.9）

表 5.9 检查清单

序号	检查事项	是否完成
1	对本实训页的任务要求是否明确	
2	是否能根据数据特征选择数据分析图表类型	
3	是否会作图以及完成对图表的修饰完善	
4	是否能根据分析得到结论	
5	是否达成本次任务的实训目标	

>>> **任务评价**（见表 5.10）

表 5.10 任务评价表

评价类别	评价内容	分值	教师评分
知识与技能	掌握竞争分析技能	60	
情感态度	课堂上积极参与，积极思考，勇于开口、动脑，发言次数多	20	
	小组协作交流情况：小组成员间配合默契，彼此协作愉快，互帮互助	20	

项目检测

一、单项选择题

1. 下列选项中，不属于电商行业主要构成的是（　　）。

　　A. 原料及服务生产商　　　　　　B. 产品及服务集成商

　　C. 店铺客服人员　　　　　　　　D. 设计规划商

2. 中国电商行业 PEST 分析中，属于社会因素的是（　　）。

　　A. 中国电商行业发展"十三五"规划

　　B. 居民可支配收入增加

C. "90后""00后"成为主要消费者

D. 5G 技术的运用

3. 下列关于电商商业发展趋势的说法中错误的是（　　　　）。

A. 电商补贴大战加剧

B. 未来的电商趋势更加强调使用内容来促进销售

C. 5G 技术让 AR 和 VR 体验更受欢迎

D. 加强广告促销与售后服务

4. 影响买家购买商品的因素中占比最大的是（　　　　）。

A. 价格　　　　　　　　　　　　B. 品牌

C. 物流　　　　　　　　　　　　D. 评价

5. 买家退货退款的三个主要因素不包括（　　　　）。

A. 卖家缺货　　　　　　　　　　B. 服务态度

C. 物流速度　　　　　　　　　　D. 商品质量

二、多项选择题

1. 影响店铺排名的店铺权重因素有（　　　　）。

A. 店铺的作弊违规　　　　　　　B. 退款和投诉率

C. 店铺服务保障　　　　　　　　D. 好评率

2. 影响商品权重的因素有（　　　　）。

A. 商品月销量　　　　　　　　　B. 店铺的关注人数

C. 商品价格　　　　　　　　　　D. 好评率

3. 同行营销分析正确的方法有（　　　　）。

A. 店铺流量分析　　　　　　　　B. 产品统计

C. 客服分析　　　　　　　　　　D. 价格分析

三、判断题

1. 竞争对手是单一并且固定的。　　　　　　　　　　　　　　　　（　　　）

2. 电商行业在国内的发展主要受到经济、社会和技术的影响比较大，受到社会因素的影响较小。　　　　　　　　　　　　　　　　　　　　　　　　　　　（　　　）

3. 未来电商发展，AR 和 VR 体验将更受欢迎。　　　　　　　　　　（　　　）

四、简答题

PEST 分析法是从哪几个方面分析企业外部宏观环境的？

项目6 | 客户数据分析

对客户数据进行分析是深度分析客户需求、应对客户需求变化的重要手段。通过合理、系统的客户分析，企业可以知道不同的客户有着什么样的需求，分析客户消费特征与商务效益的关系，使运营策略得到最优的规划；更为重要的是，企业可以发现潜在客户，从而进一步扩大商业规模，使企业得到快速的发展。

项目6课件

任务6-1　客户指标分析

任务导入

任务　分析客户指标

实训情境：

随着电子商务的发展，电商行业的竞争逐渐由垂直分类PK向圈地消费人群PK，这不仅仅是电商平台主动求变，也是整个消费大环境的变迁为电商竞争带来的影响。目前各个电商平台都在找寻适合自己的消费人群，那么如何找寻这些消费人群呢？利用客户数据分析能够有效地帮助电商平台找寻到适合自己的消费人群。客户数据分析就是根据客户数据来分析客户特征、评估客户价值，从而为客户制订相应的营销策略与资源配置计划。一次完整的客户数据分析通常包括客户分析指标的确定、客户特征分析（客户画像）以及客户行为、客户价值等的分析。

根据岗位实训内容，我们可提炼出典型实训活动，具体如下：

（1）分析目标的确定；

（2）理清分析原理；

（3）分析客户指标。

学习目标：

知识目标：理解客户分析的指标含义。

技能目标：对客户访问量、获客成本、转化率、地域、类型等关键指标进行量化
分析，总结商业增长点。

思政目标：(1) 熟悉我国公民享有的十项隐私权；

(2) 坚持以人为本的商业思路；

(3) 追求职业高度。

学习导图：

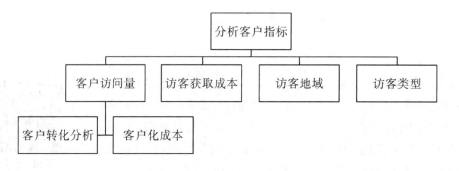

实训任务

实 训 任 务 书

任务名称：_____

任务功能：_____

典型实训任务：_____

实训任务	对用户地域的客户指标进行分析				
任务成员			指导教师		
任务描述	通过对"某网店"销售数据按照地域情况进行分析，了解不同地区消费者的购买能力				
实训目标	目标（O）	对用户地域的客户指标进行分析			
	关键成果	关键成果1（KR1）	按地域划分的消费者的购买能力		
		关键成果2（KR2）	通过订单归属地，分析各地区消费者的购买能力		
		关键成果3（KR3）	分析用户的购买行为		
实训职责	·数据筛选 ·计算每笔单价和转化率 ·对流量、订单数进行可视化分析，并得出结论				
实训内容	①分析目标		②分析原理		③实施准备
实训难度	√ 简单	□一般		□较难	□困难
完成确认	序号	检查事项			教师签名
	1	是否清楚按地域划分的消费者的购买能力的分析			
	2	是否了解各个地域消费者的购买行为			
	3	是否按照订单的归属地，统计销售额，以此分析购买力			
	4	是否对每个地区的每笔单价、转化率进行统计，以研究用户的购买行为			
	5	是否能够从总数据中筛选出自己需要的数据			
	6	是否能够独立计算出每笔单价和转化率			
	7	是否能够对流量、订单数进行可视化分析			
	8	是否能够对数据进行可视化级结构分析			

注意事项：

1. 请严格按照实训任务内容要求实践，不得随意更改实训流程。

2. 完成实训内容后，请进行清单检查，完成请打钩。

学生签名：

情境描述

在客户分析过程中，首先要确定分析的指标，通过这些指标推导客户的特征、行为及客户的价值，从而为客户制订相应的营销策略与资源配置计划。有很多指标可以用来衡量客户方面的绩效，在电子商务领域，主要围绕着客户访问量、访客获取成本、客户转化率、访客地域和访客类型等指标进行评估。

实训计划

一次完整的客户分析通常包括客户分析指标的确定、客户特征分析（客户画像），以及客户行为、客户价值等的分析。

实训流程图如图 6.1 所示。

（备注：实训流程图上方为该环节所需知识点，下方为项目实践活动。）

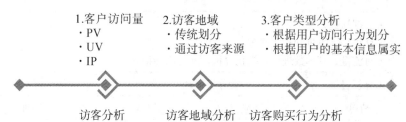

图 6.1　实训流程图

典型实训活动一：分析目标

实训要点 1：弄清按地域划分的消费者的购买能力

实训要点 2：了解每个地域消费者的购买行为

实训任务：理清分析思路。

典型实训活动二：分析原理

实训要点 1：按照订单的归属地，统计销售额，以此代表每个地区的购买能力

实训要点 2：对每个地区的每笔单价、转化率进行统计，以研究用户的购买行为

实训任务：确定分析指标。

典型实训活动三：实施准备

实训要点 1：整理案例表中的数据

实训要点 2：将可以利用的数据挑选出来，如省份、流量、销售金额、销售量、订单数等

实训要点 3：计算每笔订单和转化率

实训任务：对数据进行筛选、分析。

典型实训活动四：实施过程

实训要点 1：对流量、订单数进行可视化分析，插入统计图

实训要点 2：为了直观地从销售额数据中发现购买力的分布情况，对销售额插入柱状图，同时在同一分析图中插入转化率的折线图

实训要点 3：数据可视化及结果分析

实训任务：数据可视化分析及结果展现。

学习目标

本实训的学习目标如表 6.1 所示。

表 6.1 学习目标

难度	序号	任务内容
初级	1	了解每个地域消费者的购买行为
	2	按照订单的归属地，统计销售额，以此代表每个地区的购买能力
	3	从原始数据中筛选出符合要求的数据
	4	为了直观地从销售额数据中发现购买力的分布情况，对销售额插入柱状图，同时在同一分析图中插入转化率的折线图
中级	1	弄清按地域划分的消费者的购买能力
	2	对每个地区的每笔单价、转化率进行统计，以研究用户的购买行为
	3	计算每笔订单和转化率
	4	对流量、订单数进行可视化分析
高级	1	数据可视化及结果分析

知识讲解 ├─────────────────────────

任务 如何进行客户指标分析

消费者是形成市场营销战略的基础。消费者对营销战略的反应决定企业的成败。有效的客户细分是深度分析客户需求、应对客户需求变化的重要手段。通过合理、系统的客户分析，企业可以知道不同的客户有着什么样的需求，分析客户消费特征与商务效益的关系，使运营策略得到最优的规划；更为重要的是可以发现潜在客户，从而进一步扩大商业规模，使企业得到快速的发展。

有很多指标可以用来衡量客户方面的绩效，在电商领域，我们主要围绕着客户访问量、访客获取成本、客户转化率、访客地域和访客类型等指标进行评估[①]。

一、客户访问量分析

客户访问量就是在一定时间范围内，某个网站被访客访问的总次数。但是，一个访问用户在一定时间内可能会访问多个页面，对网站发起多次访问，因此常用的访问量统计指标又分为页面浏览量和访客数、独立 IP、会话数等。

（1）页面浏览量（page view，简称 PV）：在一定时间内，用户每加载刷新一次页面被计算一次浏览量。

（2）访客数（unique visitor，简称 UV）：在指定时间内绝对唯一的访问者，如果一个访问者访问多次，仅被计算一次，一般一台计算机客户端被计算为一个访客。

（3）IP（独立 IP）：指独立 IP 数，一定时间内相同 IP 地址被计算为一个 IP。

（4）会话数（session）：触发网站即开启一次会话，在 Google Analytics 中，同一用户访问，结束一个会话重新计算另一个会话有如下三种情况：

①距离上一次访问超过 30 分钟；

②每日 0:00 为会话计算的一个切割点；

③访问来源改变，如首次进入访问页面通过点击新浪广告，后又通过百度搜索进入访问页面，该期间的访问计算为 2 次会话。

二、访客获取成本分析

获客成本有两个指标，即单个付费客户的成本（customer acquisition cost，简称 CAC）和单个活跃客户成本（cost per acquisition，简称 CPA）。两者中间差一个转化率，一家企业花费 CPA 获得注册活跃用户，需要经过诱导转化才能使客户付费，因此，CPA+诱导转化的费用＝CAC。

在拉新客户等营销活动中，获得成本是极为重要的指标，该指标能反映本次活动的效果，使企业尽可能地以最小的投入获得最大的价值。

在获客上，流量为王。哪个平台渠道流量大，哪个平台就有更多获客机会。同时也必须考虑转化率，想要提高转化率就需要有优质的客户群，因此在选择推广平台时必须要考虑该平台积累的用户属性与商家目标用户的一致性，这样才能尽可能地降低获客成本，将产出最大化[①]。

三、客户转化率分析

电商的数据分析从用户的角度来说有五大关键指标，这里我们主要关注的是转化率这个指标。转化率一般是指成交用户数占总访问数的比例，但更精细地衡量可以去关注每个路径每一步的转化率，比如注册转化率、收藏转化率、购物车转化率等。分析各路径和步骤的转化率可以找到用户流失、销量增长等问题的答案。在实际使用过程中，常见的四种转化率的形式如下。

（1）回炉型转化率。回炉型转化率是指在转化的第一步到第二步的过程中就出现了较大的障碍，从第一步到第二步，转化率变化比较大，这种转化率形式出现，企业就需要回炉进行问题分析和处理，这种类似的转化率比如在渠道用户推广时可以作为一个渠道用户质量把控的分析方法。

（2）常规型转化率。从整体来看，不同步骤之间的转化率的变化是比较缓慢的，并没有出现某一个步骤转化率的大幅下滑，且整体的转化率趋势保持得还是相对平稳

① 吴洪贵. 商务数据分析与应用［M］. 北京：高等教育出版社，2019.

的，此就是常规型转化率。一般来说，达到这种类型的标准就很不错了。由于转化率的这种模型结构在很多地方都能用到，所以这里不具体举例子来说明这个问题。

（3）优质型转化率。优质型转化率就是在常规型转化率的基础上表现得更好一点，在几步之间的转化损失更小一点，即下降速度更加缓慢，在很多涉及转化率的分析上，这种类型的转化率属于优质型转化率，但是一般而言是达不到的。

（4）问题型转化率。问题型转化率，一般而言，都是前几步转化率比较理想，但是后续的某一步突然出现了问题，这种落差会比较明显，在转化率表现上，就是突然某一步的转化率下滑较大。

这样的转化率问题定位其实比较快速和直接，企业能够马上进行修补，不同于回炉型转化率，这种转化效果只需要针对某一步进行优化就可以了，而不是全局性的优化。

四、访客地域分析

在访客地域分布图中，颜色深浅表示商品在该地域热卖的程度。颜色越深的地域商品越好卖，颜色浅的地带，相对来说商品卖得不是很理想。

通过分析各区域商品销售情况，店铺可以拟订不同的推广策略[1]。比如颜色深的地域，店铺可以用直通车集中进行推广，让好的更好。对于颜色浅的这些地域，店铺要去推敲销售量为什么会小，如果是地域原本人烟稀少，或者是快递送不到，这是我们无法解决的。但如果是店铺内部问题，我们就要去做调整。比如查看运费是否合理等。在测试阶段，店铺可以做一个包邮尝试，看该地域是不是真的没有买家、真的没有流量，通过搞活动看一下可不可以带来一些流量，让这些浅颜色区域流量变大。

举个例子，在当天访客地区详细数据中，我们可以针对访客数量排名前三的省份、地域搞一些活动，如包邮等，提高店铺转化率；或者还可以用直通车主推，或是去另外做推广计划，如单独做一个地域推广计划等。店铺内也可以搞相应的活动去做钻石展位广告投放。

针对不同的地域、不同的民俗风情，我们也要单独考虑，根据不同地域制订不同的推广计划，最简单的道理，在海南卖羽绒服，肯定卖不了几件。也就是说，在做地域推广的时候，先要了解该区域的传统文化，因此一个成功的销售方案需要详细了解当地的风俗。当然也可以配合一些线下的广告投放，这样会比线上的广告效果更快一点。

所以店铺要推广商品，就要先了解这个地域买家的偏好，然后去做主推的款式，再引入流量，这样就会更加精准，让转化率更高，使顾客得到更多的实惠。

还有一点就是店铺在考虑访问深度的时候，要区分好新客户和老客户，对访问深度，老客户要比新客户的比重大得多，如果我们的访问深度骤降，就要考虑老客户进店的购买习惯，是我们的装修风格改变让老客户生气了，还是我们的定价比之前高了伤了老客户的感情。针对老客户，店铺要采取一定的补救措施，维护好一个老客户比

① 白晓晴. 网络营销之推广定位策略分析［J］. 企业导报，2010（6）：111.

挖掘一个新客户要难得多。

没有流量对于卖家来说是可怕的，可是流量的大小和精准度会直接影响到店铺的转化率从而影响到销售额，因此单独追求流量会给店铺带来沉重的开支负担，这也是对资源的一种浪费。因此在这里送给各位两句话：再有钱的掌柜也要注意流量的质量，再没有钱的掌柜也要买流量。

五、客户类型分析

在客户分类中，根据用户的基本信息和行为特征，我们可以将用户分为许多类别，从而衍生出各种各样的用户指标。对用户总体的统计可以让商家明确用户的整体变化情况；而对用户不同分类的统计，可以让商家看到用户每个细分群体的变化情况[①]。

（一）根据用户的访问行为划分

根据用户的行为表现，用户可分为有访问用户、新/老用户、流失用户、留存用户、回访用户、沉默用户、购买用户、忠诚用户等，这么多指标该如何进行系统的分类以便进一步分析呢？我们知道，用户的细分关键是建立在合理的体系上，将用户分成几个类别，并且每个类别都能发挥其功效，不存在累赘和混淆。

通常，我们将用户指标分成五个大指标：访问用户数、新用户数、活跃用户数、流失用户数、回访用户数，这些大指标又衍生出一些基础指标。下面具体说明为什么这样分以及各指标的意义。

（1）访问用户数：即每天的 UV，主要体现为访问量，能够直接反应网站的受欢迎程度。

（2）新用户数：即首次访问或刚刚注册的用户，新用户数可以用于计算产品的新用户比例，用于分析产品的发展速度和推广效果。

（3）活跃用户数：这里一般会根据产品的性质设置某个要求，达到要求即为活跃用户。活跃用户用于分析产品真正掌握的用户量，因为只有真正的活跃用户才能为产品创造价值。

（4）流失用户数：即一段时间内未访问或未登录的用户，这里也需要根据产品性质设定一个准则，满足准则即为流失用户。比如对于微博而言，用户一个月未登录可能就属于流失用户，而对于电商网站而言，3 个月或半年未购买才被认定为流失用户。

（5）回访用户数：即之前流失，现在又重新访问的用户数量，主要用于分析产品挽回用户的能力[②]。

综上可知，我们知道访问用户数、新用户数、活跃用户数、流失用户数、回访用户数后，可以推算出老用户数、留存用户等衍生指标，同时得到新用户比例、活跃用户比例、用户流失率、用户访问率等指标。这些指标其实已经足够我们去分析用户的行为了，而且这样分类不会存在重叠，避免了很多不必要的工作。

分析者对用户进行分类后，哪些指标值得重点关注呢？在指标报告中或领导了解用户情况时一般都关注活跃用户数多少、新用户比例多少、用户流失率多少，所以这几个指标是我们重点关注的指标。在分析用户时候，新用户比例反映了产品的推广能

---

① 吴洪贵. 商务数据分析与应用［M］. 北京：高等教育出版社，2019.

② 吴洪贵. 商务数据分析与应用［M］. 北京：高等教育出版社，2019.

力、渠道的铺设情况及带来的变化，新用户比例不仅是评估市场部门绩效的一个关键指标，同时也反映了产品的发展状况。

但是只看新用户比例显然是不够的，我们还需要结合用户流失率一起看。用户流失率反映了产品对用户的吸引力，所以从新用户比例看用户"进来"的情况，从流失率看用户"离开"的情况。新用户比例大于流失率，产品处于发展成长阶段；新用户比例与流失率持平，产品处于成熟稳定阶段；新用户比例低于用户流失率，产品处于下滑衰退阶段。

活跃用户数反映了产品实际掌握的用户数，将活跃用户数、新用户比例、用户流失率结合在一起看时可以掌控产品用户的全景[①]。

（1）新用户比例。

我们通过分析新用户比例可以知道老用户有多少，分析新老用户是为了更好地保留老用户、发掘新用户，老用户一般是产品的忠诚用户，粘性较高，是为产品带来价值的重要用户群体。所以，老用户是产品生存的基础，新用户是产品发展的动力，我们要在保证老用户的基础上不断提升新用户数量。

在新用户数量持续上升的同时，新用户的转化率通常较低，但老用户的转化率通常较高，结合在一起时，转化率就会被新用户拉低，而转化率是一个很重要的业务指标，所以我们分析时需要将新用户和老用户的转化率区分开。区分分析将有助于我们判断产品整体转化率的下降是否与推广有必然的联系，推广中引入的流量质量如何，同时可判断产品的根基——老用户是否稳定。

（2）活跃用户数。

在留住老用户和挖掘新用户之后我们还需要提高用户的质量，所以我们需要关注活跃用户数。活跃用户可以为产品带来活力并创造持久的价值，而一旦用户活跃度下降，用户很可能就渐渐流失。

我们通过分析活跃用户可以洞悉产品当前真实的运营现状。判断是否为活跃用户需要店铺根据实际情况设定一些条件，即用户完成设定的条件即为活跃用户。比如社交类网站设定的完成注册指标即为活跃用户，论坛社区设定查看帖子的页面达到两页才是活跃用户等。

（3）用户流失率。

在留住老用户、挖掘新用户、关注活跃用户数之后，我们还需要关注流失用户，分析用户流失率可以了解产品是否存在淘汰的风险，以及产品是否有能力留住用户。那么，用户流失率如何定义呢？

我们认为当用户长久不登录 App 或者网站即为流失用户，一般流失用户都是对于那些需要注册、提供应用服务的网站而言的，比如微博、邮箱、电子商务类网站，因为注册用户更容易识别，访问情况可以准确地被识别，同时针对注册用户用流失率这个概念更加有意义。

不同产品对于流失用户的定义是不一样的。流失用户是用户最后一次访问时间与当前时间的间隔认定的，通常时间会比较长，存在滞后性。比如定义用户流失的期限

·169·

---

① 马朝博，冯晓明. 一种活跃用户数的预测系统及方法［P］. 中国专利：2018-11-16.

是 30 天，要统计 1 月 1 日的流失用户数，即 1 月 1 日登录过，以后再也没登录，这个得等到 1 个月之后才能统计①。

（二）根据用户的基本属性信息划分

用户的基本属性主要有年龄、性别、地理位置等。根据用户属性细分，我们可以得到非常丰富的信息，比如：

（1）网站用户主要集中在哪个城市？

（2）网站上什么年龄、性别的用户是最多的？

（3）网站上什么年龄、性别的用户质量是最高的？

（4）现状和网站规划的目标用户吻合吗？

（5）应该怎么去满足这部分用户的需求？

小知识：

客户分析就是根据客户数据来分析客户特征、评估客户价值，从而为客户制订相应的营销策略与资源配置计划。通过合理、系统的客户分析，企业可以知道不同的客户各有什么样的需求，分析客户消费特征与经济效益的关系，使运营策略得到最优的规划；更为重要的是，企业可以发现潜在客户，从而进一步扩大商业规模，使企业得到快速的发展。一次完整的客户分析通常包括客户分析指标的确定、客户特征分析（客户画像），以及客户行为、客户价值等的分析。本节主要从客户访问量分析、访客获取成本分析、客户转化率分析、访客地域分析以及访客类型分析五个指标对数据分析进行讲解。

案例解析

M 公司的客户分类

> 企业对营销人员的激励大都采用"销售提成制"，即根据业务员销售额的一定比例计算提成：在销售款回笼后，兑现提成；出现坏账时，扣减业务员的工资或奖金。只要不存在业务员与客户相互勾结的情况，销售提成制就较好地规避了销售部门盲目踩油门的弊端。

以销售人员为管理重点的应收账款管控模式弊端多多。现实中，大多数企业都同时存在拖款和被拖款的问题。很多企业的坏账规模上千万元甚至上亿元。面临这样严峻的坏账压力，如何搞好应收管理、变事后控制为事前控制，将在下文以案例分析的方式系统论述。

一是客户 abc 分类法。

M 公司为医药销售公司，年销售收入约 4 000 万元，客户数量约 450 家，其中三年以上长期客户约 400 家，前 100 家大客户销售收入占公司销售收入的 83% 以上。M 公司将销售规模在前 100 位的客户定义为重点客户。该公司应收账款的规模约 1 000 万元，

---

① 袁春雷. 用户流失率的预测方法及系统 ［P］. 中国专利：2018–12–11.

从 2010 年年底应收账款占用情况看，欠款前 100 名的客户共占用 780 万元。但这 100 家客户并不都是重点客户，欠款大户与重点客户的重合的为 76 家，这 76 家客户共占用应收账款 320 万元。由此可以看出，M 公司应收账款的管控并不合理，非重点客户占用了公司过多的资源。

二是赊销额度的分配。

依据客户分类及上年度销售规模，我们可以逐一确定 abc 三类客户下一年度的赊销额度为多少。其目的在于保证回款信誉好的客户拥有更大的信用额度，扩大销售，同时也能通过额度调整逐步淘汰信誉差的客户。赊销额度的分配涉及两个层次：第一，abc 各类客户的分配；第二，abc 各类客户中单一客户的分配。

三是赊销额度的调整。

额度标准每年编制一次，由 CEO、CFO、销售总监共同签字确认，不能随意变动。如有特殊原因，每个季度可以在额度范围内做一次调整。赊销额度调整涉及两个层次：第一，abc 同一大类中，两个或多个客户赊销额度的增减；第二，abc 不同大类中，两个或多个客户赊销额度的调整。如果赊销额度需要调整，销售总监应向 CEO 提出申请，经同意后报 CFO 备案。

赊销额度有利于扩大销售，但其各大弊端是很明显的，无须多述。由财务部门参与制定赊销额度，实际是对销售部门盲目扩大销售规模的一种制约。赊销额度的调整实际是扩大销售与减少坏账的博弈。当增加某一客户的赊销额度时，需同时削减一家或数家客户等额的赊销额度，以保证总赊销额度数保持不变。例如，销售总监认为 c7 客户回款率提高，且销售规模有进一步扩大的趋势，需加大该客户的赊销额度 10 万元；同时，他认为 b117、c3、d24 三个客户回款情况不理想，要求分别削减 2 万元、3 万元、5 万元的赊销额度。在报经总经理批准、财务部确认后，可以扩大对 c7 客户的赊销额度 10 万元，同时减少 b117、c3、d24 三个客户的赊销额度 2 万元、3 万元、5 万元。

abc 分类法允许调整额度标准，是为了避免"降低风险影响销售规模"情况发生。在实践中，很多企业的信用政策出现了两难境地：应收坏账风险降低后，销售规模下降了；放松信用标准后，销售上来了，坏账风险也增加了。在几个客户间等值调整赊销额度的方式就是在风险水平和销售规模之间追求平衡。abc 分类法通过"此消彼长"调整赊销额度，有利于公司把有限的资源配置给高质量的客户，获得双赢。在实际工作中，公司需要根据客户的财务状况、信誉、以往的业务记录等信息，建立客户档案，综合评定资信等级，通过不断地完善客户档案，实现对客户的动态管理。公司需要努力培育和维护高级别客户，对其实行宽松的信用政策；对低级别的客户实行严苛的信用政策，或放弃业务关系。

回顾总结

知识总结：

把本节课的知识梳理汇总成流程图，如图 6.2 所示。

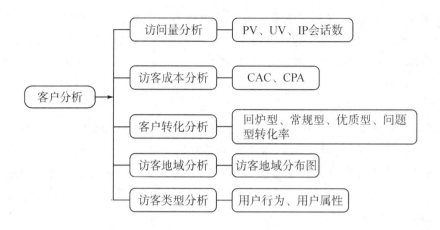

图 6.2　本节知识流程图

思维导图：

整理本节课所学知识点，补充下方思维导图（如图 6.3 所示），管理你的知识。

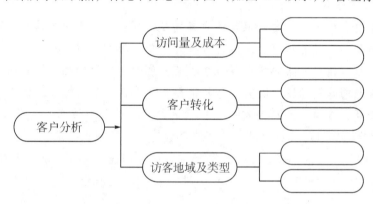

图 6.3　本节知识思维导图

任务 6-2　描绘客户画像

任务导入

任务　对客户进行用户画像

实训情境：

用户画像又称用户角色，作为一种勾画目标用户、联系用户诉求与设计方向的有效工具，用户画像在各领域得到了广泛的应用。我们在实际操作的过程中往往会以最为浅显和贴近生活的话语将用户的属性、行为与期待的数据转化联结起来。作为实际用户的虚拟代表，用户画像所形成的用户角色并不是脱离产品和市场所构建出来的，形成的用户角色需要有代表性，能代表产品的主要受众和目标群体。

根据岗位实训内容，我们可提炼出典型实训活动，具体如下：

（1）用户画像指标确定；

（2）选择推广渠道；

（3）用户数据的可视化。

学习目标：

知识目标：掌握运营中的客户类型及特征。

技能目标：对客户行为进行分析，能系统描述客户偏好。

思政目标：（1）熟悉我国公民享有的十项隐私权；

（2）坚持以人为本的商业思路；

（3）追求职业高度。

学习导图：

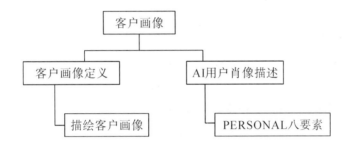

实训任务

实 训 任 务 书

任务名称：＿＿＿＿＿＿＿＿＿＿＿＿＿＿＿＿＿＿

任务功能：＿＿＿＿＿＿＿＿＿＿＿＿＿＿＿＿＿＿

典型实训任务：＿＿＿＿＿＿＿＿＿＿＿＿＿＿＿＿

实训任务	对客户进行用户画像				
任务成员				指导教师	
任务描述	按照客户所在地区和年龄对某网店进行用户画像				
实训目标	目标（O）	对客户的地域、年龄进行画像研究			
	关键成果	关键成果1（KR1）	将数据根据指标进行可视化		
		关键成果2（KR2）	按照订单的后台信息，判断地域及年龄		
		关键成果3（KR3）	通过对地域及年龄的判断，定位推广渠道		
实训职责	·数据整理 ·确定分析指标 ·根据指标进行用户画像				
实训内容	①分析目标		②分析原理		③实施准备
	④分析检测				
实训难度	√简单		□一般	□较难	□困难
完成确认	序号	检查事项			教师签名
	1	对本实训的任务要求是否明确			
	2	是否准备妥当需要分析的数据			
	3	是否有明确的分析目标			
	4	是否能够根据数据信息判断客户的地域和年龄			
	5	是否能够通过对地域和年龄的判断，定位推广渠道			
	6	是否能够使用数据透视表，统计各地区各年龄阶段用户的二维结构			

注意事项：

1. 请严格按照实训任务内容要求实践，不得随意更改实训流程。

2. 完成实训内容后，请进行清单检查，完成请打钩。

学生签名：

情境描述

用户画像是企业根据用户的行为分析其特征，进而对其偏好、属性、特征等进行对应的描述，以达到精准营销的目的，实现销售效果最大化、营销投入高效化。

实训计划

一次完整的客户分析通常包括客户分析指标的确定、客户特征分析（客户画像），以及客户行为、客户价值等的分析。

实训流程图如图6.4所示。

（备注：实训流程图上方为该环节所需知识点，下方为项目实践活动。）

图6.4　实训流程图

典型实训活动一：分析目标

实训要点：对客户的地域、年龄进行画像研究

实训任务：确定用户画像的目标。

典型实训活动二：分析原理

实训要点1：按照数据，判断用户的地域及年龄

实训要点2：通过对用户的地域及年龄的判断，定位推广渠道

实训任务：确定用户画像指标。

典型实训活动三：实施用户画像

实训要点1：整理数据

实训要点2：对数据进行筛选

实训要点3：使用数据透视表，统计各个地区各个年龄用户的二维结构数据

实训要点4：以省份为行标签、年龄为列标签，对销售额进行求和处理

实训要点5：求出各省份的销售额

实训要点6：数据可视化与结果分析

实训任务：对数据进行分析、可视化处理并分析出结果。

学习目标

本实训的学习目标如表6.2所示。

表6.2　学习目标

难度	序号	任务内容
初级	1	按照数据，判断用户的地域及年龄
	2	整理数据
	3	对数据进行筛选
	4	求出各省份的销售额
	5	数据可视化与结果分析
中级	1	对客户的地域、年龄进行画像研究
	2	通过对用户的地域及年龄的判断，定位推广渠道
	3	使用数据透视表，统计各个地区各个年龄用户的二维结构数据
高级		

知识讲解

任务　掌握描绘客户画像技术

近年来，人工智能（artificial intelligence，简称 AI）技术的热度越来越高[①]。作为互联网领域重要的组成部分，电子商务在这个领域中不可或缺。因此，客户智能画像的定义就被引入商业的范畴。

事实上，在 AI 技术兴起之前，用户画像的概念早就已经出现在电子商务研究的领域。用户画像是根据客户的行为分析其特征，进而对其偏好、属性、特征等进行对应的描述，以达到精准营销的目的，实现销售效果最大化、营销投入高效化。

一、描绘用户画像

用户画像，即用户信息标签化，指企业通过收集用户的社会属性、消费习惯、偏好特征等各个维度的数据，进而对用户或者产品特征属性进行刻画，并对这些特征进行分析、统计，挖掘潜在价值信息，从而抽象出用户的信息全貌。

用户画像可看作企业应用大数据的根基，是定向广告投放与个性化推荐的前置条件，为数据驱动运营奠定了基础。

二、用户画像的优点

（1）用户画像可以使产品的服务对象更加聚焦，更加专注。在行业里，我们经常看到这样一种现象：做一个产品，期望目标用户能涵盖所有人，通常这样的产品会走

---

① 胡华江，杨甜甜. 商务数据分析与应用［M］. 北京：电子工业出版社，2018：140-142.

向消亡，因为每一个产品都是为特定目标群的共同标准而服务的，目标群的基数越大，这个标准就越低。换言之，如果这个产品是适合每一个人的，那么其实它是为最低的标准服务的，这样的产品要么毫无特色，要么过于简陋。

纵览成功的产品案例，它们服务的目标用户通常都非常清晰，特征明显，在产品上就是专注、极致，能解决核心问题。比如苹果的产品，一直都为有态度、追求品质、特立独行的人群服务，赢得了很好的用户口碑及市场份额。又比如豆瓣，专注文艺事业，只为文艺青年服务，用户粘性非常高，文艺青年在这里能找到知音，找到归宿。所以，给特定群体提供专注的服务，远比给广泛人群提供低标准的服务更容易成功。

（2）用户画像可以在一定程度上避免产品设计人员草率地代表用户发声。代替用户发声是在产品设计中常出现的现象，产品设计人员经常不自觉地认为用户的期望跟他们是一致的，并且还总打着"为用户服务"的旗号。这样的后果往往是：我们精心设计的服务，用户并不买账，甚至觉得很糟糕。

Google Buzz 在问世之前，曾做过近两万人的用户测试，可这些人都是 Google 自家的员工，测试中他们对于 Buzz 的很多功能都表示肯定，这些功能使用起来非常流畅。但当产品真正推出之后，公司却意外收到来自实际用户的抱怨。所以，我们需要正确地使用用户画像，小心地找准自己的立足点和发力方向，真切地从用户角度出发，剖析核心诉求。

（3）用户画像还可以提高决策效率。在产品设计流程中，各个环节的参与者非常多，分歧总是不可避免，决策效率无疑影响着项目的进度。而用户画像来自对目标用户的研究，当所有参与产品的人都基于一致的用户进行讨论和决策时，就很容易约束各方保持在同一个大方向上，提高决策的效率。

三、AI 用户肖像描述

用户画像又称用户角色，作为一种勾画目标用户、联系用户诉求与设计方向的有效工具，用户画像在各个领域得到了广泛的应用。在实际操作的过程中，企业往往会以最为浅显和贴近生活的话语将用户的属性、行为与产出联结起来。作为实际用户的虚拟代表，用户画像所形成的用户角色并不是脱离产品和市场构建出来的，其最终形成的用户角色需要有代表性，能代表产品的用户受众和目标群体。

以下是用户画像的"PERSONAL"八要素[①]：

（1）P 代表基本性（primary）：指该用户角色是否基于对真实用户的情景访谈。

（2）E 代表同理性（empathy）：指用户角色中包含姓名、照片和相关产品的描述，该用户角色是否会引发同理心。

（3）R 代表真实性（realistic）：指对那些每天与顾客打交道的人来说，用户角色是否看起来像真实人物。

（4）S 代表独特性（singular）：每个用户是否是独特的，彼此很少有相似性。

（5）O 代表目标性（objectives）：该用户角色是否包含与产品相关的高层次目标，是否包含关键词来描述该目标。

---

① 胡华江，杨甜甜. 商务数据分析与应用［M］. 北京：电子工业出版社，2018：140-142.

（6）N代表数量性（number）：用户角色的数量是否足够少，以便设计团队能记住每个用户角色的姓名，以及其中的一个主要用户角色。

（7）A代表应用性（applicable）：设计团队是否能使用用户角色作为一种实用工具进行设计决策。

（8）L代表长久性（long）：用户标签的长久性。

案例解析

通过用户画像实现个性化补贴

> 补贴是运营常用手段，包括发优惠券、红包、满赠等。用户交易画像可以帮助运营人员设置更合理的补贴策略，用最小的成本获取最大的利益。

补贴的基本原理是"用户价值剩余原理"。按照该理论，如果商品能针对不同人群卖不同价格，也就意味着有更多人可以购买；只要在利润范围之内，商家就能赚取更多GMV。但在现实生活中，同一件商品几乎不可能对不同人群使用不同的标价。因此，商家会针对不同人群发放不同额度的补贴，巧妙地解决问题。

举个简单的例子，假如有A、B、C三类人。A类消费能力是100元，B类消费能力是50元，C类消费能力是20元。A类人群消费意愿最强，B人群类消费意愿最弱，C类人群消费意愿适中。如果给这三类人群发满减券，该怎么发呢？

企业可以给所有人发额度一样的优惠券，但是更聪明的方法是针对三类人群发不同额度的券。针对消费能力为100元的人群，企业可以把满减门槛设定在100元；针对消费能力为50元的人群，门槛设定为50元；针对消费能力为20元的人群，门槛设定到20元。商家采用这种补贴方式，客单价可以达到47元，而如果给A、B、C三类人群发统一的优惠券，客单价基本都会小于47元。

构建用户交易画像能为后续的精细化运营做好准备，比用户交易画像更重要的是背后的数据化思维方式，这是每一个优秀的市场运营人员都应该具备的能力。

回顾总结

知识总结：

把本节课的知识梳理汇总成流程图，如图6.5所示。

图6.5　本节知识流程图

思维导图：

整理本节课所学知识点，补充下方思维导图（如图6.6所示），管理你的知识。

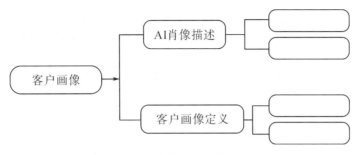

图6.6　本节知识思维导图

任务6-3　客户分析

任务导入

任务　熟悉客户分析

实训情境：

客户是企业生存和发展的基石。只有充分了解客户，企业才能制订相应的营销策略，提高转化率并达到客户满意度。客户对产品的反应能力可以用来指导公司的销售策略；他们的意见和建议可以为公司改善产品和服务提供支持。分析现有客户不仅可以挖掘更多潜在的销售机会，而且可以改善服务方法，进行客户维护工作并为新客户的开发做准备。

根据岗位实训内容，我们可提炼出典型实训活动，具体如下：

（1）客户分析方法的确定；

（2）分析指标的明确；

（3）根据分析结果制定营销方案。

学习目标：

知识目标：掌握客户分析的概念。

技能目标：进行客户行为分析、价值分析，并进行效果评估。

思政目标：（1）熟悉我国公民享有的十项隐私权；

（2）坚持以人为本的商业思路；

（3）追求职业高度。

学习导图：

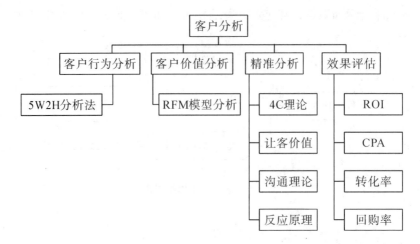

实训任务

实 训 任 务 书

任务名称：_____

任务功能：_____

典型实训任务：_____

实训任务	RFM 分析与精准客户营销			
任务成员			指导教师	
任务描述	巩固 RFM 客户价值分析模型的原理；通过教师讲解与实践操作，学生要熟悉客户分析模型中 RFM 分析模型，能利用其进行客户价值分析与客户精准营销			
实训目标	目标（O）	通过对客户进行 RFM 分析，进行定向精准营销		
	关键成果	关键成果 1（KR1）	设置 R、F、M 三项参数	
		关键成果 2（KR2）	获得 RFM 分析结果	
		关键成果 3（KR3）	进行定向精准营销	
实训职责	·RFM 模型各个参数的设置 ·查看分析结果并进行精准营销			
实训内容	①分析目标	②分析原理		③实施准备
实训难度	□简单	√ 一般	□较难	□困难
完成确认	序号	检查事项		教师签名
	1	对本实训的任务要求是否明确		
	2	是否准备妥当所需数据		
	3	是否设置正确的 RFM 模型参数		
	4	是否获得正确的 RFM 分析结果		
	5	是否得出营销建议		
	6	是否进行定向精准营销		

注意事项：

1. 请严格按照实训任务内容要求实践，不得随意更改实训流程。

2. 完成实训内容后，请进行清单检查，完成请打钩。

学生签名：

情境描述

RFM 模型是衡量客户价值和客户创利能力的重要工具和手段，广泛应用于各类客户关系管理系统，该模型通过一个客户的近期购买行为、购买的总体频率以及花费三项指标来描述该客户的价值状况。

RFM 模型非常适用于生产多种商品的企业，而且这种企业的商品单价相对不高，一般是消费品、化妆品、小家电、录像带等。它也适合用在当一个企业内只有少数耐久商品，但是该商品中有一部分属于消耗品时，如复印机、打印机、汽车维修品等消耗品。RFM 对于加油站、旅行保险、运输、快递、快餐店、KTV、证券公司等也很适用。

实训计划

对企业典型实训活动进行提取，并辅以学习知识点，组成新型实训计划。

实训流程图如图 6.7 所示。

（备注：实训流程图上方为该环节所需知识点，下方为项目实践活动。）

| 1.顾客购买行为分析 | 2.4C、让客价值、沟通原理、反应原理 | 3.投资回报率分析 |

| 顾客行为分析 | 精准营销分析 | 营销效果分析 |

图 6.7　实训流程图

典型实训活动一：分析目标

实训要点 1：确定客户分析指标

实训要点 2：进行定向精准营销

实训任务：准备数据，筛选出需要的指标。

典型实训活动二：分析原理

实训要点 1：明确 RFM 模型相关参数的意义

实训要点 2：根据数据确定各个参数

实训任务：RFM 模型参数设置。

典型实训活动三：实施准备

实训要点 1：设置 RFM 模型的各个参数

实训要点 2：获取正确的 RFM 模型分析结果

实训要点 3：查看营销建议

实训要点 4：选择定向精准营销的方案

实训任务：根据 RFM 分析结果，制订定向精准营销方案。

学习目标

本实训的学习目标如表 6.3 所示。

表 6.3　学习目标

难度	序号	任务内容
初级	1	确定客户分析指标
	2	明确 RFM 模型相关参数的意义
	3	设置 RFM 模型的各个参数
	4	获取正确的 RFM 模型分析结果
	5	查看营销建议
中级	1	进行定向精准营销
	2	根据数据设置正确的参数
	3	选择定向精准营销的方案
高级		

知识讲解

任务　如何进行客户分析

客户是企业经营的关键，虽然很多企业都已经开始重视客户管理，但是依然不够专业或者重视程度不够，管理处于初级阶段。因此，为了能够更好地提供服务、获得市场份额，企业就需要下功夫对客户进行客户分析，从而进行后续的各种跟进。本节通过 5W2H 分析法讲解客户行为分析，通过 RFM 法讲解客户的价值分析，最后通过 4C 理论、让客价值、沟通理论以及反应原理讲解精准营销。

一、客户行为分析

客户行为分析是指在获得网站或 App 等平台访问量基本数据的情况下，对有关数据进行统计、分析，从中发现用户访问网站或 App 等平台的规律，并将这些规律与网络营销策略等相结合，从而发现目前网络营销活动中可能存在的问题，并为进一步修正或重新制订网络营销策略提供依据。这是狭义的网络上的客户行为分析[①]。

客户行为分析是客户分析中非常重要的一部分，研究客户的行为可以帮助企业制订相应的销售推广策略。客户购买行为分析可以用"5W2H"分析方法。

5W2H 分析法又叫七问分析法，由第二次世界大战时美国陆军兵器修理部首创。其简单、方便，易于理解、使用，富有启发意义，广泛用于企业管理和技术活动，对于决策和执行性的活动措施也非常有帮助，也有助于弥补考虑问题的疏漏。

---

① 胡华江，杨甜甜. 商务数据分析与应用［M］. 北京：电子工业出版社，2018：148.

what——是什么？目的是什么？做什么工作？

why——为什么要做？可不可以不做？有没有替代方案？

who——谁？由谁来做？

when——何时？什么时间做？什么时机最适宜？

where——何处？在哪里做？

how ——怎么做？如何提高效率？如何实施？方法是什么？

how much——多少？做到什么程度？数量如何？质量水平如何？费用产出如何？

如果现行的做法或产品经过七个问题的审核已无懈可击，便可认为这一做法或产品可取。如果七个问题中有一个答复不能令人满意，则表示这方面有改进余地。如果哪方面的答复有独创的优点，则可以扩大产品这方面的效用。5W2H 的优点有：

①可以准确界定、清晰表述问题，提高工作效率。

②有效掌控事件的本质，抓住事件的主骨架，把事件"打回原形"思考。

③简单、方便，易于理解、使用，富有启发意义。

④有助于思路的条理化，杜绝盲目性；有助于全面思考问题，从而避免在流程设计中遗漏项目。

国外市场营销学家把消费者的购买动机和购买行为概括为 5W1H 和 6O，从而形成消费者购买行为研究的基本框架。

市场需要什么（what）——有关产品（objects）是什么。营销学家通过分析消费者希望购买什么，为什么需要这种商品而不是需要那种商品，研究企业应如何提供适销对路的产品以满足消费者的需求。

为何购买（why）——购买目的（objectives）是什么。营销学家通过分析购买动机的形成（生理的、自然的、经济的、社会的、心理因素的共同作用），了解消费者的购买目的，采取相应的市场策略。

购买者是谁（who）——购买组织（organizations）是什么。分析购买者是个人、家庭还是集团，购买的产品供谁使用，谁是购买的决策者、执行者、影响者。根据分析，组合相应的产品、渠道、定价和促销策略。

如何购买（how）——购买组织的作业行为（operations）是什么。分析购买者对购买方式的不同要求，有针对性地提供不同的营销服务。在消费者市场，分析不同类型的消费者的特点，如经济型购买者对性能和廉价的追求，冲动性购买者对情趣和外观的喜好，手头拮据的购买者要求分期付款，工作繁忙的购买者重视购买方便和送货上门等。

何时购买（when）——购买时机（occasions）是什么。分析购买者对特定产品的购买时间的要求，从而把握时机，适时推出产品，如分析自然季节和传统节假日对市场购买的影响程度等。

何处购买（where）——购买场合（outlets）是什么。分析购买者对不同产品的购买地点的要求，如消费品种的方便品，顾客一般要求就近购买，而选购品则要求在商业区（地区中心或商业中心）购买，以便挑选对比，特殊品往往会要求直接到企业或专业商店购买等。

二、客户价值分析

客户价值分析就是在理解客户价值内涵的基础上，动态地监控客户价值的发展趋势，为更好地实现客户价值管理提供有效的信息支持。

从客户价值的方面来看，不同的客户能够为企业提供的价值是不同的，企业要知道哪些是企业最有价值的客户、哪些是企业的忠诚客户、哪些是企业的潜在客户、哪些客户的成长性最好、哪些客户最容易流失，因此企业必须对自己的客户进行细分。

从企业的资源和能力的角度来看，如何对不同的客户进行有限资源的优化应用是每个企业都必须考虑的，所以企业在客户管理时非常有必要针对客户进行统计、分析和细分。只有这样，企业才能根据客户的不同特点进行有针对性的营销，赢得、保持和扩大高价值的客户群，吸引和培养潜力较大的客户群。客户细分能使企业所拥有的高价值的客户资源显性化，并能够就相应的客户关系对企业未来盈利的影响进行量化分析，为企业决策提供依据。

客户价值分析最常用的方法是 RFM 分析模型，该模型通过一个客户的最近一次消费（recency）、消费频率（frequency）、消费金额（monetary）三项指标，描述该客户的消费状况。该模型能够科学地预测老客户（有交易客户）今后的购买金额，再对销售毛利率、关系营销费用进行推算，就能按年、按季、按月分析出今后几期的客户价值。在这里，客户价值指 CRM 毛利。CRM 毛利 = 购买金额 − 产品成本 − 关系营销费用[①]。

R（recency）：客户最近一次交易时间的间隔。R 值越大，表示客户交易发生的日期越远，反之则表示客户交易发生的日期越近。

F（frequency）：客户在最近一段时间内交易的次数。F 值越大，表示客户交易越频繁，反之则表示客户交易不够活跃。

M（monetary）：客户在最近一段时间内交易的金额。M 值越大，表示客户价值越高，反之则表示客户价值越低。

那 RFM 模型对识别客户价值有什么意义呢？答案是当我们对 RFM 进行了定义后，就可以根据 RFM 对客户或者会员进行价值分析了。

如图 6.8 所示，从客户价值分类来看，消费金额"M"在 RFM 模型中是处于支柱地位。当"R""F""M"都处于平均值以上的时候，此客户为重要价值客户；当"R""F"处于平均值以下，但是"M"处于平均值以上的时候，此客户为重要挽留客户。（"↑"表示大于均值，"↓"表示小于均值）

企业如何搭建自己的 RFM 模型？

第一步：计算每个客户的 RFM 指标。你可以通过 CRM 或者 BI 工具计算出每个客户的 R（上次购买时间）、F（购买次数）、M（购买金额）。

第二步：定义 R、F、M 的度量范围。我们将上次购买时间设为 0 到 100 天，购买次数设为 0 到 6，购买金额设为 \$0 到 \$1 200。

---

① 胡华江，杨甜甜. 商务数据分析与应用 [M]. 北京：电子工业出版社，2018：152.

R	F	M	客户类型
↑	↑	↑	重要价值客户
↑	↓	↑	重要发展客户
↓	↑	↑	重要保持客户
↓	↓	↑	重要挽留客户
↑	↑	↓	一般价值客户
↑	↓	↓	一般发展客户
↓	↑	↓	一般保持客户
↓	↓	↓	一般挽留客户

图 6.8　客户价值分析分类

第三步：在 RFM 表格中添加我们细分的段号。如 A 客户上次购买时间为 53 天前，购买频次为 3 次，总金额为 $230，所以 A 客户的 R、F、M 为 2、2、2。同理我们得出 B 客户的 R、F、M 为 3、3、2。C 客户的 R、F、M 为 1、1、1。

通过上述过程我们将企业的客户群划分为以下的三维立方体中，如图 6.9 所示。

因为有三个变量，所以我们要使用三维坐标系进行展示，X 轴表示 recency，Y 轴表示 frequency，Z 轴表示 monetary，坐标系的 8 个象限分别表示 8 类用户（重要价值客户、重要保持客户、重要发展客户、重要挽留客户、一般价值客户、一般保持客户、一般发展客户、一般挽留客户），根据上述分类，我们可以用图 6.9 进行描述。

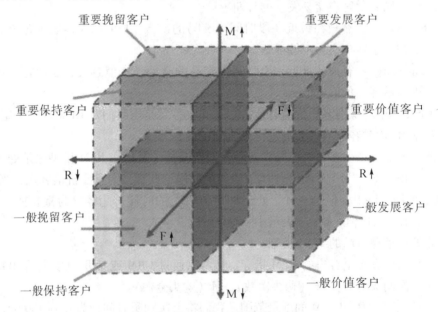

图 6.9　基于 RFM 的客户价值细分

客户的价值分析可能不只是上面提到的 RFM 模型，还可以把更多的维度添加进来进行分析，如官网的访问频次、微信的交互情况、邮件打开率等。你加入的维度越多，模型搭建的就会越复杂，如果你刚刚开始进行搭建自己公司客户价值分析模型，则建议从最基础的 RFM 模型开始做起①。

三、精准营销与效果评估

（一）精准营销的内涵

精准营销（precision marketing）就是在精准定位的基础上，依托现代信息技术手段建立个性化的顾客沟通服务体系，实现企业可度量的低成本扩张之路，这是网络营销理念的核心观点之一。

精准营销就是公司需要更精准、可衡量和高投资回报的营销沟通，需要更注重结果和行动的营销传播计划，且公司越来越注重对直接销售沟通的投资。

精准营销有三个层面的含义：

第一，是精准的营销思想，营销的终极追求就是无营销的营销，到达终极思想的过渡就是逐步精准；

第二，是实施精准的体系保证和手段，而这种手段是可衡量的；

第三，是达到低成本可持续发展的企业目标。

精准营销也是当今时代企业营销的关键，如何做到精准，这是系统化流程。有的企业会做好营销分析、市场营销状况分析、人群定位分析，但最主要的是需要充分挖掘企业产品所具有的诉求点，实现真正意义上的精准营销②。

精准营销，是时下非常时髦的一个营销术语，简单来说，就是充分利用各种新式媒体，将营销信息推送到比较准确的受众群体中，从而既节省营销成本，又能起到最大化的营销效果。这里的新式媒体，一般意义上指的是除报纸、杂志、广播、电视之外的媒体。

精准营销应该由以下四个主要理论构成。

1. 4C 理论

4C 理论的核心：强调购买一方在市场营销活动中的主动性与积极参与，强调顾客购买的便利性。精准营销为买卖双方创造了得以即时交流的小环境，符合消费者导向、成本低廉、购买的便利以及充分沟通的 4C 要求，是 4C 理论的实际应用。

（1）精准营销真正贯彻了消费者导向的基本原则。4C 理论的核心思想，便是企业的全部行为都要以消费者需求和欲望为基本导向。精准营销作为这一大背景下的产物，强调的仍然是比竞争对手更及时、更有效地了解并传递目标市场上所期待的满足。这样，企业要迅速而准确地掌握市场需求，就必须离消费者越近越好。这是因为，一方面，信息经过多个环节的传播、过滤，必然带来自然失真，这是由知觉的选择性注意、选择性理解、选择性记忆、选择性反馈和选择性接受所决定的；另一方面，由于各环节主体利益的不同，他们往往出于自身利益的需要而过分夸大或缩小信息，从而带来信息的人为失真。精准营销绕过复杂的中间环节，直接面对消费者，通过各种现代化信息传播工具与消费者进行直接沟通，从而避免了信息的失真，企业可以比较准确地了解和掌握他们的需求和欲望。

（2）精准营销降低了消费者的满足成本。精准营销是渠道最短的一种营销方式，

① 张文霖，刘夏璐，耿松. 谁说菜鸟不会数据分析入门篇［M］. 北京：电子工业出版社，2019：109.
② 胡华江，杨甜甜. 商务数据分析与应用［M］. 北京：电子工业出版社，2018：155.

由于减少了流转环节，节省了昂贵的店铺租金，使营销成本大为降低，又由于其完善的订货、配送服务系统，购买的其他成本也相应减少了，因而降低了消费者的满足成本。

（3）精准营销方便了顾客购买。精准营销商经常向顾客提供大量的商品和服务信息，顾客不出家门就能购得所需物品，减少了顾客购物的麻烦，增进了购物的便利性。

（4）精准营销实现了与顾客的双向互动沟通。这是精准营销与传统营销最明显的区别。

2. 让客价值

世界市场学权威、美国西北大学教授菲利普·科特勒在其 1994 年出版的《市场营销管理：分析、规划、执行和控制》中，提出了"让客价值"的新概念。这一概念的提出，是对市场营销理论的又一发展。"让客价值"是指顾客总价值与顾客总成本之间的差额。其中顾客总价值是指顾客购买某一产品或服务所期望获得的一组利益，包括产品价值、服务价值和形象价值等。顾客总成本是指顾客为购买某一产品或服务所支付的货币及所耗费的时间、精力等，包括货币成本、时间成本及精力成本等。

由于顾客在购买时，总希望把有关成本降至最低，同时又希望从中获得更多的实际利益，因此，其总是倾向于选择"让客价值"最大的方式。企业想在竞争中战胜对手，吸引更多的潜在顾客，就必须向顾客提供比竞争对手更多的"让客价值"。

第一，精准营销提高了顾客总价值。精准营销实现了"一对一"的营销，在这种观念的指导下，其产品设计充分考虑了消费者需求的个性特征，增强了产品价值的适应性，从而为顾客创造更大的产品价值。在提供优质产品的同时，精准营销更注重服务价值的创造，努力向消费者提供周密完善的销售服务，方便顾客购买。另外，精准营销通过一系列的营销活动，努力提升自身形象，培养消费者对企业的偏好与忠诚。

第二，精准营销降低了顾客总成本。消费者购买商品，不仅要考虑商品的价格，而且必须知道有关商品的确切信息，并对商品各方面进行比较，还必须考虑购物环境是否方便等。所以，企业为了扩大商品销售，提高自身竞争力，既要考虑商品价格的制订能否被消费者所接受，也要考虑消费者在价格以外的时间与精力的支出。这些支出我们在这里称之为交易费用。它的大小，直接影响交易达成的可能性，从而影响企业的营销效果。因此，降低交易费用也成为营销方式变革的关键动因。一方面，精准营销既缩短了营销链路，又不占用繁华的商业地段，也不需要庞大的零售商业职工队伍，因而降低了商品的销售成本，也就降低了顾客购买的货币成本；另一方面，精准营销通过直接媒体和直接手段及时向消费者传递商品信息，降低了消费者搜寻商品信息的时间成本与精力成本。另外，在家购物，既节省了时间，又免去了外出购物的种种麻烦，也使这两项成本进一步降低，因而减少了交易费用，扩大了商品销售，所以，精准营销成为众多企业乐意采用的营销方式。

3. 沟通理论

两点之间最短的距离是直线，所以精准营销在和客户的沟通联系上采取了最短的直线距离。精准营销的线性模式为：沟通是直线的、双向的互动交流过程。它包括三个重要的概念。

（1）时间性。既然是历程就有时间性，也就是在一段时间内进行。

（2）意义性。沟通是人们分享信息、思想和情感的任何过程，是人与人之间、人与群体之间思想与感情的传递和反馈的过程，以求思想达成一致和感情的通畅。

（3）互动交流性。沟通的主要元素有情境、参与者、信息、管道、干扰、回馈。

1973 年，领导行为理论代表人物、美国行为科学家明茨伯格（H. Mintzberg）指出，管理工作有 10 种作用，而沟通和人际关系占 3 成。明茨伯格首先创立了经理角色理论，指出"爱用口头交谈方式"和"重视同外界和下属的信息联系"为经理角色六个特点中非常重要的两个特点。这直接强化了直接沟通[1]。

从泰勒科学管理初始探索下行沟通开始，管理沟通理论的发展历程主要经历了从研究"行政沟通"，向研究"人际沟通"发展；从以"纵向沟通"研究为主，向以"横向沟通"研究为主，进而向以"网络化沟通"研究为主发展；从以研究"单一的任务沟通"为主，向"全方位的知识共享沟通"研究发展等一系列过程。

20 世纪 80 年代以来，管理思想随世界经济政治的变化发生了重大的转变，管理沟通理论的研究也遇到新的挑战，主要表现为信息网络技术在沟通中的应用，学习型组织及知识型企业的建立等。伴随现代管理理论呈现出的管理理念更加人性化、知识化，管理组织虚拟化，组织结构扁平化，管理手段和设施网络化，管理文化全球化等总体趋势，管理沟通理论也出现了企业流程再造沟通趋势、管理更加柔性化的文化管理沟通趋势、知识管理沟通趋势、网络经济和全球经济一体化的管理沟通的国际化趋势。

精准营销的直接沟通，使沟通的距离达到了最短，强化了沟通的效果。

4. 反应原理

（1）精准营销关心客户细分和客户价值。

精准营销的 CRM 体系强调企业与客户之间的"关系"的管理，而不是客户基础信息的管理。关心客户"关系"存在的生命周期，客户生命周期（customer life cycle）包括客户理解、客户分类、客户定制、客户交流、客户获取、客户保留等阶段。管理大师彼得·德鲁克说："企业的最终目的，在于创造客户并留住他们。"一个完善的 CRM 应该将企业作用于客户的活动贯穿于客户的整个生命周期。

而以前的大多数营销理论和实践，往往集中在如何吸引新的客户，而不是客户保留方面，强调创造交易而不是关系。当前，企业争夺客户资源的竞争加剧，而客户总体资源并没有明显增长。在这种情况下，实现客户保留无疑是企业最关心、最努力要实现的工作。

（2）精准营销关心客户忠诚度。

客户理论的重点在于客户保留。客户保留最有效的方式是提高客户对企业的忠诚度。商业环境下的客户忠诚（customer loyalty）可被定义为客户行为的持续性。客户忠诚是客户对企业的感知（perception）、态度（attitude）和行为（behavior）。它们驱使客户与企业保持长久（long-term）的合作关系而不流失到其他竞争者那里，即使企业出现短暂的价格上或服务上的过失。客户忠诚来源于企业满足并超越客户期望（expectation）的能力，这种能力使客户对企业产生持续的客户满意。所以，理解并有效捕获到客户期望是实现客户忠诚的根本。

① 胡华江，杨甜甜. 商务数据分析与应用［M］. 北京：电子工业出版社，2018：158.

（3）精准营销着重于客户增值和裂变。

物理学关于链式反应是这样解释的：铀核裂变时，同时放出 $2 \sim 3$ 个中子，如果这些中子再引起其他铀核裂变，就可以使裂变反应不断地进行下去，这种反应叫作链式反应。

我们把物理学的链式反应引入对精准营销的研究。精准营销形成链式反应的条件是对客户关系的维护达到形成链式反应的临界点。这种不断进行的裂变反应使企业低成本扩张成为可能。

多米诺骨牌是一种非常古老的游戏。人们按照自己的意愿将骨牌码成千奇百怪的图形，调整好骨牌间的位置，然后只需轻轻弹动手指，推倒第一张牌，后面的骨牌便会一个接一个地倒下去，并且推动他的"邻居"。

精准营销的思想和体系使顾客增值这种"链式反应"会不断地进行下去，并且规模越来越大，反应越来越剧烈。

（二）运作方法

1. 企业的目标是什么？

企业的目标就是赚钱。企业使用网络营销的目标也是赚钱，或者说找到客户把产品或服务卖出去，这个似乎太容易回答了。真的这么简单吗？显然不是，这个是最终目标。很多企业在实际操作时，一窝蜂做搜索引擎优化（SEO），接着发现网站策划很重要就丢了 SEO，做好了网站又没有订单，投入精准营销又丢了策划，最后发现又要加强 SEO 了。

2. 自己的客户在哪里？

没有哪家企业要去做所有的产品/服务，甚至某一类的产品/服务的市场也不可能全做，那么谁是目标客户呢？网络营销首先要进行市场细分，先找到目标客户，分析其分布特征、信息来源和购买倾向，然后针对性考虑营销推广方式。

3. 用什么办法去吸引客户？

企业可用的网络推广方式太多了，并且每一种都可以达到一定的效果，但如果企业全面投入其中，公司就要极具实力且运气极好，又或者只是推广一下企业形象。推广就是要吸引目标客户，所以推广方式一定要精选一两种，集中精力、人力和财力重点突击，只有等到现有的方式达到预期效果并能保持后，才考虑适当加入新的其他方式。

4. 如何让客户决定选择你？

企业形象展示出来了，产品/服务信息传递到目标客户并且从点击量上得到证明了，接着，如何让客户感觉非你不可呢？告诉客户这里的产品/服务最好、价格最实惠、售后服务最好、公司信誉良好，甚至可以告诉客户从哪里可以得到证明，例如自己的重点客户，一句话"舍我其谁"，让客户下定决心选择企业的产品/服务。

让客户准备购买企业的产品/服务不是最终目的，还需要确保购买率，以及回头率和推荐率。在这个竞争激烈的市场，企业必须比客户想得再多那么一点点儿，这样才能做到真正的精益求精，而不是关上门自我感觉良好。企业通过网络营销，及时和迅速地收集客户的想法和意见建议，并根据相关信息提供更多更好的产品和服务，形成公司的品牌效应，这样才能将网络营销的效果长期保持并不断提高。

（三）营销效果评估

营销效果是营销活动对消费者所产生的影响。狭义的营销效果指的是营销活动取得的经济效果，即营销达到既定目标的程度，就是通常所包括的传播效果和销售效果。从广义上说，营销效果还包含心理效果和社会效果。营销活动的心理效果是指营销活动对受众心理认知、情感和意志的影响程度，是营销活动的传播功能、经济功能、教育功能、社会功能等的集中体现。营销活动的社会效果是指营销活动对社会道德、文化教育、伦理、环境的影响。良好的社会效果也能给企业带来良好的经济效益。营销效果评估一般通过对预设的关键绩效点（KPI）［如 ROI（投资回报率）、CPA（每次动作成本）、转化率、回购率等］进行考察，进而评价营销活动的经济效果。

结语：

客户分析就是根据客户数据来分析客户特征、评估客户价值，从而为客户制订相应的营销策略与资源配置计划。本节主要从客户行为分、客户价值分析以及精准营销与效果评估三个方面对客户进行分析。

案例解析

RFM 模型分析用户的购买行为

> RFM 模型是衡量客户价值和客户创利能力的重要工具和手段，广泛应用于各类客户关系管理系统，该模型通过一个客户的近期购买行为、购买的总体频率以及花费三项指标来描述该客户的价值状况。

如果不结合具体行业、具体产品、具体活动来看，以下三个假设似乎是成立的，但是一旦具体讨论就会发现，很多场景不满足这三个假设。因此，单纯讲 RFM，不结合产品、活动，是很容易出问题的。

R 值：用户离开得越久就越有流失风险。

（1）如果是服装这种季节性消费品，用户间隔 2~3 个月再次购买是很正常的。

（2）如果是手机、平板这种新品驱动产品，购买间隔时间基本跟着产品更新周期走。

（3）如果是家居、住房、汽车这种大件耐用品，R 值就没有参考意义，用户可能一辈子只买几次。

（4）如果是预付费、后刷卡的模式，R 值的意义就不存在了，需要用核销数据代替。

所以 R 值不见得完全代表了用户有流失风险，特别是现在有了埋点数据以后，用户互动行为更能说明问题。

F 值：用户频次越高越忠诚。

（1）如果用户消费是事件驱动的，比如赛事、节假日、生日、周末。

（2）如果用户消费是活动驱动的，比如只在有优惠活动的时候买。

（3）如果用户消费是固定模式的，比如买药的用量就是30天。

以上情况都会导致F值不固定，可能是随机产生的，也可能是人为操纵的。

很多企业僵硬地执行RFM模型，往往会定一个固定的F值，比如促使用户买4次，因为从数据上看买了4次以上的用户就很忠诚；其结果就是引发用户人为拆单，最后F值做上去了，利润掉下来了。

M值：用户买得越多越有价值。

（1）如果用户是图便宜，趁有折扣的时候囤货呢？

（2）如果用户买了一堆，已经吃腻了、用够了呢？

（3）如果用户买的是耐用品，买完这一单就够用十几二十年呢？

（4）如果用户消费本身有生命周期，比如母婴、游戏，已经到了生命周期末尾呢？

很多情况下，用户过去买得多，不代表未来买得多，这两者不画等号；因此真看到011、001、101的客人，别急着派券，弄明白到底出了啥问题才是关键。

除了单独维度的问题外，三个维度连起来看，也容易出问题。因为很多公司的用户结构不是金字塔形，而是埃菲尔铁塔型——底部聚集了太多的不活跃用户，且不活跃用户大多只有1单，或者只有几次登录便流失。因此RFM按8分类实际划分出来，可能000的用户比例特别多。

这意味着现有存活的用户，可能是幸存者偏差的结果，现有的111不是000的未来。要更深层次地分析为啥会沉淀大量不活跃用户，甚至从根上改变流程，才能解决问题；要真按照RFM生搬硬套，可能就把业务带到死胡同里了。

回顾总结

知识总结：

把本节课的知识梳理汇总成流程图，如图6.10所示。

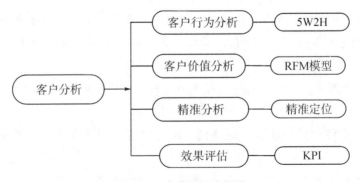

图6.10　本节知识流程图

思维导图：

整理本节课所学知识点，补充下方思维导图（如图 6.11 所示），管理你的知识。

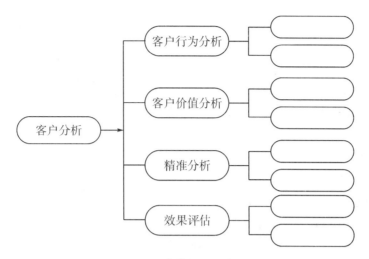

图 6.11　本节知识思维导图

项目检测

一、单项选择题

1. 以下不属于搜索排序机制的是（　　　）。

    A. 用户引导 　　　　　　　　　　 B. 搜索词拓展

    C. 搜索词拆解 　　　　　　　　　 D. 内容重定向

2. 拆解拓展是搜索系统根据对用户输入关键词进行拆解之后，对（　　　）的改写和拓展，以此来获得更丰富、体验更好的搜索结果。

    A. 品牌词 　　　　　　　　　　　 B. 长尾词

    C. 属性词 　　　　　　　　　　　 D. 核心词

3. 一家企业进行推广计划的地域设置的时候，设置了只有江苏 IP 消费者才有机会看到推广商品，以下能看到推广信息的是（　　　）。

    A. 江苏人在北京居住 　　　　　　 B. 江苏附近省市

    C. 坐高铁路过江苏 　　　　　　　 D. 北京人在淘宝上购买江苏特产

4. 下列选项中，不属于客户行为分析方法中"5W2H"的是（　　　）。

    A. 客户购买了什么？ 　　　　　　 B. 客户如何购买？

    C. 顾客的基本特性是什么？ 　　　 D. 客户花多少钱购买？

5. 一般情况下，下列各项客户分析指标中不属于 RFM 指标的是（　　　）。

    A. 消费时间间隔 　　　　　　　　 B. 消费频率

    C. 消费金额 　　　　　　　　　　 D. 客户购买的原因

6. 以下各项中不是客户画像 PERSONAL 八要素的是（　　）。

    A. 低价值用户　　　　　　　　　　B. 同理性

    C. 真实性　　　　　　　　　　　　D. 用户的基本特性

7. 下列选项中，客户行为分析的基本框架"5W1H"与"6O"对应正确的一组是（　　）。

    A. 市场需要什么——购买目的是什么　　B. 购买者是谁——购买场合

    C. 购买者是谁——购买组织　　　　　　D. 何时购买——有关产品是什么

8. 营销效果评估一般通过对预设的关键绩效点 KPI、CPA 等进行考察，以下不是 CPA 影响因素的是（　　）。

    A. 转化成本　　　　　　　　　　　B. 回购率

    C. 广告投放量　　　　　　　　　　D. 转化率

二、简答题

1. 什么是"5W2H"分析方法？

2. 简述用户画像的"PERSONAL"八要素。

三、论述题

结合本章所学的客户分析相关知识，论述"如何进行客户访问量分析"。

项目 7

经营与销售数据分析

经营和销售数据分析是商务运营分析的重要内容，对经营和销售数据进行分析，能够更好地掌握市场需求情况，提升供应链效率，更好地对企业经营效果进行评估，为后续营销策略确定提供支撑。

项目 7 课件

任务 7-1　流量分析

任务导入

任务　对某店铺"双 11"活动店铺流量进行分析

实训情境：

流量分析是商务运营分析的重要内容之一，如何利用科学的分析工具对流量进行分析，对保证流量的稳定性、提高流量转化率具有重要意义。商务数据分析员在进行流量分析前，需要做好项目规划，根据公司当前流量分析目标，确定需要准备的各项材料，并通过各个途径收集材料并整理材料。一切准备妥当之后，分析员再根据数据特征进行分析、展示并对结果进行分析，最终完成流量分析报告。

根据岗位实训内容，我们可提炼出典型实训活动，具体如下：

（1）数据整理；

（2）数据展示；

（3）数据分析。

学习目标：

知识目标：（1）了解流量的来源；

（2）掌握流量转化的计算。

技能目标：（1）能够通过流量趋势分析、转化分析剖析流量的影响因素；

（2）能够以流量分析为公司经营决策提出有效策略。

思政目标：培养数据敏感度和商业嗅觉。

学习导图：

实训任务

实 训 任 务 书

任务名称：＿＿＿＿＿＿＿＿＿＿＿＿＿＿＿＿＿

任务功能：＿＿＿＿＿＿＿＿＿＿＿＿＿＿＿＿＿

典型实训任务：＿＿＿＿＿＿＿＿＿＿＿＿＿＿＿

实训任务	对某店铺的流量数据进行分析			
任务成员			指导教师	
任务描述	对某店铺的流量数据进行分析，通过此活动的实践，学生能够了解流量的来源，掌握流量转化的计算；能够通过流量趋势分析、转化分析剖析流量的影响因素；能够为公司经营决策提出有效策略			
实训目标	目标（O）		进行流量分析，公司经营决策提出有效策略	
	关键成果	关键成果 1（KR1）	完成数据的收集与整理	
		关键成果 2（KR2）	完成数据的可视化展示	
		关键成果 3（KR3）	对图表进行分析并得到结论	
实训职责	·负责数据的真实性 ·确保数据的有效展示			
实训内容	①收集数据	②整理数据		③展示数据
	④分析数据			
实训难度	√ 简单	□一般	□较难	□困难
完成确认	序号	检查事项		教师签名
	1	对本实训的任务要求是否明确		
	2	是否准备好了数据的获取资源		
	3	是否已对收集来的数据进行整理		
	4	是否根据数据的特征和分析要求选择合适的数据图表		
	5	是否已完成数据的分析		
	6	是否已得出相关结论		
	7	是否根据结论给出对应解决方案		

注意事项：

1. 请严格按照实训任务内容要求实践，不得随意更改实训流程。

2. 完成实训内容后，请进行清单检查，完成请打钩。

学生签名：

情境描述

某店铺是一家线上服装店，店铺老板了解每个月的流量情况和流量来源情况，但是该店铺老板并不清楚如何分析，请为该店铺选择合适的分析指标，并进行流量趋势分析和流量结构分析，得出结论并给出建议。

实训计划

对企业典型实训活动进行提取，并辅以学习知识点，组成新型实训计划。

实训流程图如图 7.1 所示。

（备注：实训流程图上方为该环节所需知识点，下方为项目实践活动。）

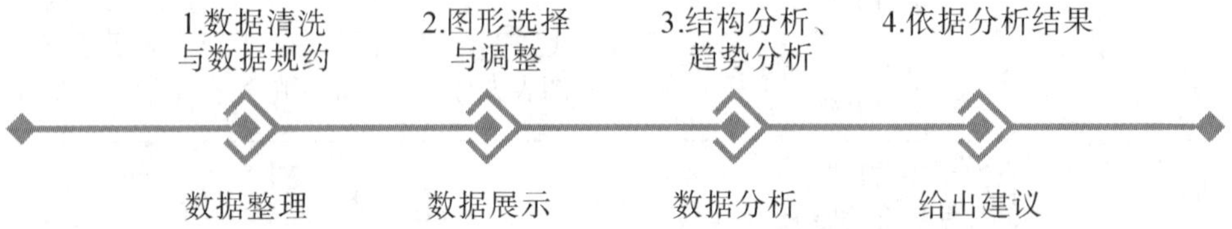

1.数据清洗与数据规约	2.图形选择与调整	3.结构分析、趋势分析	4.依据分析结果
数据整理	数据展示	数据分析	给出建议

图 7.1 实训流程图

典型实训活动一：数据整理

实训要点 1：数据清洗

实训要点 2：数据规约

实训任务：根据分析的目标要求，对数据进行整理，便于后续展示和分析。

典型实训活动二：数据展示

实训要点 1：选择合适的图形

实训要点 2：图形的调整

实训任务：根据分析目的和数据特征，选择合适的图形，调整图形使其美观。

典型实训活动三：数据分析

实训要点 1：分析图形

实训要点 2：得到结论

实训任务：分析图形并得到结论。

典型实训活动四：给出建议

实训要点：提出建议

实训任务：根据分析结论给出相应建议。

学习目标

本实训的学习目标如表 7.1 所示。

表 7.1　学习目标

难度	序号	任务内容
初级	1	数据整理
	2	选择合适的图形，数据展示
	3	分析图形并得到结论
	4	根据分析结论给出相应建议
中级		
高级		

知识讲解

任务　如何进行流量分析

一、流量分析概述

互联网的商业模式千变万化，但其盈利模式目前大抵可以分为以下三种：向用户出售商品或服务，其中电商和 O2O 就属于这种模式；靠广告盈利，典型的如 google、百度以及其他平台类互联网公司；直接向用户收取费用，目前游戏公司大都属于这种模式。

电商公司和 O2O 类公司主要是通过向用户出售商品和服务的模式来盈利，公司的收入是由一个个订单堆积出来的，其收入状况可通过订单状况得以体现。订单是由用户购买相关的商品或服务而产生的，用户和商品或服务是订单的两大基本元素，公司收入的下降、增长、异常最终都可以追踪到用户与商品这两大元素上。而公司收入、订单都是由用户消费所产生的，用户的消费流程可以划分为以下四个阶段：引流、转化、消费、留存。我们所希望的理想情况就是大量的用户进来并且产生消费，并且持续地产生消费。然而现实一般和我们期望看到的情况相差甚远，我们能做的，就是对这些数据进行分析，找到流量背后的影响因素，根据数据情况进行策略调整，实现精准营销，缩短现实与理想情况之间的距离。

我们一般将用户分为新用户和老用户，无论新老用户，我们都会关心两个内容，一个是引流（拉新），另一个是转化，最终都是以数据的形式体现出来的，即流量与转化率。这里的流量是指网站或者店铺的访问量，是用来描述一个网站或者店铺访问数量以及用户所浏览的网页数量等指标。网站流量统计指标包括独立访问者数量（unique visitor，简称 UV）、重复访问者数量（repeat visitor，简称 RV）、页面浏览数（page view，简称 PV）、每个访问者的页面浏览数（page view per user，简称 PVPU）。本部分主要对独立访问者数量（UV）进行分析，但需要指出的是，并不是所有的流量都是优质的流量，流量的获取只是促成销售的第一步，而流量的优劣需要结合流量的转化一起分析。

二、流量的来源

（一）站内流量

1. 淘内免费流量

（1）搜索流量与类目流量。从此渠道获得的流量，转化率和回头率均较高。自然搜索流量的主要因素有商品的相关性、上下架时间、商品的最高权重、DSR 评分、人气排名、转化率、收藏量、成交量、回头客等。

（2）淘宝免费流量渠道：手淘搜索、淘内免费其他、手淘淘抢购。

（3）免费促销活动渠道：淘金币、淘抢购、淘宝试用、淘宝清仓、天天特价等。阿里旺旺的非广告流量：店铺街、淘宝画报、淘宝街掌柜说、淘宝专辑、新品中心、试用中心、淘抢购、淘女郎、淘宝婚庆、淘宝清仓、拍卖会、喵鲜生、阿里飞猪、积分俱乐部、淘宝足迹、淘宝论坛、淘宝帮派等。免费流量占比高，代表商家的 SEO 标题优化做得不错，店铺的评分、商品的排名都很好。

> SEO 是 search engine optimization 的简称，中文为搜索引擎优化，指通过采用易于搜索引擎索引的合理手段，使网站各项基本要素适合搜索引擎的检索原则，对用户更友好（search engine friendly），从而更容易被搜索引擎收录及优先排序，从而为网站带来流量。

2. 淘内付费流量

淘内付费流量是指卖家通过付费方式获得的流量，它们在店铺流量中占比越大就意味着商家的成本越高，因此在使用这些流量前一定要明确引入流量的目的，做好推广策略，做好价值估算。付费浏览的特点是容易获取、精准度高。淘内付费流量是店铺浏览不可缺少的一部分，来源主要是直通车、聚划算、淘宝客和钻石展位。

（1）直通车。

直通车是按点击付费（CPC）的效果营销工具。与搜索关键词相匹配，商家的商品出现在搜索页的显眼位置，优先排序，点击付费。出价越高，店铺搜索排名就会越靠前，而要通过高排名实现高转化率，其前提是商品的其他优化细节都做得比较到位。

（2）聚划算。

聚划算是阿里巴巴旗下的团购网站，有品牌团、聚名品、聚设计、聚新品等新业务频道。聚划算的基本付费模式是"基础费用+费率佣金"。

（3）淘宝客。

淘宝客是按成本计费（CPS）的推广模式。其属于效果类广告推广，卖家无须投入成本，在实际的交易完成后卖家按一定的比例向淘宝客支付佣金，没有成交就没有佣金。淘宝客推广由淘宝联盟、淘宝卖家、淘宝客、淘宝买家四种角色合作完成。

（4）钻石展位。

钻石展位是按展现收费（CPM）的推广方式。展现位置有淘宝首页、类目首页、门户、画报等多个淘宝站内广告展位，以及大型门户网站、垂直媒体、视频站、搜索引擎等淘外各类媒体广告展位。钻石展位可做单品推广和店铺推广。

（二）站外流量

站外流量是指访客从淘宝以外的途径点击链接进入店铺所产生的流量，随着淘宝对店铺站外的流量越来越重视，获取更多站外流量也逐渐成为卖家关注的焦点。

站外流量主要来自各大知名网站，如百度、360搜索、抖音、搜狗、1688批发平台、新浪微博、美丽说、蘑菇街、小红书、爱奇艺、折800、有道等。

站外流量来源根据内容可以细分为影视、军事、娱乐、教育、社交等，卖家需要根据店铺风格进行选择，如果是经营时尚品类的店铺就比较适合新浪微博、抖音等站外资源位，因为该类网站面向的群体大多是年轻人。而像些男装店铺就比较适合中华网、凤凰网等站外资源位，因为该类网站面向的群体男性较多，经济实力比较强，购买力比较强。

站外流量大，代表商家在淘宝站外做的推广多。由于站外流量转化率往往比较低，如果占比过大，容易造成转化率下降的后果。而转化率降低又会影响店铺的综合评分，导致商品搜索权重下降。

（三）无线流量

移动互联网时代来临，消费者会更多地选择用手机购物，流量也因此变得更加碎片化，商家的流量主战场也因此转移到了移动端上。当前无线流量已经成为流量来源的主要载体，无线流量即手机端的流量。在淘宝的很多类目中，无线访客占比达到80%甚至更高。

无线端自然搜索排序的各个影响因素中，销量权重最大。店铺要提高无线端自然搜索排名，需要设置手机专享价，以此获得搜索加权。若店铺在无线端没有产品拥有搜索容量大的关键词排位，则其可以采用优惠等方式引导客户从PC端首页扫码进入无线端购买。若店铺在无线端有产品拥有搜索容量大的关键词排位，则其可以设法保持该商品的日常点击量与转化率，从而稳定该商品无线端的流量引入。

其具体方法有通过淘抢购活动引入大量流量进行销售，增加该单品销售数量，稳定该单品无线端的流量引入，或者通过无线端钻石展位转化、无线端直通车转化、微淘定期推送信息与微淘特定优惠吸引已关注店铺品牌以及收藏过店铺的客户进行购买，从而提升该单品销售。

有了流量数据，接着我们需要分析店铺的流量是否健康，访客的行为特征是怎样的，各个渠道获得的流量质量如何。如果店铺发现某个渠道获得的流量存在问题，则应进一步分析影响该流量的相关因素。

三、流量分析的主要内容

（一）流量趋势分析

流量趋势分析即检测流量变化趋势，可以是日流量趋势，也可以是月流量趋势，还可以是更长周期的流量趋势。店铺通过观察流量规律，有助于其进行活动安排、服务调整或是活动效果的评估。流量分析可以从横向角度，比较不同时间段流量变动情况，从而发现问题，也可以从纵向研究一个时间段内流量的变化情况。

（二）流量转化分析

在电商运营的过程中，流量的获取只是第一步，而后转化为收藏、购买、支付或者最终买家确认收货的状态，才是获得流量的目的[①]。对流量转化的研究是促成交易成交的关键点所在，如何一步步吸引消费者的眼球、博得消费者的兴趣、突破消费者购买心理的最后一道防线，是电商业务成功的重要研究内容。对转化进行分析，通常是分析其背后影响转化的因素，从而对这些因素进行调控，促使转化率提高。有可能对转化产生影响的因素有千千万万，其中包括但不限于流量来源、地域、用户属性、关键词、产品质量、品牌、形象、推广力度等。对转化进行分析，通常通过下面三个维度来进行：

$$收藏转化率 = 收藏人数 \div 流量 \times 100\% \tag{7.1}$$

$$加购转化率 = 加购人数 \div 流量 \times 100\% \tag{7.2}$$

$$支付转化率 = 支付人数 \div 流量 \times 100\% \tag{7.3}$$

案例解析

对某店铺 2020 年"双 11"活动的流量进行分析

"双 11 购物狂欢节"源于淘宝商城（天猫）2009 年 11 月 11 日举办的网络促销活动，当时参与的商家数量和促销力度有限，但营业额远超预想的效果，于是每年 11 月 11 日成为天猫举办大规模促销活动的固定日期。"双 11"已成为中国电子商务行业的年度盛事，并且逐渐影响到国际电子商务行业。2020 年天猫"双 11"全球狂欢季成交额 4 982 亿元，同比增长 24%，订单创建峰值达 58.3 万笔/秒，流量大到惊人。

对某店铺"双 11"活动的流量进行分析。

步骤一：分析目标

（1）分析买家购物时间偏好，为活动推送时间提供参考；

（2）分流流量结构，优化活动推动渠道。

步骤二：实施准备

（1）设置查看日期和流量入口；

（2）从"生意参谋"下载数据。

---

① 吴洪贵，等. 商务数据分析与应用［M］. 北京：高等教育出版社，2020：145.

步骤三：任务实施

对流量数据进行整理，如表 7.2 所示；店铺流量来源如表 7.3 所示。

表 7.2　某店铺 2019 年与 2020 年"双 11"店铺流量数据

时间段	2020 年流量/人	2019 年流量/人
00:00~01:00	1 406 578	1 287 695
01:00~02:00	2 127 002	1 145 809
02:00~03:00	87 986	98 791
03:00~04:00	76 823	23 794
04:00~05:00	54 387	16 787
05:00~06:00	89 012	17 399
06:00~07:00	350 898	128 657
07:00~08:00	390 645	258 803
08:00~09:00	434 871	237 980
09:00~10:00	276 094	193 914
10:00~11:00	207 659	67 890
11:00~12:00	189 513	78 903
12:00~13:00	497 435	132 459
13:00~14:00	578 763	143 038
14:00~15:00	335 687	90 892
15:00~16:00	234 890	87 285
16:00~17:00	382 178	65 312
17:00~18:00	438 795	78 294
18:00~19:00	556 438	92 804
19:00~20:00	675 891	326 408
20:00~21:00	564 382	567 807
21:00~22:00	545 670	813 784
22:00~23:00	857 877	943 812
23:00~24:00	980 453	1 098 556

表 7.3　店铺流量来源

流量来源	访客数	下单买家数
淘内免费	1 403 586	26 668
自主访问	2 543	203
付费流量	449	7

步骤四：数据可视化与结果分析

首先将数据导入 Excel，选中数据后，在插入图表处选择合适的图表类型，为了看清流量走势，使用折线图，如图 7.2 所示。为了对比 2020 年与 2019 年的流量情况，选用条形图，如图 7.3 所示。

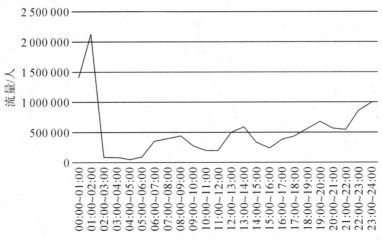

图 7.2　某店铺"双 11"当天店铺流量走势

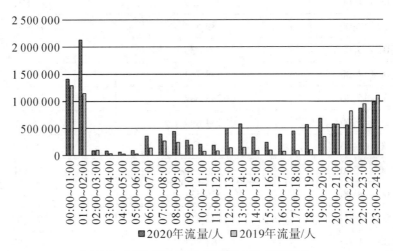

■2020年流量/人　□2019年流量/人

图 7.3　2020 年与 2019 年"双 11"流量对比

为了判断流量来源的结构和流量质量，计算各个流量来源转化率并绘制饼状图，如表 7.4 和图 7.4 所示。

表 7.4　店铺流量来源转化

流量来源	访客数/人	下单买家数/人	下单转化率/%
淘内免费	1 403 586	26 668	1.90
自主访问	2 543	203	7.98
付费流量	449	7	1.56

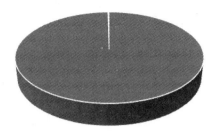

·淘内免费 ·自主访问 ·付费流量

图7.4　流量结构图

根据以上分析，我们可以得到以下结论：

（1）受到"天猫"平台活动时间的影响，流量在00:00~01:00达到顶峰，而凌晨03:00~05:00，流量降到最低。一方面是因为买家计划购买的商品已经购买并完成尾款付款；另一方面是因为商家前1小时秒杀，前两小时折上折等大力度的促销活动也已经结束。此外，夜深了买家也需要休息。随着太阳的升起，买家又开始活跃起来，主要是在上班之前、中午吃饭休息时间、下班后以及"双11"活动结束前2个小时。可见，消费者的作息时间影响到流量的趋势。

（2）相较于2019年"双11"活动，2020年店铺流量明显增大，特别是01:00~02:00这个时间段。其他时间段流量趋势是相近的，在非睡觉、非上班时间流量有所增加，下班后随着"双11"活动接近尾声，流量逐渐增加。但一个有趣的现象是，2019年20:00~24:00的时间段流量超过了2020年相应时间段的流量。这其实与2020年天猫"双11"活动时间有很大的关系。2019年，"双11"活动仅2019年11月11日当天1天，而2020年增加了2020年11月1、2、3日，因此2020年"双11"活动接近尾声时，流量反而没有2019年的流量大。

（3）店铺流量主要来自淘内免费，自主访问和付费流量占比极低。淘内免费流量虽高但转化率比较低，尽管如此，淘内免费仍是订单的主要渠道。自主访问流量虽然不大，但转化率高。而付费流量尽管是付费了，但是流量比较低且转化率不高，店铺需要进一步分析转化率低的原因。

回顾总结

知识总结：

把本节课的知识梳理汇总成流程图，如图7.5所示。

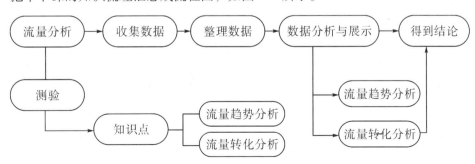

图7.5　本节知识流程图

思维导图:

整理本节课所学知识点，补充下方思维导图（如图 7.6 所示），管理你的知识。

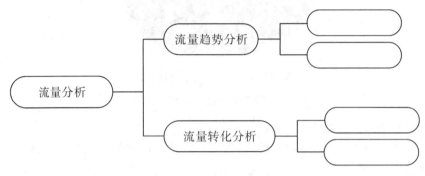

图 7.6 本节知识思维导图

实训作业

活动 对某店铺流量数据进行分析

>>> **工作目标**

对某店铺流量数据进行分析，通过此活动的实践，学生应当能够独立完成店铺流量趋势分析，会计算流量转化率，并对流量转化情况进行分析。

>>> **工作实施流程**

工作实施流程如图 7.7 所示，服装销售数据如表 7.5 所示，店铺大促活动淘内免费流量如表 7.6 所示。

图 7.7 工作实施流程

表 7.5 服装销售数据

时间	访客数/人	时间	访客数/人
2018-2-1 0:00	43	2018-3-1 0:00	44
2018-2-2 0:00	46	2018-3-2 0:00	40
2018-2-3 0:00	42	2018-3-3 0:00	42
2018-2-4 0:00	42	2018-3-4 0:00	44
2018-2-5 0:00	43	2018-3-5 0:00	43
2018-2-6 0:00	36	2018-3-6 0:00	43
2018-2-7 0:00	43	2018-3-7 0:00	44
2018-2-8 0:00	40	2018-3-8 0:00	45
2018-2-9 0:00	38	2018-3-9 0:00	47
2018-2-10 0:00	37	2018-3-10 0:00	49

表7.5(续)

时间	访客数/人	时间	访客数/人
2018-2-11 0:00	37	2018-3-11 0:00	47
2018-2-12 0:00	38	2018-3-12 0:00	46
2018-2-13 0:00	39	2018-3-13 0:00	42
2018-2-14 0:00	36	2018-3-14 0:00	46
2018-2-15 0:00	31	2018-3-15 0:00	44
2018-2-16 0:00	34	2018-3-16 0:00	44
2018-2-17 0:00	39	2018-3-17 0:00	46
2018-2-18 0:00	36	2018-3-18 0:00	45
2018-2-19 0:00	36	2018-3-19 0:00	44
2018-2-20 0:00	38	2018-3-20 0:00	40
2018-2-21 0:00	41	2018-3-21 0:00	44
2018-2-22 0:00	42	2018-3-22 0:00	44
2018-2-23 0:00	44	2018-3-23 0:00	44
2018-2-24 0:00	41	2018-3-24 0:00	46
2018-2-25 0:00	40	2018-3-25 0:00	47
2018-2-26 0:00	43	2018-3-26 0:00	47
2018-2-27 0:00	44	2018-3-27 0:00	41
2018-2-28 0:00	43	2018-3-28 0:00	47
		2018-3-29 0:00	40
		2018-3-30 0:00	41

表 7.6　店铺某日大促活动淘内免费流量

流量来源	访客数/人	下单买家数/人
手淘搜索	1 345 675	22 827
手淘拍立淘	13 786	1 032
淘内免费其他	11 283	889
手淘首页	9 877	640
手淘找相似	8 365	350
手淘其他店铺商品详情	4 356	342
手淘问大家	2 107	233
手淘旺信	1 789	157
手淘我的评价	1 676	66
手淘消息中心	1 535	45
手淘微淘	1 330	40
手淘其他店铺	891	29
手淘我的足迹	560	17
手淘扫一扫	356	3

>>> **活动要求**

1. 根据实践任务要求，完成店铺流量数据分析。

2. 在工作实施过程中，学生可自由查阅资料或向老师求助。

3. 在规定时间内完成任务，超时则视为未完成任务，不予评分。

请先下载"参考资料"，根据实训步骤演示，在"答题卡"中完成任务。

请在下框中填写你在活动过程中遇到的问题。
·
·
·

>>> **任务实践**

请根据活动步骤流程，对服装销售数据、流量数据进行展示分析，并将完成过程体现在下方表格中。

>>> **检查清单**（见表 7.7）

表 7.7　检查清单

序号	检查事项	是否完成
1	对本实训页的任务要求是否明确	
2	是否能够根据数据特征选择数据分析图表类型	
3	是否会作图并对图表进行修饰完善	
4	是否能根据分析得到结论	
5	是否达成本次任务的实训目标	

表7.8 任务评价表

评价类别	评价内容	分值	教师评分
知识与技能	掌握店铺流量分析技能	60	
情感态度	课堂上积极参与，积极思考，勇于开口、动脑，发言次数多	20	
	小组协作交流情况：小组成员间配合默契，彼此协作愉快，互帮互助	20	

任务7-2 商品分析

任务导入

任务 对某店铺的商品类目及商品SKU进行分析

实训情境：

每件商品都会放在具体的某个类目之下，但不同的类目会有不同的引流效果，现某一电商平台店铺要确定商品放置的最优类目以及商品SKU设置。商务大数据分析员在进行商品分析前，需要做好规划，罗列可能的商品类目，确定需要准备的各项材料，并通过各个途径收集并整理材料。一切准备妥当之后，分析员再根据数据特征进行分析、展示并对结果进行分析，最终完成竞争数据分析报告。

根据岗位实训内容，我们可提炼出典型实训活动，具体如下：

（1）数据整理；

（2）数据展示；

（3）数据分析。

学习目标：

知识目标：（1）了解商品分析定义；

（2）理解商品分析的维度。

技能目标：能够通过对商品类目分析和商品SKU分析，优化类目选定和库存管理。

思政目标：培养认真细致的工作态度。

学习导图：

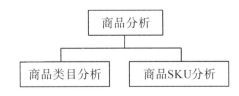

实 训 任 务 书

任务名称：_____

任务功能：_____

典型实训任务：_____

实训任务	对某店铺的商品类目和商品 SKU 进行分析			
任务成员			指导教师	
任务描述	本任务对某店铺的商品类目和商品 SKU 进行分析，通过此活动的实践，学生能够了解商品分析的定义，理解商品分析的维度；能够通过对商品的类目分析和商品 SKU 分析，优化类目选定和库存管理			
实训目标	目标（O）	进行商品分析，对公司经营决策提出有效策略		
	关键成果	关键成果 1（KR1）	完成数据的收集与整理	
		关键成果 2（KR2）	完成数据的可视化展示	
		关键成果 3（KR3）	对图表进行分析并得到结论	
实训职责	·负责数据的真实性 ·确保数据的有效展示			
实训内容	①收集数据 ②导入数据 ③展示数据 ④分析数据			
实训难度	□简单	√一般	□较难	□困难
完成确认	序号	检查事项		教师签名
	1	对本实训的任务要求是否明确		
	2	是否准备妥当数据的获取资源		
	3	是否已对收集来的数据进行整理		
	4	是否根据数据的特征和分析要求选择合适的数据图表		
	5	是否已完成数据的分析		
	6	是否已得出相关结论		
	7	是否根据结论给出对应解决方案		

注意事项：

1. 请严格按照实训任务内容要求实践，不得随意更改实训流程。

2. 完成实训内容后，请进行清单检查，完成请打钩。

学生签名：

◈ 情境描述

　　某电商平台店铺需要上新一款商品，目前该商品可以放在多个类目下面，但是店铺老板并不知道放在哪个类目下面最好。此外，老板还想要了解一下各个商品 SKU 的销售情况，以便为后续库存提供参考，请你为该店铺选择合适的分析指标，并进行商品分析，得出结论并给出建议。

▤ 实训计划

　　对企业典型实训活动进行提取，并辅以学习知识点，组成新型实训计划。
　　实训流程图如图 7.8 所示。
　　（备注：实训流程图上方为该环节所需知识点，下方为项目实践活动。）

   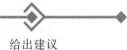

图 7.8　实训流程图

典型实训活动一：数据整理
　　实训要点 1：数据清洗
　　实训要点 2：数据规约

　　实训任务：根据分析的目标要求，对数据进行整理，便于后续展示和分析。

典型实训活动二：数据展示
　　实训要点 1：选择合适的图形
　　实训要点 2：图形的调整

　　实训任务：根据分析目的和数据特征，选择合适的图形，调整图形使其美观。

典型实训活动三：数据分析
　　实训要点 1：分析图形
　　实训要点 2：得到结论

　　实训任务：分析图形并得到结论。

典型实训活动四：给出建议
　　实训要点：提出建议

　　实训任务：根据分析结论给出相应建议。

🎓 学习目标

本实训的学习目标如表7.9所示。

表7.9 学习目标

难度	序号	任务内容
初级	1	数据整理
	2	选择合适的图形，数据展示
	3	分析图形并得到结论
	4	根据分析结论给出相应建议
中级		
高级		

知识讲解

任务　掌握商品分析

一、商品分析概念

商品分析的主要数据来自销售数据和商品基础数据，从而产生以商品结构为主线的分析思路。主要分析数据有商品的类别结构、SKU、品牌结构、价格结构、毛利结构、结算方式结构、产地结构等，从而产生商品广度、商品深度、商品淘汰率、商品引进率、商品置换率、重点商品、畅销商品、滞销商品、季节商品等多种指标。企业通过对这些指标的分析来指导其商品结构的调整，加强商品的竞争能力和合理配置。对于电商店铺，商品分析主要从商品类目和商品SKU两个维度展开。

二、商品分析的内容

（一）商品类目分析

商品分类是指根据一定的管理目的，为满足商品生产、流通、消费活动的全部或部分需要，将管理范围内的商品集合总体，以所选择的适当的商品基本特征作为分类标志，逐次归纳为若干个范围更小、特质更趋一致的子集合体（类目），例如大类、中类、小类、细类，直至品种、细目等，从而使该范围内所有商品得以明确区分与体系化的过程。

1. 商品的分类

商品分类依据是分类的基础。商品的用途、原材料、生产方法、化学成分、使用状态等是这些商品最本质的属性和特征，是商品分类中最常用的分类依据。

（1）按用途分类。

一切商品都是为了满足一定用途而生产的，因此商品的用途是体现商品使用价值的标志，也是探讨商品质量的重要依据，所以商品的用途被广泛应用于商品的研究、开发和流通。它不仅适合于商品大类的划分，也适用于商品种类、品种的进一步详细划分。

优点：按商品用途分类，便于比较相同用途的各种商品的质量水平和产销情况、性能特点、效用，能促使生产者提高质量、增加品种，并且能方便消费者对比选购，有利于生产、销售和消费的有机衔接。但其对贮运部门和有多用途的商品不适用。

（2）按原材料分类。

商品的原材料是决定商品质量和性能的重要因素，原材料的种类和质量不同，其成分、性质、结构也就不同，从而使商品具有截然不同的特征。选择以原材料为依据进行分类是商品的重要分类方法之一。此种分类方法适用于那些原材料来源较多、且对商品性能起决定作用的商品。

优点：以原料为标志进行分类的优点很多，它分类清楚，还能从本质上反映出各类商品的性能、特点，为确定销售、运输、储存条件提供了依据，有利于保证商品流通中的质量。但对那些用多种原材料组成的商品如汽车、电视机、洗衣机、电冰箱等，不宜用原材料作为分类标志。

（3）按生产方法分类。

很多商品即便采用相同的原材料，但由于生产方法不同，商品也具有不同的质量特征，从而形成不同的品种。

优点：按生产方法分类特别适用于原材料相同但可选用多种工艺生产的商品。因为生产方法、工艺的不同，突出了商品的个性，有利于销售和工艺的革新。但那些生产方法有差别但商品性能、特征无实质性区别的商品不宜采用。如平板玻璃可用浮法或垂直引上法。

（4）按化学成分分类。

由于商品中所含化学成分、种类和数量对商品质量、性能、用途等有着决定性的影响，故按化学成分分类便于研究和了解商品的质量、特性、用途、效用和储存条件，这是研究商品使用价值的重要分类方法。

有些商品，它们的主要成分虽然相同，但由于含有某种特殊成分，从而使商品的质量、性能和用途完全不同。因此商品的特殊成分也可用作分类的标志。如合金钢，主要的成分为铁，但由于合金元素种类不同，其用途、性质也不同。

优点：能反映商品的本质特性，对于深入研究商品的特性、保管方法和使用方法以及开发新品种、满足不同消费者的需要等具有重要意义，但对化学成分复杂的商品（如水果、蔬菜、粮食等）或化学成分区分不明显的商品（收音机）则不适用。

区别于商品基本分类方式，电商平台将商品按照消费者的衣、食、住、行、用分类，有服装类、鞋帽类、食品类、居家日用类、家具类、生活电器类、家纺类、手机数码类、美妆类等。按照消费者的需求层次划分，有基本生活用品类、享受品类和发展品类。按照消费者的性别，分为男士用品和女士用品。按照消费者的年龄阶段，分为儿童及婴儿用品类、青年用品类、中年用品类和老年用品类[①]。按照季节，分为春、夏、秋、冬。按照适用场合，分为商务、休闲、居家等。商品类目繁多，一级分类无法满足消费者的筛选需求。因此电商平台在一级类目下设置二级目录，二级类目下设置三级类目。比如一级类目"手机/数码/企业"下面分为手机、手机配件、通信服务、手机服务、数码配件等二级类目，在二级类目如手机下设有华为手机、苹果手机、VIVO 手机等三级类目。如图 7.9 所示。

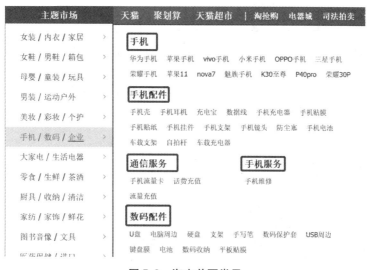

图 7.9　淘宝首页类目

在电商平台，每件商品都会放到某个类目下，商品类目在一定程度上会影响到商品流量大小及流量转化。因此，商品类目的选择会直接影响到商品的销售情况，这对店铺运营是非常重要的。

2. 商品类目分析内容

对类目进行分析，主要是分析同一个商品或者同一家店铺的商品，在不同的类目下面流量的差异、转化率的差异、销售总体效果的差异等指标。店铺通过对这些指标进行比较分析，从而选择较优的类目。

3. 商品类目分析方法

对商品的类目进行分析，我们通常采用以下方式：

（1）将商品有可能归类的类目列举出来。

（2）收集各个类目的销售指标，比如：访问人数、收藏人数、加购人数、支付人数、收藏转化率、加购转化率、支付转化率、支付金额等。

（3）按照类目的优先级支付金额、支付转化率、加购转化率、收藏转化率，对类目进行比较，找出最优类目。

收藏转化率、加购转化率、支付转化率，计算方法见公式（7.1）、公式（7.2）和公式（7.3）。

① 吴洪贵，等. 商务数据分析与应用［M］. 北京：高等教育出版社，2020：152.

（二）商品 SKU 分析

SKU（stock keeping unit）是库存量单位的英文缩写，即库存进出计量的基本单元，可以件、盒等为单位。对同一种商品而言，当其品牌、型号、配置、等级、颜色、包装容量、单位、生产日期、保质期、用途、价格、产地等属性中任一属性与其他商品存在不同时，都对应一个 SKU 号，称为一个单品。对于线上店铺而言，如果一款拖鞋有蓝色、红色和黑色 3 种颜色，那么该拖鞋就有 3 个 SKU。下面以珂拉琪（colorkey）空气唇釉丝绒哑光雾面口红为例进行展示，如图 7.10 所示，其中，丝绒空气唇釉 R601，SKU 为 3 627 件，丝绒空气唇釉 MQ277 SKU 为 3 082 件。

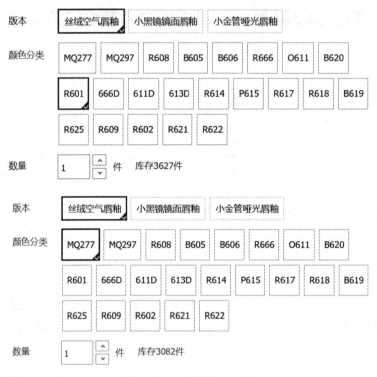

图 7.10　珂拉琪空气唇釉丝绒哑光雾面口红 SKU 示例

可见，商品的 SKU 分析是基于单品的维度进行分析，作为反应市场需求的指标，商品的 SKU 分析是最重要的分析之一。与商品类目分析方法相似，我们依然可以从支付金额、支付转化率、加购转化率、收藏转化率四个维度进行分析。当然，分析方法并不是唯一的。

案例解析

对某商品类目及 SKU 进行分析

商品数据分析对企业信息化越来越重要。业务系统给我们提供了大量的数据，但如何利用这些数据进行分析，并得到有价值的结果来指导企业的经营活动，是摆在所有企业面前的、需要不断探索的课题。商品放到哪个类目更利于销售，哪些商品 SKU 更受欢迎呢？请帮助某店铺进行商品分析。

步骤一：分析目标

（1）优选商品的类目；

（2）指定有利的SKU策略。

步骤二：实施准备

（1）列举商品可以归属的类目；

（2）罗列商品的SKU类型；

（3）从"生意参谋"下载相关数据。

步骤三：任务实施

对该商品在各类目的销售数据及各SKU的销售数据进行收集，如表7.10、表7.11所示。根据表7.11的数据计算商品SKU的支付转化率、加购转化率、收藏转化率，如表7.12所示。

表7.10 某商品在各类目的销售数据

指标	母婴	家居	户外	香水	驱虫	驱蚊	止痒
访问人数/人	35 467	30 601	29 978	27 992	27 778	25 678	24 099
收藏人数/人	930	488	325	334	645	1 108	423
加购人数/人	4 432	1 465	1 139	58	156	4 326	143
加购件数/件	6 545	4 320	2 312	60	219	8 769	3 098
支付人数/人	1 455	981	446	98	188	1 521	217
支付件数/件	1 589	1 078	665	106	217	1 998	321
支付金额/元	386 155	254 880	136 408	3 540	12 921	517 371	182 782
收藏转化率/%	2.62	1.59	1.08	1.19	2.32	4.31	1.76
加购转化率/%	12.50	4.79	3.80	0.21	0.56	16.85	0.59
支付转化率/%	4.10	3.21	1.49	0.35	0.68	5.92	0.90

表7.11 某商品各SKU销售数据

商品	访问人数/人	支付金额/元	支付件数/件	支付人数/人	加购件数/件	加购人数/人	收藏人数/人
无香型 50 ml	12 483	7 866	414	402	433	318	125
无香型 100 ml	42 896	27 335	781	775	864	556	336
无香型 200 ml	32 971	93 960	2 088	2 045	1 350	1 109	234
清香型 50 ml	8 979	5 586	294	241	323	221	621
清香型 100 ml	18 790	13 160	376	355	432	423	542
清香型 200 ml	21 273	2 870	486	479	551	375	976
浓香型 50 ml	3 133	16 188	852	779	876	324	762
浓香型 100 ml	12 134	12 810	366	351	428	123	417
浓香型 200 ml	1 097	1 575	35	35	36	57	89

表 7.12　某商品各 SKU 部分销售数据

商品	支付金额/元	支付转化率/%	加购转化率/%	收藏转化率/%
无香型 50 ml	7 866	3.22	2.55	1.00
无香型 100 ml	27 335	1.81	1.30	0.78
无香型 200 ml	93 960	6.20	3.36	0.71
清香型 50 ml	5 586	2.68	2.46	6.92
清香型 100 ml	13 160	1.89	2.25	2.88
清香型 200 ml	21 870	2.25	1.76	4.59
浓香型 50 ml	16 188	24.86	10.34	24.32
浓香型 100 ml	12 810	2.89	1.01	3.44
浓香型 200 ml	1 575	3.19	5.20	8.11

步骤四：数据可视化与结果分析

从支付金额分析商品类目和商品 SKU，绘制柱状体和折线图的结合图形，如图 7.11、图 7.12 所示。

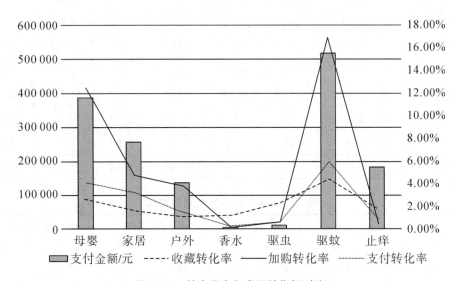

图 7.11　某商品在各类目的指标对比

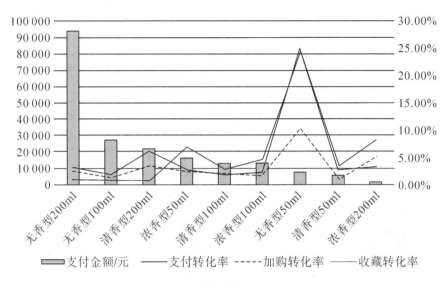

图 7.12　某店铺商品 SKU 分析

图 7.11 和图 7.12 是组合图形，由于支付金额和转化率数值上差异较大，支付金额取值范围在 0~100 000，而转化率取值范围在 0~1，若都选择条形图，则会导致转化率的图形显示不出，如图 7.13 所示。

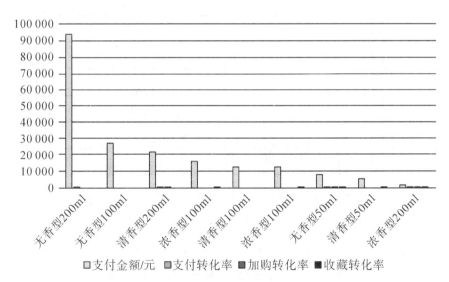

图 7.13　某店铺商品 SKU 分析（条形图）

因此，为了能更好地显示数据，我们选用组合图；将支付转化率、加购转化率、收藏转化率的图表类型选择折线图，并设置为次坐标，如图 7.14 所示；如果店铺更加关注转化率，可将支付金额设为次坐标，如图 7.15 所示。

项目 7　经营与销售数据分析

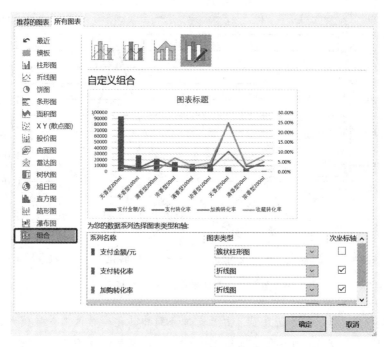

图 7.14　组合图设置

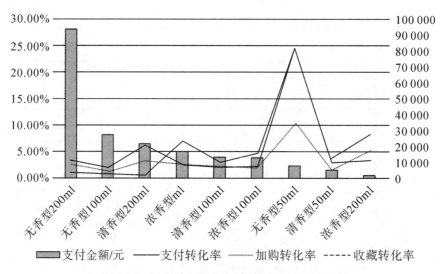

图 7.15　以支付金额为次坐标的商品 SKU 分析

根据以上分析和展示，我们可以得到以下结论：

（1）通过商品在各类目的指标对比，我们可以发现，无论是从支付金额还是支付转化率、加购转化率、收藏转化率来看，驱蚊都是最优的选择；

（2）对于商品 SKU 分析，我们发现支付金额的高低与转化率的高低不完全同步；

（3）无香型 200 ml 虽然支付转化率、加购转化率、收藏转化率都很低，但支付金额明显高于其他商品，无香型 100 ml 支付金排名第二，可见买家更偏好于无香型；

（4）对于有香味的商品，清香型 200 ml 和浓香型 50 ml 更受欢迎，而清香型 50 ml 和浓香型 200 ml 不是那么受欢迎，因此建议浓香型用小容量，清香型用大容量。

知识总结：

把本节课的知识梳理汇总成流程图，如图 7.16 所示。

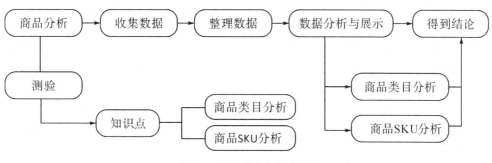

图 7.16　本节知识流程图

思维导图：

整理本节课所学知识点，补充下方思维导图（如图 7.17），管理你的知识。

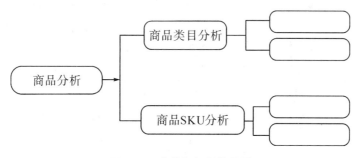

图 7.17　本节知识思维导图

活动　对某店铺商品类目和商品 SKU 进行分析

>>> **工作目标**

对某店铺商品类目和商品 SKU 进行分析，通过此活动的实践，学生应当能够独立完成商品分析。

>>> **工作实施流程**

工作实施流程如图 7.18 所示，店铺类目销售数据如表 7.13 所示，店铺 SKU 销售数据如表 7.14 所示。

图 7.18　工作实施流程

表 7.13　某店铺类目销售数据

类目	服饰	家居	户外	箱包	潮流	运动
支付金额/元	35 488	30 616	29 239	27 912	27 722	25 066
加购件数/件	610	454	658	6	568	553
访客数/人	1 081	332	433	520	928	700
支付转化率/%	12.95	29.52	10.16	12.31	15.30	22.57
加购人数/人	448	165	116	5	416	214
收藏件数/件	93	40	32	32	114	68
收藏人数/人	90	40	30	32	107	66
加购转化率/%	41.44	49.70	26.79	0.96	44.83	30.57
收藏转化率/%	8.33	12.05	6.93	6.15	11.53	9.43
支付买家数/人	140	98	44	64	142	158
支付件数/件	233	615	87	111	212	708

表 7.14　某店铺 SKU 销售数据

商品	访客数/人	支付金额/元	支付件数/件	支付买家数/人	加购件数/件	加购人数/人	收藏件数/件	收藏人数/人
运动鞋 S 款	533	21 713	458	155	910	506	123	117
运动鞋 M 款	831	21 029	435	309	864	642	200	195
运动鞋 L 款	343	20 913	171	91	506	35	134	129
皮鞋男 S 款	577	18 932	133	71	302	225	50	50
皮鞋男 M 款	806	18 126	363	193	545	390	107	107
皮鞋男 L 款	368	17 266	124	78	257	182	56	55
皮鞋女 S 款	741	15 701	326	114	544	335	77	76
皮鞋女 M 款	952	14 147	219	129	334	259	76	74
皮鞋女 L 款	760	11 642	373	205	693	440	125	120
高跟鞋 S 款	159	10 754	176	53	275	54	24	24
高跟鞋 M 款	920	9 519	336	265	435	342	115	111
高跟鞋 L 款	147	9 486	48	20	84	44	11	11
户外鞋男 S 款	126	9 363	93	43	20	13	27	25
户外鞋男 M 款	547	9 306	140	95	264	195	52	49
户外鞋男 L 款	451	8 760	69	43	179	135	20	20
户外鞋女 S 款	195	7 244	47	23	77	47	16	16
户外鞋女 M 款	165	6 056	80	22	136	61	8	8
户外鞋女 L 款	119	5 366	24	11	62	35	12	12

活动要求

1. 根据实践任务要求，完成店铺商品类目和商品 SKU 分析。
2. 在工作实施过程中，学生可自由查阅资料或向老师求助。
3. 在规定时间内完成任务，超时则视为未完成任务，不予评分。

请先下载"参考资料"，根据实训步骤演示，在"答题卡"中完成任务。

请在下框中填写你在活动过程中遇到的问题。
·
·
·

任务实践

请根据活动步骤流程，对该店铺商品类目数据和商品 SKU 数据进行分析，并将完成过程体现在下方表格中。

检查清单（见表 7.15）

表 7.15　检查清单

序号	检查事项	是否完成
1	对本工作页的任务要求是否明确	
2	是否能根据数据特征选择数据分析图表类型	
3	是否会作图并对图表进行修饰完善	
4	是否能根据分析得到结论	
5	是否达成本次任务的实训目标	

表7.16　任务评价表

评价类别	评价内容	分值	教师评分
知识与技能	掌握商品分析技能	60	
情感态度	课堂上积极参与，积极思考，勇于开口、动脑，发言次数多	20	
	小组协作交流情况：小组成员间配合默契，彼此协作愉快，互帮互助	20	

任务7-3　供应链分析

任务导入

任务　对某店铺商品供应链进行分析

实训情境：

　　某店铺销售系列商品销往全国多个地区，店铺仓库用于存放货物以及满足买家购买需求。但是仓库存放多少货物需要以社会需求为导向，亦即是对需求进行预测，以此确定仓库需要放多少商品，进而确定需要采购或生产的商品数量。商品商务大数据分析员在进行供应链分析前，需要做好项目规划，确定需要准备的各项材料，并通过各个途径收集材料并整理材料。一切准备妥当之后，分析员再根据数据特征进行分析、展示并对结果进行分析，最终完成竞争数据分析报告。

　　根据岗位实训内容，我们可提炼出典型实训活动，具体如下：

　　（1）数据整理；

　　（2）数据展示；

　　（3）数据分析。

学习目标：

　　知识目标：（1）理解供应链的定义；

　　　　　　　（2）掌握供应链的运作流程。

　　技能目标：通过对需求计划、库存计划、供应计划进行分析，降低供应链成本、提高供应链效率。

　　思政目标：培养数据思维和系统优化能力。

学习导图:

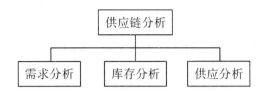

实训任务 ├──────────────────────────────────

实 训 任 务 书

任务名称: _____

任务功能: _____

典型实训任务: _____

实训任务	对某店铺商品供应链进行分析				
任务成员				指导教师	
任务描述	本任务对某店铺商品供应链进行分析，通过此活动的实践，学生应当能够理解供应链的定义，掌握供应链的运作流程；通过对需求计划、库存计划、供应计划进行分析，降低供应链成本、提高供应链效率				
实训目标	目标（O）		进行供应链分析，对公司经营决策提出有效策略		
	关键成果	关键成果1（KR1）	完成数据的收集与整理		
		关键成果2（KR2）	完成数据的可视化展示		
		关键成果3（KR3）	对图表进行分析并得到结论		
实训职责	·负责数据真实性 ·确保数据的有效展示				
实训内容	①收集数据		②整理数据		③展示数据
	④分析数据				
实训难度	√ 简单		□一般	□较难	□困难
完成确认	序号	检查事项			教师签名
	1	对本实训的任务要求是否明确			
	2	是否准备好数据的获取资源			
	3	是否已对收集来的数据进行整理			
	4	是否根据数据的特征和分析要求选择合适的数据图表			
	5	是否已完成数据的分析			
	6	是否已得出相关结论			
	7	是否根据结论给出对应解决方案			

注意事项：

1. 请严格按照实训任务内容要求实践，不得随意更改实训流程。

2. 完成实训内容后，请进行清单检查，完成请打钩。

学生签名：

情境描述

某店铺是一家线上鞋类专卖店，店铺老板想知道店铺每个月采购多少商品才能够满足消费者的需求。消费者需求的满足涉及消费者的需求，仓库商品库存还有商品的供应。请为该店铺选择合适的分析指标，并进行行业分析，得出结论并给出建议。

实训计划

对企业典型实训活动进行提取，并辅以学习知识点，组成新型实训计划。

实训流程图如图 7.19 所示。

（备注：实训流程图上方为该环节所需知识点，下方为项目实践活动。）

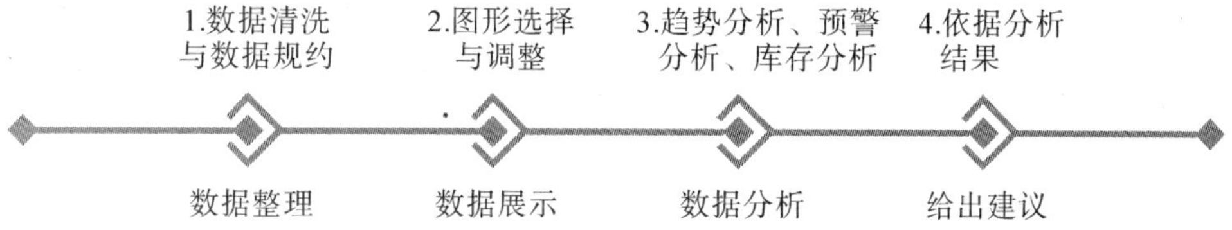

1.数据清洗 与数据规约	2.图形选择 与调整	3.趋势分析、预警 分析、库存分析	4.依据分析 结果
数据整理	数据展示	数据分析	给出建议

图 7.19　实训流程图

典型实训活动一：数据整理

实训要点 1：数据清洗

实训要点 2：数据规约

实训要点 3：数据计算

实训任务：根据分析的目标要求，对数据进行整理，便于后续展示和分析。

典型实训活动二：数据展示

实训要点 1：选择合适的图形

实训要点 2：图形的调整

实训任务：根据分析目的和数据特征，选择合适的图形，调整图形使其美观。

典型实训活动三：数据分析

实训要点 1：分析图形

实训要点 2：得到结论

实训任务：分析图形并得到结论。

典型实训活动四：给出建议

实训要点：提出建议

实训任务：根据分析结论给出相应建议。

学习目标

本实训的学习目标如表 7.17 所示。

表 7.17　学习目标

难度	序号	任务内容
初级	1	对数据进行整理
	2	选择合适的图形，进行数据展示
	3	根据分析结论给出相应建议
中级		
高级		

知识讲解

任务　如何进行供应链分析

一、供应链电子商务概念

供应链是指围绕核心企业，从配套零件开始，制成中间产品以及最终产品，最后由销售网络把产品送到消费者手中的网链结构，它能将供应商、制造商、分销商直到最终用户连成一个整体。供应链管理的经营理念是从消费者的角度，通过企业间的协作，谋求供应链整体最佳化。成功的供应链管理能够协调并整合供应链中所有的活动，最终使之成为无缝连接的一体化过程。供应链电子商务就是借助互联网服务平台，实现供应链交易过程的全程电子化。供应链电子商务的作用包括如下两方面。

（1）实现供应链业务协同：可以完善企业的信息管理，通过平台帮助企业快速实现信息流、资金流和物流的全方位管理和监控。同时，企业利用供应链电子商务可以把供应链上下游的供应商、企业、经销商、客户等进行全面的业务协同管理，从而实现高效的资金周转。

（2）转变经营方式：供应链电子商务可以帮助企业从传统的经营方式向互联网时代的经营方式转变。随着互联网技术的深入应用、网上交易习惯的逐渐形成，企业的经营模式需要做相应转变。供应链电子商务平台，可以帮助企业分享从内部管理到外部商务协同的一站式、全方位服务，从而解放企业资源，显著提升企业的生产力和运营效率。

二、供应链电子商务的流程

供应链电子商务，在统一了人、财、物、产、供、销各个环节的管理，规范了企业的基础信息及业务流程的基础上，实现外部电子商务与企业内部 ERP 系统的无缝集成，实现商务过程的全程贯通。供应链电子商务的主要功能包括如下四方面。

（1）在线订货：企业通过 ERP 将产品目录及价格发布订货平台上，经销商通过在线订货平台直接订货并跟踪订单后续处理状态，通过可视化订货处理过程，实现购销双方订货业务协同，提高订货处理效率及数据准确性。企业接收经销商提交的网上订单，依据价格政策、信用政策、存货库存情况对订单进行审核确认，并进行后续的发货及结算。

（2）经销商库存：通过经销商网上确认收货，自动增加经销商库存，减少信息的重复录入，提升了经销商数据的及时性和准确性；经销商通过定期维护出库信息，帮助企业掌握准确的渠道库存信息，消除牛鞭效应，辅助企业业务决策。

（3）在线退货：企业通过在线订货平台，接收经销商提交的网上退货申请，依据销售政策、退货类型等对申请进行审核确认，经销商通过订单平台，实时查看退货申请的审批状态，帮助企业提高退货处理效率。

（4）在线对账：通过定期从 ERP 系统自动获取数据生成对账单，批量将对账单发布到网上，经销商上网即可查看和确认对账单，帮助企业提高对账效率，减少对账过程的分歧，加快资金的良性循环。

三、供应链分析内容

从电商的角度来说，只要和货物有关的，都属于供应链的范畴，其中涉及的工作内容包括需求计划、库存计划、供应计划等。为了优化供应链效益，企业需要对需求、库存、供应情况进行系统分析。

（一）需求分析

需求是供应链的起点，只有产生了需求，才会有后面的库存计划、供应计划、分仓等环节。需求分析其实就是利用历史销售数据，对未来需求数量进行预测，实施过程如下。

（1）以 SKU 为基本单位，对过去的销售数据进行统计。

（2）对日常销售和活动销售进行定义，并进行拆解分析，计算公式如下：

$$总需求 = 日常需求 + 活动需求 \tag{7.4}$$

（3）考虑行业销售走势，基于总体 SKU 战略，对日常销量和活动进行调整。

（4）基于时间维度计算需求。

在以上实施过程中，对需求的预测非常重要，我们把某个经济变量进行观测所得到的一系列数值按照时间先后顺序排列起来所形成的数列叫作时间序列，时间可以是周、月、季度或者年等。时间序列按影响因素作用的效果可分为五类。

1. 水平型时间序列

这是指时间序列各个观察值呈现出围绕着某个定值上下波动的变动形态，如某些非季节性的生活必需品的逐月销售量等，如图 7.20 所示。

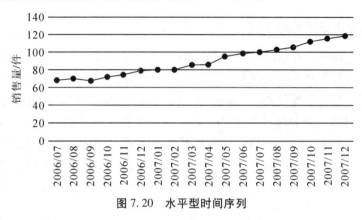

图 7.20　水平型时间序列

2. 趋势变动型时间序列

这是指观察值一定时期内虽出现小范围的上下波动，但总体上呈现出持续上升或下降趋势的变动形态，如图 7.21 所示。趋势型时间序列模式依其特征不同又可分为线性和非线性趋势模式。

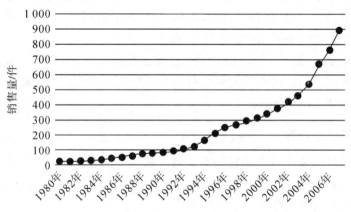

图 7.21　趋势变动时间序列

3. 季节变动型时间序列

季节变动一般是指市场现象以年度为周期，随着自然季节的变化，每年都呈现的有规律的循环变动。广义的季节变动还包括以季度、月份以至更短时间为周期的循环变动。

市场现象季节变动主要是由自然气候、风俗习惯、地理环境、人为因素等引起的，非常规律的定期的变化，如图 7.22 所示。对于季节性变动的现象，有专门的季节变动预测法加以具体研究，反映和描述其变动特点和规律。

4. 周期变动型时间序列

周期波动又称循环变动，是指时间序列在为期较长的时间内（一年以上至数年），呈现出涨落起伏，如图 7.23 所示。它与长期趋势不同，不是朝一个方向持续变动而是呈涨落相间的波浪式起伏变动。它与季节变动也不一样，季节变动有固定的周期，周期效应可以预见，而循环变动一般没有固定周期，上次出现后，下次何时出现较难预料，如经济危机。

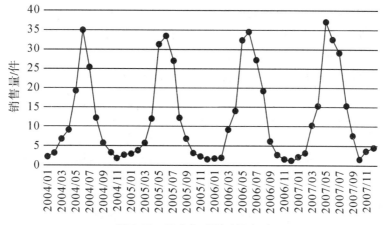

图 7.22　季节变动型时间序列

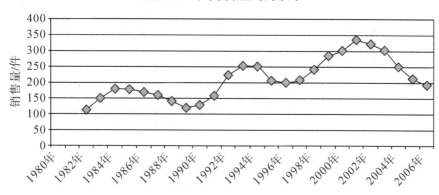

图 7.23　周期变动型时间序列

5. 不规则变动型时间序列

不规则变动又称随机变动，是指偶发事件导致时间序列中出现数值忽高忽低、时升时降的无规则可循的变动，如自然灾害、罢工、战争、动乱、政策调整等都会造成不规则变动，如图 7.24 所示。有时，它对经济现象影响较大。对于呈现不规则变动趋势的时间序列，我们很难用时间序列分析法预测，但有时也可通过某种统计处理，消除不规则因素影响，找出事物的固有变化规律，从而进行分析预测。

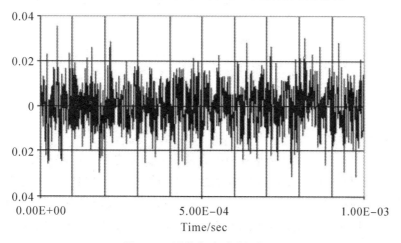

图 7.24　季节变动型时间序列

不同类型的时间序列适用不同的预测方法，因此运用时间序列法首先需要判断时间序列属于何种类型，以便根据不同类型的时间序列选用合适的预测方法。常用的时间序列分析方法有平均法、指数平滑法、趋势外推法以及季节指数法。除了时间序列类型，还需要考虑预测期的长短来进行确定，如表 7.18 所示。

表 7.18　考虑预测期的时间序列分析方法选择

预测期限	合适方法
近期预测	主要对象是企业中基层的经营活动，这类活动一般比较稳定，具有较强的连贯性，宜用平均预测法
中短期预测	在短期预测中，季节因素往往是决定性因素，短期预测模型是能鉴别和预示季节性变化的定量预测模型，如指数平滑法，季节指数法
长期预测模型	涉及时间较长，季节因素一般不重要，长期趋势居于重要地位，选择能分解出长期趋势的模型，如趋势外推预测法

结合时间序列类型和预测期限的方法选择如图 7.25 所示。

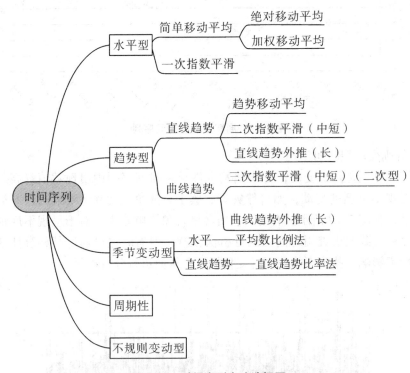

图 7.25　时间序列方法选择图

（二）库存分析

一直以来，库存都是影响企业盈利能力的重要因素之一。管理不当可能导致大量的库存积压，占用现金流。半成品库存的缺失会导致生产计划延后，成品库存的缺失会导致销售订单的延误等问题。库存分析也通常从库存天数和库存需求两个角度来进行分析，主要帮助店铺确定是应该加快销售、减少存货，还是开展进货、补充库存，如果是补充库存需要补充多少。

1. 库存天数分析

库存天数分析就是通过分析商品的销售速度，确定清空当前库存所需天数，对比清空天数与设置标准，通过预警来判断商品的销售策略和补货情况。具体实施过程如下：

（1）收集各商品 SKU 近期销售数据、库存数据；

（2）通过销售数据、库存数据，计算各商品 SKU 的库存天数；

（3）设置标准，包括库存天数标准、预警条件标准；

（4）通过对比各商品 SKU 库存天数和库存天数标准，确定预警情况；

（5）根据预警情况确定后续策略。

2. 库存需求分析

进行库存分析，需要明确目标存库和初期库存两个概念。目标库存就是周期内期末的库存目标，而期初库存就是计算周期内期初的库存数量。

$$目标库存 = 安全库存 + 周期库存 \times 2 \qquad (7.5)$$

假设安全库存为 2 个月，周期库存为 0.5 个月（周期库存的周期是订货周期的一半，订货周期是 1 个月，周期库存就为 0.5 个月），则期末库存目标是 3 个月（2 个月的安全库存+1 个月周期库存）。

除了库存天数分析和库存需求分析，我们还可以对库存健康度和分仓情况进行分析。

库存健康度分析是针对库存的实际情况，以一定的指标进行测验，以判断库存是否处于健康水平，是否存在经济损失的风险。库存目标只是一个目标或者计划，实际的情况有可能跟目标有偏差，因为预测或许会有偏差，供应也或许会有变差，这就衍生出来库存健康分析问题。库存健康分析，主要通过以下四个方面进行衡量：

（1）库存周转一般占目标库存的 80% 以上，同时在目标库存的 1.5 倍以下，可以称为健康的周转水平；

（2）近效期库存：通常将效期在一半以上的商品控制为 0；

（3）残次品库存：及时处理，控制为 0；

（4）其他不良库存控制为 0。

随着商品销量的增加和买家的增多，企业规模在一定范围内也会越做越大，买家的要求也会越来越高，特别是对物流，自然是越快越好了。通常，一个店铺的买家是来自全国各地的，如果在全国只设置一个仓库，离仓库远的城市，运输时间较长，买家对物流的满意度就会较低。成熟的品牌或者公司都会设多个仓库，仓库设置在哪里，应该分配多少库存，这个与买家地域分布和各区域需求数量相关。

分仓分析是供应链管理过程中非常具有技术含量的一个工作，直接关系到销售的满足和订单的效率。分仓分析的基本逻辑其实就是结合前面讲到的需求预期，库存目标和库存计划，在生产完成后按照分析结果分拨到各个仓库，一般来说进行分厂分析的时候，主要遵循以下步骤：

（1）确定需求预测；

（2）根据需求预测按区域和 SKU 划分比例；

（3）根据需求预测及已经划分好的比例进行分仓；

（4）分仓过程中记录相应的数据，定期回顾分仓目标与实际仓储水平，便于后期调整分仓量。

（三）供应分析

供应分析是基于销售预测和库存目标，经过一系列的换算后，就采购提出的要求。供应是供应链的开端，是一切交易发生的基本前提，没有供应就没有库存，没有库存就不会产生任何销售行为，因此供应是供应链管理中重点把握的一环。供应分析主要基于供应计划分析和供应效率分析两个方面进行。

1. 供应计划分析

在进行供应计划分析的过程中，我们需要引入一个基本逻辑，即 PSI（purchase/production sale inventory）逻辑，通常所说的供应实际上就是 PSI 里面的 P，计算公式如下：

$$P = I(目标) - I(期初) + S(需求预测) \tag{7.6}$$

2. 供应效率分析

通常情况下，店铺会在前面做的计划的基础上进一步优化，以追踪供应的效率。供应效率分析的意义在于，衡量供应是否按期、按质、按量到位，这直接影响供应链后端紧接着的实际库存水平和可用销售数据[①]。

案例解析

对某店铺供应链进行分析

从电商的角度来说，只要和货物有关的，都属于供应链的范畴，其中涉及的工作内容包括需求计划、库存计划、供应计划等。为了优化供应链，对供应链进行分析非常必要。请帮助店铺确定如何预测需求？如何确定库存目标？如何制订供应计划？

步骤一：分析目标

（1）预测每个商品每个月的需求数据；

（2）根据库存天数进行相应销售/采购预警；

（3）制订库存目标；

（4）制订供应/生产计划。

步骤二：实施准备

（1）罗列需要进行分析的所有商品 SKU；

（2）从"生意参谋"下载相关数据，根据本期目标，确定全年每个商品 SKU 的分月需求。

步骤三：任务实施

对数据进行收集和整理，如表 7.19 所示。

---

① 吴洪贵，等. 商务数据分析与应用［M］. 北京：高等教育出版社，2020：169-171.

表 7.19　某款棉衣 SKU 销售数量情况

SKU	近 7 日支付件数/件	销售期/天	库存数量/件
棉袄韩版短款 ins 学生冬外套 S 黑色–粉色毛领	14	7	112
棉袄韩版短款 ins 学生冬外套 S 军绿–粉色毛领	4	7	36
棉袄韩版短款 ins 学生冬外套 S 黑色–米色毛领	2	7	19
棉袄韩版短款 ins 学生冬外套 S 米色–米色毛领	8	7	94
棉袄韩版短款 ins 学生冬外套 S 绿色–米色毛领	6	7	66
棉袄韩版短款 ins 学生冬外套 S 米色–米色毛领	9	7	85
棉袄韩版短款 ins 学生冬外套 M 黑色–粉色毛领	11	7	96
棉袄韩版短款 ins 学生冬外套 M 军绿–粉色毛领	6	7	78
棉袄韩版短款 ins 学生冬外套 M 黑色–米色毛领	9	7	54
棉袄韩版短款 ins 学生冬外套 M 米色–米色毛领	9	7	51
棉袄韩版短款 ins 学生冬外套 M 绿色–米色毛领	12	7	96
棉袄韩版短款 ins 学生冬外套 M 米色–米色毛领	11	7	59
棉袄韩版短款 ins 学生冬外套 L 黑色–粉色毛领	8	7	76
棉袄韩版短款 ins 学生冬外套 L 军绿–粉色毛领	10	7	64
棉袄韩版短款 ins 学生冬外套 L 黑色–米色毛领	10	7	73
棉袄韩版短款 ins 学生冬外套 L 米色–米色毛领	9	7	62
棉袄韩版短款 ins 学生冬外套 L 绿色–米色毛领	7	7	78
棉袄韩版短款 ins 学生冬外套 L 米色–米色毛领	9	7	89
棉袄韩版短款 ins 学生冬外套 XL 黑色–粉色毛领	8	7	83
棉袄韩版短款 ins 学生冬外套 XL 军绿–粉色毛领	6	7	71
棉袄韩版短款 ins 学生冬外套 XL 黑色–米色毛领	12	7	90
棉袄韩版短款 ins 学生冬外套 XL 米色–米色毛领	11	7	78
棉袄韩版短款 ins 学生冬外套 XL 绿色–米色毛领	6	7	77
棉袄韩版短款 ins 学生冬外套 XL 米色–米色毛领	11	7	66

利用公式，库存天数＝库存数据÷（销售期÷销售件数），计算库存天数。设置库存标准天数为 60 天，预警情况设置如表 7.20 所示。

表 7.20　库存预警标准表

计算公式	取值情况	预警状态
库存天数–标准天数	≤–15	急待补货
库存天数–标准天数	>–15，≤–7	有待补货
库存天数–标准天数	>–7，≤7	正常
库存天数–标准天数	>7，≤15	加速销售
库存天数–标准天数	>15	急待销售

根据表 7.20 中的库存预警标准对表 7.19 中商品 SKU 进行预警，如表 7.21 和表 7.22 所示。

表 7.21 某款棉衣 SKU 销售预警

SKU	库存天数	对比情况	预警状态
新款棉袄韩版短款 ins 学生冬外套 S 黑色-粉色毛领	56.0	4.0	正常
新款棉袄韩版短款 ins 学生冬外套 S 军绿-粉色毛领	63.0	3.0	正常
新款棉袄韩版短款 ins 学生冬外套 S 黑色-米色毛领	66.5	6.5	正常
新款棉袄韩版短款 ins 学生冬外套 S 米色-米色毛领	82.3	22.3	急待销售
新款棉袄韩版短款 ins 学生冬外套 S 绿色-米色毛领	77.0	17.0	急待销售
新款棉袄韩版短款 ins 学生冬外套 S 米色-米色毛领	66.1	6.1	正常
新款棉袄韩版短款 ins 学生冬外套 M 黑色-粉色毛领	61.1	1.1	正常
新款棉袄韩版短款 ins 学生冬外套 M 军绿-粉色毛领	91.0	31.0	急待销售
新款棉袄韩版短款 ins 学生冬外套 M 黑色-米色毛领	42.0	−18.0	急待补货
新款棉袄韩版短款 ins 学生冬外套 M 米色-米色毛领	39.7	−20.3	急待补货
新款棉袄韩版短款 ins 学生冬外套 M 绿色-米色毛领	56.0	4.0	正常
新款棉袄韩版短款 ins 学生冬外套 M 米色-米色毛领	37.5	−22.5	急待补货
新款棉袄韩版短款 ins 学生冬外套 L 黑色-粉色毛领	66.5	6.5	正常
新款棉袄韩版短款 ins 学生冬外套 L 军绿-粉色毛领	44.8	−15.2	急待补货
新款棉袄韩版短款 ins 学生冬外套 L 黑色-米色毛领	51.1	−8.9	有待补货
新款棉袄韩版短款 ins 学生冬外套 L 米色-米色毛领	48.2	−11.8	有待补货
新款棉袄韩版短款 ins 学生冬外套 L 绿色-米色毛领	78.0	18.0	急待销售
新款棉袄韩版短款 ins 学生冬外套 L 米色-米色毛领	69.2	9.2	加速销售
新款棉袄韩版短款 ins 学生冬外套 XL 黑色-粉色毛领	72.6	12.6	加速销售
新款棉袄韩版短款 ins 学生冬外套 XL 军绿-粉色毛领	82.8	22.8	急待销售
新款棉袄韩版短款 ins 学生冬外套 XL 黑色-米色毛领	52.5	−7.5	有待补货
新款棉袄韩版短款 ins 学生冬外套 XL 米色-米色毛领	49.6	−10.4	有待补货
新款棉袄韩版短款 ins 学生冬外套 XL 绿色-米色毛领	89.8	29.8	急待销售
新款棉袄韩版短款 ins 学生冬外套 XL 米色-米色毛领	42.0	−18.0	急待补货

表 7.22 某款连衣裙销售数量　　　　　　　　　　单位：件

年	月											
	1	2	3	4	5	6	7	8	9	10	11	12
2016	23	33	69	91	192	348	254	122	59	34	19	27
2017	30	37	59	120	311	334	270	122	70	33	23	16
2018	18	20	92	139	324	343	271	193	62	27	17	13
2019	22	32	102	155	372	324	29	153	77	17	37	46

从图 7.26 可以看出，该连衣裙的销售数据是季节变动型时间序列，我们可选用平均数比例法进行预测，计算步骤如下（结果均保留到个位）：

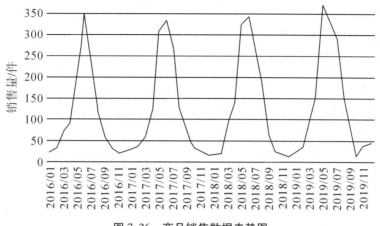

图 7.26　商品销售数据走势图

（1）计算观测期内各月或各季度的简单算术平均值 A_j，以 1 月为为例：

$$（23+30+18+22）÷4=23 \qquad (7.7)$$

（2）计算观测其全期的月（季）总平均数 B。以 2016 年为例：

$$（23+33+69+91+192+348+254+122+59+34+19+27）÷12=106 \qquad (7.8)$$

总平均数：

$$B=5\,581÷48=1\,395÷12=465÷4=116 \qquad (7.9)$$

（3）计算观测期内各个月（季）的季节指数 F_j。以 1 月为例：$23÷116×100\%=20\%$。

$$F_j>100\%旺季；F_j \sim =100\%\ 平季；F_j<100\%\ 淡季 \qquad (7.10)$$

（4）计算预测值。以未来年度的没有考虑季节影响的预测值，乘以相应季节指数，得到未来年度内各月或各个季度包含季节变动的预测值。

$$预测值=上一年的月平均数×各月季节指数 \qquad (7.11)$$

例如，2020 年 1 月：$114×20\%=23$。2020 年 6 月：$114×290\%=330$。如表 7.23 所示。

表 7.23　某款连衣裙季节变动分析

年	月												年平均数
	1	2	3	4	5	6	7	8	9	10	11	12	
2016	23	33	69	91	192	348	254	122	59	34	19	27	106
2017	30	37	59	120	311	334	270	122	70	33	23	16	119
2018	18	20	92	139	324	343	271	193	62	27	17	13	127
2019	22	32	102	155	372	324	29	153	77	17	37	46	114
月平均数	23	31	81	126	300	337	206	148	67	28	24	26	116
季节指数	20%	26%	69%	109%	258%	290%	177%	127%	58%	24%	21%	22%	
2020	23	30	79	124	293	330	202	144	66	27	23	25	

以下是此店铺关于运动鞋的相关数据，如表 7.24、表 7.25、表 7.26、表 7.27 所示。

表 7.24 店铺部分商品日常需求　　　　　　　　　　单位：双

月份	汇总数量	运动鞋35 码	运动鞋36 码	运动鞋37 码	运动鞋38 码	皮鞋35 码	皮鞋36 码	皮鞋37 码	皮鞋38 码
总计	728 200	140 172	448 133	17 127	10 824	68 444	14 995	19 533	8 972
1	3 832	761	1 778	143	58	721	148	178	45
2	9 339	676	4 736	786	554	1 371	581	200	435
3	56 304	10 083	35 373	1 165	753	5 596	1 431	1 327	576
4	112 712	20 252	73 880	2 208	866	9 596	2 202	2 818	890
5	150 167	30 630	95 679	2 397	1 241	11 846	2 695	4 357	1 322
6	182 228	38 527	112 108	3 087	2 133	16 179	3 273	5 155	1 766
7	99 065	19 549	61 124	2 080	1 654	9 121	1 782	2 523	1 232
8	55 565	10 468	32 980	1 860	1 101	6 011	1 136	1 332	677
9	23 474	4 437	11 297	1 511	896	2 893	957	805	678
10	5 885	1 003	2 690	428	211	969	211	230	143
11	18 265	2 637	11 612	366	112	2 762	289	388	99
12	11 364	1 149	4 876	1 096	1 245	1 379	290	220	1 109

表 7.25 店铺部分商品活动需求　　　　　　　　　　单位：双

月份	汇总数量	运动鞋35 码	运动鞋36 码	运动鞋37 码	运动鞋38 码	皮鞋35 码	皮鞋36 码	皮鞋37 码	皮鞋38 码
总计	382 225	129 52	307 116	11 941	1 974	27 342	14 995	4 878	1 027
1	2 111	110	1 100	110	58	440	148	145	0
2	6 762	163	3 945	754	54	1 009	581	211	45
3	29 616	978	22 812	793	73	2 564	1 431	889	76
4	65 329	2 155	54 887	1 434	86	3 822	2 202	654	89
5	74 734	1 788	65 212	1 299	241	2 667	2 695	700	132
6	84 037	2 399	71 123	1 625	233	4 778	3 273	440	166
7	50 333	1 443	41 230	1 344	654	3 345	1 782	412	123
8	31 176	1 355	23 121	1 445	101	3 341	1 136	600	77
9	12 903	772	7 454	1 345	96	1 655	957	556	68
10	4 214	553	2 201	443	21	667	211	75	43
11	13 236	787	9 612	283	112	2 009	289	55	89
12	7 774	449	4 419	1 066	245	1 045	290	141	119

表 7.26 店铺部分商品日常需求总需求　　　　　　　　　　单位：双

月份	汇总数量	运动鞋35 码	运动鞋36 码	运动鞋37 码	运动鞋38 码	皮鞋35 码	皮鞋36 码	皮鞋37 码	皮鞋38 码
总计	1 109 329	153 124	755 249	27 972	12 798	95 786	29 990	24 411	9 999
1	5 943	871	2 878	253	116	1 161	296	323	45
2	16 101	839	8 681	1 540	608	2 380	1 162	411	480

月份	汇总数量	运动鞋35码	运动鞋36码	运动鞋37码	运动鞋38码	皮鞋35码	皮鞋36码	皮鞋37码	皮鞋38码
3	85 920	11 061	58 185	1 958	826	8 160	2 862	2 216	652
4	178 041	22 407	128 767	3 642	952	13 418	4 404	3 472	979
5	224 901	32 418	160 891	3 696	1 482	14 513	5 390	5 057	1 454
6	266 265	40 926	183 231	4 712	2 366	20 957	6 546	5 595	1 932
7	149 398	20 992	102 354	3 424	2 308	12 466	3 564	2 935	1 355
8	86 741	11 823	56 101	3 305	1 202	9 352	2 272	1 932	754
9	36 377	5 209	18 751	2 856	992	4 548	1 914	1 361	746
10	10 099	1 556	4 891	871	232	1 636	422	305	186
11	31 501	3 424	21 224	649	224	4 771	578	443	188
12	18 042	1 598	9 295	1 066	1 490	2 424	580	361	1 228

表 7.27　店铺部分商品库存目标　　　　　　　　　　　　　　　　单位：双

月份	汇总数量	运动鞋35码	运动鞋36码	运动鞋37码	运动鞋38码	皮鞋35码	皮鞋36码	皮鞋37码	皮鞋38码
期初	107 964	12 771	69 744	3 751	1 550	11 701	4 320	2 950	1 177
1	280 062	34 307	195 633	7 140	2 386	23 958	8 428	6 099	2 111
2	488 862	65 886	347 843	9 296	3 260	36 091	12 656	10 745	3 085
3	669 207	95 751	472 889	12 050	4 800	48 888	16 340	14 124	4 365
4	640 564	94 336	446 476	11 832	6 156	47 936	15 500	13 587	4 741
5	502 404	73 741	341 686	11 441	5 876	42 775	12 382	10 462	4 041
6	272 516	38 024	177 206	9 585	4 502	26 366	7 750	6 228	2 855
7	133 217	18 588	79 743	7 032	2 426	15 536	4 608	3 598	1 686
8	77 977	10 189	44 866	4 376	1 448	10 955	2 914	2 109	1 120
9	59 642	6 578	35 410	2 586	1 946	8 831	1 580	1 109	1 602
10	55 486	5 893	33 397	1 968	1 830	8 356	1 454	1 127	1 461
11	40 086	3 308	20 854	2 859	2 214	5 965	2 038	1 095	1 753
12	107 964	12 771	69 744	3 751	1 550	11 701	4 320	2 950	1 177

需要说明的是，10月库存目标包含11月、12月、次年1月的需求，由于数据呈现季节变动，次年1月需求用今年1月需求替代，11月库存目标包含12月、次年1月、次年2月的需求，次年2月需求用今年2月需求替代。12月库存目标包含次年1月、次年2月、次年3月的需求，次年3月需求用今年3月需求替代。运用公式7.6计算供应计划。

以1月份运动鞋35码为例，计算得到1月总需求 = 34 307 − 12 771 + 871 = 22 407。其余见表7.28、表7.29、表7.30。

表 7.28　店铺部分商品供应计划　　　　　　　　　　　　　　　　　单位：双

月份	汇总数量	运动鞋35码	运动鞋36码	运动鞋37码	运动鞋38码	皮鞋35码	皮鞋36码	皮鞋37码	皮鞋38码
1	178 041	22 407	128 767	3 642	952	13 418	4 404	3 472	979
2	224 901	32 418	160 891	3 696	1 482	14 513	5 390	5 057	1 454
3	266 265	40 926	183 231	4 712	2 366	20 957	6 546	5 595	1 932
4	149 398	20 992	102 354	3 424	2 308	12 466	3 564	2 935	1 355
5	86 741	11 823	56 101	3 305	1 202	9 352	2 272	1 932	754
6	36 377	5 209	18 751	2 856	992	4 548	1 914	1 361	746
7	10 099	1 556	4 891	871	232	1 636	422	305	186
8	31 501	3 424	21 224	649	224	4 771	578	443	188
9	18 042	1 598	9 295	1 066	1 490	2 424	580	361	1 228
10	5 943	871	2 878	253	116	1 161	296	323	45
11	16 101	839	8 681	1 540	608	2 380	1 162	411	480
12	85 920	11 061	58 185	1 958	826	8 160	2 862	2 216	652

表 7.29　店铺部分商品实际供应情况　　　　　　　　　　　　　　　　单位：双

月份	运动鞋35码	运动鞋36码	运动鞋37码	运动鞋38码	皮鞋35码	皮鞋36码	皮鞋37码	皮鞋38码
1	22 407	128 767	3 610	952	13 418	4 404	3 472	979
2	32 418	160 891	3 696	1 482	14 513	5 390	5 033	1 454
3	40 926	183 231	4 712	2 366	20 957	6 546	5 595	1 932
4	20 892	102 153	3 424	2 308	12 466	3 264	2 935	1 355
5	11 823	56 101	3 305	1 202	9 352	2 272	1 932	754
6	5 209	18 751	2 856	969	4 338	1 914	1 361	746
7	1 556	4 793	871	232	1 636	422	305	186
8	3 424	21 224	649	224	4 771	578	432	188
9	1 598	9 295	1 066	1 477	2 424	580	361	1 228
10	871	2 878	253	116	1 161	296	383	45
11	839	8 666	1 540	608	2 380	1 162	411	480
12	10 888	58 185	1 958	826	8 160	2 862	2 185	652

表 7.30　店铺部分商品实际供应情况供应差异数据　　　　　　　　　　单位：双

月份	运动鞋35码	运动鞋36码	运动鞋37码	运动鞋38码	皮鞋35码	皮鞋36码	皮鞋37码	皮鞋38码	月供应差异总计
1	0	0	-32	0	0	0	0	0	-32
2	0	0	0	0	0	0	-24	0	-24
3	0	0	0	0	0	0	0	0	0
4	-100	-201	0	0	0	-300	0	0	-601
5	0	0	0	0	0	0	0	0	0
6	0	0	0	-23	-210	0	0	0	-233

表7.30(续)

月份	运动鞋 35 码	运动鞋 36 码	运动鞋 37 码	运动鞋 38 码	皮鞋 35 码	皮鞋 36 码	皮鞋 37 码	皮鞋 38 码	月供应 差异总计
7	0	−98	0	0	0	0	0	0	−98
8	0	0	0	0	0	0	−11	0	−11
9	0	0	0	−13	0	0	0	0	−13
10	0	0	0	0	0	0	60	0	60
11	0	−15	0	0	0	0	0	0	−15
12	−173	0	0	0	0	0	−31	0	−204
汇总	−273	−314	−32	−36	−210	−300	−6	0	−1 171

步骤四：数据可视化与结果分析

总需求、库存目标、供应计划可视化展示如图7.27~图7.31所示。

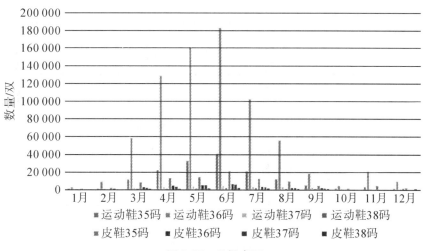

图 7.27　总需求图

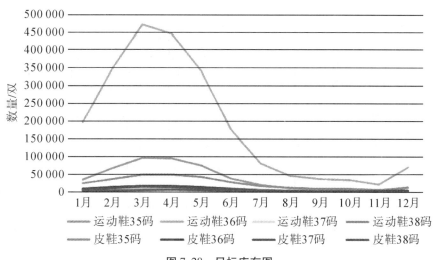

图 7.28　目标库存图

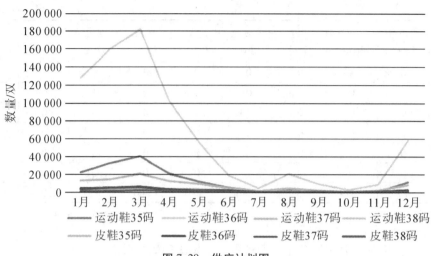

图 7.29　供应计划图

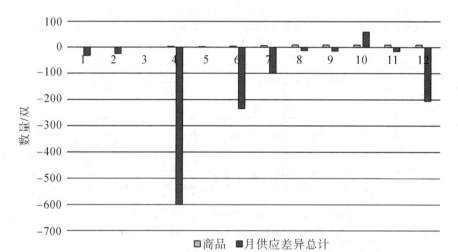

图 7.30　供应差异图 A

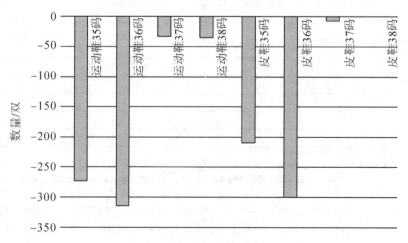

图 7.31　供应差异图 B

根据以上分析，我们可以得到以下结论：

（1）该店铺的棉袄韩版短款 ins 学生冬外套 S 米色–米色毛领、S 绿色–米色毛领、M 军绿–粉色毛领、L 绿色–米色毛领、XL 军绿–粉色毛领、XL 绿色–米色毛领亟待销售。M 黑色–米色毛领、M 米色–米色毛领、M 米色–米色毛领、L 军绿–粉色毛领、XL 米色–米色毛领亟待补货。

（2）销售数据呈现季节变动趋势，4～8 月需求较大，库存需要准备充足。

（3）运动鞋 36 码非常受欢迎，店铺可以通过评价进一步分析原因，为何此款商品卖得这么好，为何其他尺码需求会少如此多，通常店铺可通过买家评论进行分析。

（4）需求、库存和供应在时间上是平移关系，供应早于库存，库存早于需求。

（5）四月供应差异最大，后期供应计划制订应该进行相应的调整。从商品的角度看，运动鞋、皮鞋 36 码缺货较多，其次是运动鞋、皮鞋 35 码，在后续调整供应计划时应该充分考虑这两个尺码。

回顾总结

知识总结：

把本节课的知识梳理汇总成流程图，如图 7.32 所示。

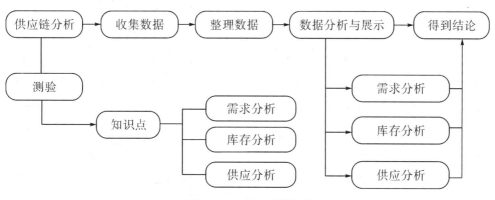

图 7.32　本节知识流程图

思维导图：

整理本节课所学知识点，补充下方思维导图（如图 7.33 所示），管理你的知识。

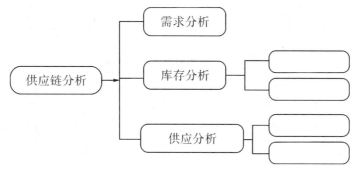

图 7.33　本节知识思维导图

活动　对某店铺商品供应链进行分析

>>> **工作目标**

● 对某店铺商品供应链进行分析，通过此活动的实践，学生应当能够独立完成供应链分析。

>>> **工作实施流程**

工作实施流程如图 7.34 所示，某店铺相关数据如表 7.31、表 7.32、表 7.33 所示。

图 7.34　工作实施流程

表 7.31　某店铺日常需求数据　　　　　　　　　　　　　　单位：双

月份	汇总数量	运动鞋 S 款	运动鞋 M 款	运动鞋 L 款	皮鞋男 S 款	皮鞋男 M 款	皮鞋男 L 款
总计	327 740	126 039	132 749	5 073	39 708	8 615	15 556
1	1 402	540	567	22	170	37	67
2	1 350	404	680	22	175	25	44
3	23 361	8 998	9 446	361	2 829	615	1 111
4	46 722	17 995	18 893	723	5 658	1 231	2 222
5	74 755	28 792	30 229	1 157	9 053	1 969	3 556
6	93 713	36 019	37 982	1 451	11 356	2 462	4 444
7	46 722	17 995	18 893	723	5 658	1 231	2 222
8	23 361	8 998	9 446	361	2 829	615	1 111
9	9 344	3 599	3 779	145	1 132	246	444
10	934	360	378	14	113	25	44
11	4 672	1 800	1 889	72	566	123	222
12	1 402	540	567	22	170	37	67

表 7.32　某店铺活动需求数据　　　　　　　　　　　　　　单位：双

月份	汇总数量	运动鞋 S 款	运动鞋 M 款	运动鞋 L 款	皮鞋男 S 款	皮鞋男 M 款	皮鞋男 L 款
总计	373 872	128 00	314 052	11 923	27 403	5 047	2 647
1	1 760	110	1 100	110	440	0	0
2	6 434	161	3 945	753	1 085	445	45

表7.32(续)

月份	汇总数量	运动鞋S款	运动鞋M款	运动鞋L款	皮鞋男S款	皮鞋男M款	皮鞋男L款
3	31 049	974	25 816	793	2 656	705	105
4	63 668	2 146	54 876	1 474	3 827	860	485
5	72 283	1 727	65 340	1 229	2 682	615	690
6	84 049	2 397	74 015	1 625	4 712	700	600
7	48 891	1 443	42 120	1 346	3 352	440	190
8	29 860	1 359	23 422	1 488	3 071	410	110
9	11 990	727	7 407	1 356	1 650	600	250
10	4 031	532	2 201	403	745	75	75
11	12 815	726	9 612	283	2 085	55	55
12	7 042	498	4 199	1 063	1 098	142	42

表7.33　实际供应情况　　　　　　　　　　　　　　　　　单位：双

月份	运动鞋S款	运动鞋M款	运动鞋L款	皮鞋男S款	皮鞋男M款	皮鞋男L款
1	20 141	73 769	2 197	9 485	2 091	2 707
2	30 519	95 568	2 386	11 735	2 584	4 246
3	38 416	111 997	3 076	16 068	3 162	5 044
4	19 438	61 013	2 069	9 010	1 671	2 412
5	10 357	32 869	1 849	5 900	1 025	1 221
6	4 326	11 186	1 500	2 782	846	694
7	892	2 579	417	858	100	119
8	2 526	11 501	355	2 651	178	277
9	1 038	4 765	1 085	1 268	179	109
10	877	2 250	178	823	50	90
11	763	6 244	1 047	1 701	634	121
12	13 462	47 604	1 558	7 405	1 783	1 642

>>> **活动要求**

1. 根据实践任务要求，完成店铺商品需求分析、库存分析和供应分析。

2. 在工作实施过程中，学生可自由查阅资料或向老师求助。

3. 在规定时间内完成任务，超时则视为未完成任务，不予评分。

请先下载"参考资料",根据实训步骤演示,在"答题卡"中完成任务。

请在下框中填写你在活动过程中遇到的问题。
·   ·   ·

>>> **任务实践**

请根据活动步骤流程,对总需求、库存目标以及供应计划进行计算并展示,并将申请成功界面截图附在下方表格中。

>>> **检查清单**(见表 7.34)

表 7.34 检查清单

序号	检查事项	是否完成
1	对本工作页的任务要求是否明确	
2	是否能根据数据特征选择数据分析图表类型	
3	是否会作图并对图表进行修饰完善	
4	是否能根据分析得到结果	
5	是否达成本次的工作目标	

>>> **任务评价**(见表 7.35)

表 7.35 任务评价表

评价类别	评价内容	分值	教师评分
知识与技能	掌握供应链分析技能	60	
情感态度	课堂上积极参与,积极思考,勇于开口、动脑,发言次数多	20	
	小组协作交流情况:小组成员间配合默契,彼此协作愉快,互帮互助	20	

任务 7-4　经营数据分析

任务导入 ┤

任务　对某店铺经营数据进行分析

实训情境：

　　某店铺老板定期会对店铺经营情况进行分析，以掌握店铺当前经营状况、当前遇到的问题，并思考未来如何进行优化。商务大数据分析员在进行经营数据分析前，需要做好项目规划，明确分析范围，确定需要准备的各项材料，并通过各个途径收集并整理材料。一切准备妥当之后，再根据数据特征进行分析、展示并对结果进行分析，最终完成经营数据分析报告。

　　根据岗位实训内容，我们可提炼出典型实训活动，具体如下：

（1）数据整理；

（2）数据展示；

（3）数据分析。

学习目标：

　　知识目标：（1）了解经营数据分析的主要内容；

　　　　　　　（2）掌握经营数据分析的方法。

　　技能目标：（1）能够对订单的各项指标进行分析，挖掘生意增长机会；

　　　　　　　（2）能够按照订单偏好与地域划分、支付渠道情况对营销方案进行优化。

　　思政目标：（1）培养数据思维和系统优化思维；

　　　　　　　（2）培养沟通协调能力、团队协作能力。

学习导图：

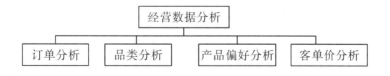

项目 7　经营与销售数据分析

实 训 任 务 书

任务名称：_____

任务功能：_____

典型实训任务：_____

实训任务	对某店铺经营数据进行分析			
任务成员			指导教师	
任务描述	本任务对某店铺经营数据进行分析，通过此活动的实践，学生能够了解行业分析范畴，能够分析行业外部宏观经营环境，能够对公司经营决策提出有效策略			
实训目标	目标（O）	进行经营数据分析，公司经营决策提出有效策略		
	关键成果	关键成果1（KR1）	完成数据的收集与整理	
		关键成果2（KR2）	完成数据的可视化展示	
		关键成果3（KR3）	对图表进行分析并得到结论	
实训职责	·负责数据真实性 ·确保数据的有效展示			
实训内容	①收集数据	②整理数据		③展示数据
	④分析数据			
实训难度	□简单	√一般	□较难	□困难
完成确认	序号	检查事项		教师签名
	1	对本实训的任务要求是否明确		
	2	是否准备好数据的获取资源		
	3	是否已对收集来的数据进行整理		
	4	是否根据数据的特征和分析要求选择合适的数据图表		
	5	是否已完成数据的分析		
	6	是否已得出相关结论		
	7	是否根据结论给出对应解决方案		

注意事项：

1. 请严格按照实训任务内容要求实践，不得随意更改实训流程。

2. 完成实训内容后，请进行清单检查，完成请打钩。

学生签名：

情境描述

某店铺是一家线上服装专卖店，店铺老板想要掌握店铺的经营情况，重点想要了解店铺月内销售情况和销售金额情况，请为该店铺选择合适的分析指标，并进行行业分析，得出结论并给出建议。

实训计划

对企业典型实训活动进行提取，并辅以学习知识点，组成新型实训计划。

实训流程图如图 7.35 所示。

（备注：实训流程图上方为该环节所需知识点，下方为项目实践活动。）

1.数据清洗 与数据规约	2.图形选择 与调整	3.结构分析、趋势 分析、对比分析	4.依据分析 结果
数据整理	数据展示	数据分析	给出建议

图 7.35 实训流程图

典型实训活动一：数据整理

实训要点 1：数据清洗

实训要点 2：数据规约

实训任务：根据分析的目标要求，对数据进行整理，便于后续展示和分析。

典型实训活动二：数据展示

实训要点 1：选择合适的图形

实训要点 2：图形的调整

实训任务：根据分析目标和数据特征，选择合适的图形，调整图形使其美观。

典型实训活动三：数据分析

实训要点 1：分析图形

实训要点 2：得到结论

实训任务：分析图形并得到结论。

典型实训活动四：给出建议

实训要点 1：提出建议

实训任务：根据分析结论给出相应建议。

学习目标

本实训的学习目标如表 7.36 所示。

表 7.36　学习目标

难度	序号	任务内容
初级	1	数据整理
	2	选择合适的图形，数据展示
	3	分析图形并得到结论
	4	根据分析结论给出相应建议
中级		
高级		

知识讲解

任务　如何进行经营数据分析

一、经营数据分析概述

经营数据分析，顾名思义就是对经营过程中产生的数据进行分析。经营数据分析是对整个企业经营运行情况的分析，涉及企业具体业务、财务、人力、经营流程等各个环节。

不同企业经营分析业务内容不同，但是基本都是围绕主业展开，例如建筑企业经营分析关注投标成功率、承揽工程量等，电力企业关注发电量，生产企业关注进货量、出货量等。在电商行业，业务数据一般是指商品销售数据。业务经营分析是整个经营分析的基础工作，没有业务量，财务分析只能看到表面财务数据的变化，而无法看清数据变化的实质环节。

二、经营数据分析内容

（一）订单分析

订单分析是商品销售分析里面非常重要的一部分内容，通常会从订单量、订单商品品类、商品偏好、单价等方面进行分析，企业通过这些分析可以从中总结出对销售有参考意义的信息点，从而对未来的销售规划起引导作用。对于电商而言，订单分析通常从分仓分析和分时段分析两个维度进行。

1. 分仓分析

在供应链分析中，我们提到随着商品销量的增加和买家的增多，企业规模在一定范围内也会越做越大，买家对服务体验的追求也会变高，特别是对物流，自然是越快越好。中国陆地面积约 960 万平方千米，幅员辽阔，通常情况下，一个店铺的买家是来自全国各地的。因此，一个成熟的电商企业通常会对仓储的安排做进一步规划。在这种情况下，分仓决策就非常重要，一旦分仓预测失去准确性，就会降低物流运作效率、增加物流成本，还会拉低用户体验。

因此，分仓分析越来越引起企业的重视，这也是店铺日常运营过程中最基础的分析之一。分仓分析是供应链管理过程中非常具有技术含量的一个工作，直接关系到销量的满足和订单的效率。分仓分析的基本逻辑其实就是供应链分析讲到的需求预期，一般来说，企业进行分仓分析的时候，应以实际订单数据为基础，进行订单地理位置的界定并对分仓比例进行界定，从而指导后续的分仓数据预测。

2. 分时段分析

在流量分析中我们讲到，在不同的时间段流量是有差异的，在不同的时段订单的数量是有差异的。时间的差异主要体现在以下三个方面。

（1）因促销力度所产生的差异。例如，在每年"双 11"或者"618"大促期间，或者在聚划算促销期间和店铺店庆期间，订单量无疑是日常的数倍甚至数百倍。

（2）因消费者行为产生的差异。例如手机使用的高峰期，随着手机使用概率的增加，其成交量也相应增加。

（3）因季节因素产生的差异。例如，在中秋前夕购买月饼、春节前夕购办年货、在情人节前夕购买礼物、在开学前购买文具、夏天购买电风扇、冬天购买暖手宝等。

（二）品类分析

在电商模式下的销售，绝大多数情况商品都会分为爆款和长尾款。爆款是店铺售卖商品的主力，往往占据了店铺 80% 以上的销售量，而这部分商品可能不到 20%，也就是一个店铺 20% 的商品贡献了 80% 的销量，而剩下 80% 品类只贡献了 20% 的销售。这就是传统理论所说的"二八原则"，当然"二八原则"不是绝对的。

以 SKU 为粒度的分析分别是以数据为单位和以金额为单位两个维度进行分析的，旨在分析每个单品对总销量的贡献率，并且分析其原因，从而达到对未来销售规划的指引性作用。

1. 以数量为单位进行分析

以数量为单位进行分析即分析单位时间内销售的件数，计算每个商品在总销售里面所占的比重。

$$各商品销量占比＝各商品销售÷总销量×100\% \tag{7.12}$$

2. 以金额为单位进行分析

以金额为单位进行分析即分析单位时间内的销售金额。销售金额是商家从生意的角度更关心的一个指标，上述的销售数量固然能反映一些问题，但衡量一个店铺的业绩通常更加关注销售金额。跟以数量为单位进行分析的原理一样，我们也可以得出关于销售金额的统计数据。

$$各商品金额占比 = 各商品销售金额 \div 总销量额 \times 100\% \qquad (7.13)$$

（三）产品偏好分析

消费者在购买商品的时候往往都会评价产品的价值结构，根据自己所认为的价值因素，如商品的质量、价格、服务、品牌形象等因素进行评估，然后选择性价高的商品。经过重复购买和不断的评估后，当消费者发现某一品牌或者类型的商品在总体价值上优于其他商品时，消费者就会对此产品和品牌类型的商品产生偏好。

商家对消费者的这种偏好的分析，目的在于迎合消费者的偏好，打造自身品牌、店铺、商品的竞争优势。这种分析在很大程度上决定了商品的销售表现和营销改进方向。我们在进行消费者偏好分析的时候，首先要将销售结果进行量化。其次，需要将消费者的偏好按照质量、价格、品牌形象、口碑、消费者的文化价值观等维度进行分析。具体的分析方法通常是有针对性的市场测试方法，即通过对其他变量的控制把握，只调整其中一个变量，从而分析出结果，得出消费者偏好在该变量的最优值。在这里，通常所说的最优质是指利润最大化的变量值，又或者销售和销售量最大化的变量的值。而且，这个最优值也并非是一成不变的。

（四）客单价分析

客单价分析是对顾客的单个订单的金额进行分析。客单价分析能反映出一个店铺的收益情况。按照正常的逻辑，商家一般追求客单价越高越好，因为在店铺运营过程中有部分成本是固定的（固定成本），比如推广成本、活动成本等。客单价越高意味着利润率越高，当然，这也不是绝对的。对于客单价，我们一般从平均客单价、最高客单价和最低客单价三个维度进行分析。

1. 平均客单价

平均客单价是客单价分析中最具有代表性的指标，也是在成本影响、推广效果方面体现最明显的数据。在统计分析方法上，我们通常以时间维度作为横坐标，以客单价作为纵坐标，从而得出对应时间的客单价，分析对应时间的各种投入以得出影响客单价的根本原因，其计算公式如下：

$$平均客单价 = 一定时间内的总销售金额 \div 总销售量 \qquad (7.14)$$

2. 最高客单价

最高客单价即在一定时期内，单笔订单金额最高的数值。在正常的运营过程中，用最高客单价跟平均客单价进行对比通常会出现以下两种情况：一种情况是最高客单价远高于平均客单价，最高客单价属于特例，分析价值有限；另一种情况是最高客单价接近于平均客单价，此时，如何提高平均客单价意义很大。

3. 最低客单价

与最高客单价相对应，最低客单价是指一定时期内单笔订单金额最低的数值，客单价低自然是商家不愿意看到的，最低客单价的分析价值也在于其与平均客单价的对比，也会出现以下两种情况：一种情况是最低客单价远低于平均客单价，最低客单价属于特例，分析价值有限；另一种情况是最低客单价接近于平均客单价，找出导致客单价低的关键点，避免客单价持续降低则成为各店铺的关注重点[①]。

① 吴洪贵，等. 商务数据分析与应用 [M]. 北京：高等教育出版社，2020：189-199.

对某店铺经营数据进行分析

经营数据分析是商务运营分析的重要内容之一，企业通过对经营数据进行分析，能够更好掌握市场需求情况，更好地对经营效果进行评估，以为后续营销策略确定提供支撑。请对淘宝某店铺进行订单数据分析、消费者偏好分析和客单价分析。

步骤一：分析目标

（1）对店铺订单量数据、品类、产品偏好和客单价进行分析；

（2）根据分析结果提出相应的优化建议。

步骤二：实施准备

（1）对需要的数据进行规划罗列；

（2）根据规划下载相应的数据。

步骤三：任务实施

对经营数据进行整理，如表7.37~表7.41所示。

表 7.37　店铺分仓预测表

仓库	运动鞋S/双	运动鞋M/双	运动鞋L/双	皮鞋S/双	皮鞋M/双	皮鞋L/双	分仓汇总/双	占比/%
仓库A	34	56	44	55	78	21	288	11
仓库B	55	78	34	32	99	22	320	12
仓库C	33	190	56	34	112	89	514	20
仓库D	32	177	67	36	78	75	465	18
仓库E	41	78	79	27	56	84	365	14
仓库F	56	65	45	54	44	67	331	13
仓库G	38	44	50	32	98	76	338	13
商品汇总	289	688	375	270	565	434	2 621	100

表 7.38　商品品类统计表

仓库	星期一	星期二	星期三	星期四	星期五	星期六	星期日	订单量
仓库A/双	9	13	88	35	56	65	22	288
仓库B/双	12	31	65	46	77	81	8	320
仓库C/双	14	27	101	84	99	121	68	514
仓库D/双	11	21	156	43	78	95	61	465
仓库E/双	9	12	71	54	67	97	55	365
仓库F/双	10	21	79	30	84	70	37	331

表7.38(续)

仓库	星期一	星期二	星期三	星期四	星期五	星期六	星期日	订单量
仓库 G/双	14	22	68	35	79	80	40	338
时间汇总/双	79	147	628	327	540	609	291	2 621
占比	3%	6%	24%	12%	21%	23%	11%	100%

表 7.39 店铺 2019 年与 2020 年"双 11"店铺订单量数据　　　　　单位：双

时间段	2020 年订单量	2019 年订单量
00:00~01:00	578	695
01:00~02:00	1 002	809
02:00~03:00	86	71
03:00~04:00	13	24
04:00~05:00	18	17
05:00~06:00	12	19
06:00~07:00	35	27
07:00~08:00	45	28
08:00~09:00	48	39
09:00~10:00	22	34
10:00~11:00	47	59
11:00~12:00	113	78
12:00~13:00	205	159
13:00~14:00	163	148
14:00~15:00	37	92
15:00~16:00	40	25
16:00~17:00	18	31
17:00~18:00	25	44
18:00~19:00	48	64
19:00~20:00	89	128
20:00~21:00	102	107
21:00~22:00	129	114
22:00~23:00	187	122
23:00~24:00	245	156

项目 7　经营与销售数据分析

表7.40 店铺部分商品销量和销售额情况

商品	销售数量/双	销量占比/%	销售金额/元	销售额占比/%
运动鞋 S	289	8.4	54 621	6.4
运动鞋 M	683	19.8	129 087	15.2
运动鞋 L	375	10.9	70 875	8.3
皮鞋 S	270	7.8	80 730	9.5
皮鞋 M	565	16.4	168 935	19.9
皮鞋 L	434	12.6	129 766	15.3
高跟鞋 S	267	7.7	69 153	8.1
高跟鞋 M	453	13.1	117 327	13.8
高跟鞋 L	115	3.3	29 785	3.5
汇总	3 451	100	850 279	100

表7.41 分月客单价统计表

月份	销售金额/元	销售数量/双	客单价/元
1	114 585	1 011	113
2	18 890	204	93
3	30 345	342	89
4	80 889	1 015	80
5	73 908	613	121
6	134 256	1 232	109
7	77 898	355	219
8	18 798	200	94
9	409 187	3 409	120
10	167 876	1 306	129
11	668 767	8 809	76
12	134 675	1 133	119

步骤四：数据可视化与结果分析

首先将数据导入 Excel，选中数据后，在插入图表处选择合适的图表类型，如图 7.36~图 7.41 所示。

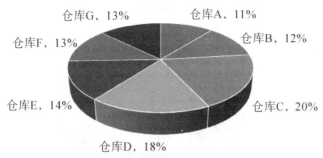

图 7.36　订单分仓分析图

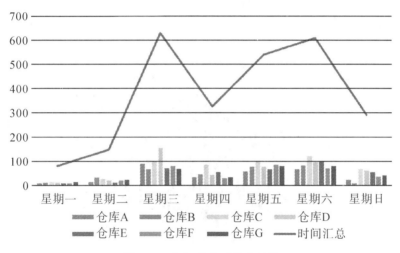

图 7.37　周订单分时段分析图

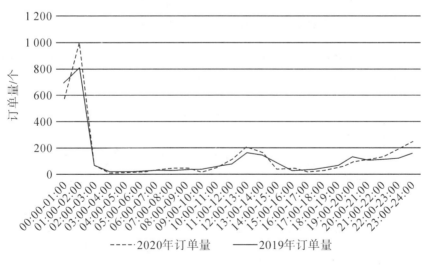

图 7.38　天订单分时段分析图

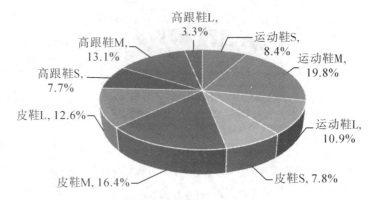

图 7.39　以销量为单位的品类分析

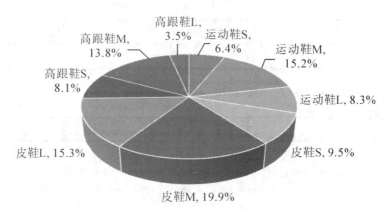

图 7.40　以销售金额为单位的品类分析

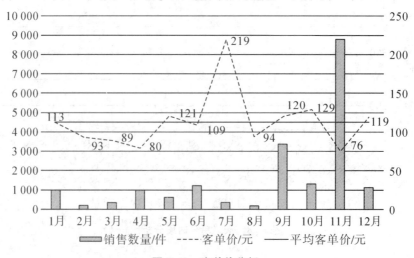

图 7.41　客单价分析

根据以上分析，我们可以得到以下结论。

（1）从订单分仓分析来看，除了仓库 C（20%）、仓库 D（18%），其他几个仓库的差异没有太大。

（2）从一周的订单分时段的分析来看，各个仓库在周一周二的订单是最少的，在周三和周六达到高峰。这和消费者上班时间有一定关系，周三是工作日的中间，通过购物可以一定程度地放松心情，此外，周三下单，周六周日一般能到，这也是影响消费者购买行为的因素，而周六时间充裕，订单较多。综合以上分析可以看出，若店铺搞活动可以选择在周三、周六进行。

（3）而根据一天订单分时段分析图发现，受到"天猫"平台活动时间的影响，订单在 00:00~01:00 达到顶峰，而凌晨 03:00~05:00，流量降到最低，一是因为买家计划买的商品已经购买并完成尾款付款，二是因为商家前 1 小时秒杀、前 2 小时折上折等大力度的促销活动也已经结束。白天流量主要是在上班之前、中午吃饭休息时间、下班后以及在"双 11"活动结束前 2 个小时。可见消费者的作息时间和手机使用习惯会影响订单的趋势。综上，在活动具体时间设置上，店铺除了考虑平台的活动时间，还需要考虑消费者的作息时间。当然，具体情况具体分析，不同的消费群体，订单趋势会有区别，比如老年人，一般会睡得早、起得早，他们不用上班。

（4）根据两个维度的品类分析，我们能够发现消费者对皮鞋 M 款、运动鞋 M 款非常喜欢，但对高跟鞋 L 款就不是那么喜欢。通过进一步的分析发现，消费者认为皮鞋 M 款、运动鞋 M 款大小合适、上脚舒适、久走不累，而高跟鞋 L 款尺码偏大，有点磨脚。对于这样的情况，店铺需要对高跟鞋 L 款的尺码进行修订，重新选择鞋后跟内里材料。

（5）从客单价分析可以发现 11 月的客单价达到最低 76 元，与平均客单价 113 元差距较大。通过分析发现，因为 11 月受到"双 11"活动的影响，产生大量的订单，但是因为活动力度较大，从而导致客单价全年最低。客单价在 7 月达到最高 219 元，与平均客单价 113 元差距较大，没有太大的分析价值。

回顾总结

知识总结：

把本节课的知识梳理汇总成流程图，如图 7.42 所示。

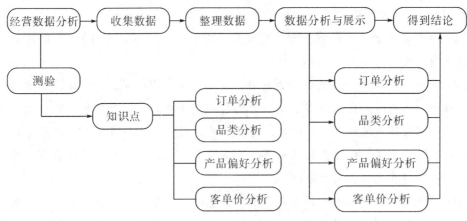

图 7.42　本节知识流程图

思维导图:

整理本节课所学知识点,补充下方思维导图(如图 7.43 所示),管理你的知识。

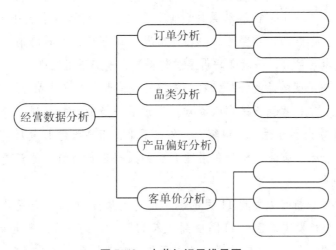

图 7.43　本节知识思维导图

实训作业

活动　对某店铺经营数据进行分析

>>> **工作目标**

对某店铺经营数据进行分析,通过此活动的实践,学生应当能够独立完成店铺订单分析、客单价分析。

>>> **工作实施流程**

工作实施流程如图 7.44 所示,店铺相关数据见表 7.42、表 7.43。

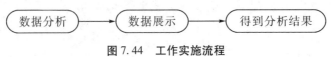

图 7.44　工作实施流程

表 7.42　店铺订单数据

时间	订单数/件	时间	订单数/件
2018-2-1 0:00	43	2018-3-1 0:00	144
2018-2-2 0:00	46	2018-3-2 0:00	140
2018-2-3 0:00	342	2018-3-3 0:00	442
2018-2-4 0:00	142	2018-3-4 0:00	144
2018-2-5 0:00	43	2018-3-5 0:00	43
2018-2-6 0:00	36	2018-3-6 0:00	43
2018-2-7 0:00	443	2018-3-7 0:00	244
2018-2-8 0:00	140	2018-3-8 0:00	445
2018-2-9 0:00	138	2018-3-9 0:00	47
2018-2-10 0:00	237	2018-3-10 0:00	49
2018-2-11 0:00	337	2018-3-11 0:00	47
2018-2-12 0:00	38	2018-3-12 0:00	46
2018-2-13 0:00	39	2018-3-13 0:00	42
2018-2-14 0:00	536	2018-3-14 0:00	346
2018-2-15 0:00	131	2018-3-15 0:00	144
2018-2-16 0:00	134	2018-3-16 0:00	144
2018-2-17 0:00	239	2018-3-17 0:00	246
2018-2-18 0:00	136	2018-3-18 0:00	45
2018-2-19 0:00	36	2018-3-19 0:00	44
2018-2-20 0:00	38	2018-3-20 0:00	40
2018-2-21 0:00	241	2018-3-21 0:00	344
2018-2-22 0:00	142	2018-3-22 0:00	144
2018-2-23 0:00	144	2018-3-23 0:00	144
2018-2-24 0:00	341	2018-3-24 0:00	246
2018-2-25 0:00	40	2018-3-25 0:00	147
2018-2-26 0:00	43	2018-3-26 0:00	47
2018-2-27 0:00	44	2018-3-27 0:00	41
2018-2-28 0:00	143	2018-3-28 0:00	247
		2018-3-29 0:00	40
		2018-3-30 0:00	341

表 7.43　店铺销量和销售金额

时间	销售数量/件	销售金额/元
2018/2/1 0:00	45	5 356
2018/2/2 0:00	46	4 745
2018/2/3 0:00	355	35 391

表7.43(续)

时间	销售数量/件	销售金额/元
2018/2/4 0:00	155	15 444
2018/2/5 0:00	47	4 914
2018/2/6 0:00	39	4 326
2018/2/7 0:00	465	46 469
2018/2/8 0:00	149	15 161
2018/2/9 0:00	141	14 440
2018/2/10 0:00	238	24 090
2018/2/11 0:00	337	33 990
2018/2/12 0:00	45	5 176
2018/2/13 0:00	47	4 778
2018/2/14 0:00	588	59 131
2018/2/15 0:00	133	14 072
2018/2/16 0:00	138	14 410
2018/2/17 0:00	245	24 344
2018/2/18 0:00	136	13 813
2018/2/19 0:00	36	3 613
2018/2/20 0:00	39	4 786
2018/2/21 0:00	241	23 993
2018/2/22 0:00	143	15 068
2018/2/23 0:00	150	15 643
2018/2/24 0:00	341	34 375
2018/2/25 0:00	44	4 977
2018/2/26 0:00	45	5 038
2018/2/27 0:00	45	5 115
2018/2/28 0:00	145	15 248

>>> **活动要求**

1. 根据实践任务要求，完成店铺经营数据分析。
2. 在工作实施过程中，学生可自由查阅资料或向老师求助。
3. 在规定时间内完成任务，超时则视为未完成任务，不予评分。

>>> **任务实践**

请根据活动步骤流程，对店铺订单数据和销售金额进行分析，并将申请成功界面截图附在下方表格中。

>>> **检查清单**（见表7.44）

表7.44　检查清单

序号	检查事项	是否完成
1	对本工作页的任务要求是否明确	
2	是否能根据数据特征选择数据分析图表类型	
3	是否会作图并对图表进行修饰完善	
4	是否能根据分析得到结论	
5	是否达成本次任务的工作目标	

>>> **任务评价**（见表7.45）

表7.45　任务评价表

评价类别	评价内容	分值	教师评分
知识与技能	掌握店铺经营数据分析技能	60	
情感态度	课堂上积极参与，积极思考，勇于开口、动脑，发言次数多	20	
	小组协作交流情况：小组成员间配合默契，彼此协作愉快，互帮互助	20	

项目检测

一、单项选择题

1. 淘内免费流量渠道不包括（　　　）。

　　A. 手淘搜索　　　　　　　　　　B. 淘内免费其他

　　C. 手淘淘抢购　　　　　　　　　D. 直通车

2. 以下属于站外流量渠道的是（　　　）。

　　A. 抖音　　　　　　　　　　　　B. 聚划算

　　C. 淘宝客　　　　　　　　　　　D. 钻石展位

3. 下面公式计算正确的是（　　　）。

　　A. 收藏转化率＝收藏件数÷流量×100%

　　B. 收藏转化率＝收藏人数÷流量×100%

　　C. 加购转化率＝加购人数÷收藏量×100%

　　D. 支付转化率＝支付人数÷加购量×100%

4. 在进行商品分析时，需要收集的数据不包括（　　　）。

　　A. 收藏转化率　　　　　　　　　　B. 加购转化率

　　C. 客单价　　　　　　　　　　　　D. 支付转化率

5. 在商品类目中级别从高到低排序正确的是（　　　）。

　　A. 鞋子、服装、袜子　　　　　　　B. 洗发水、美妆、护发素

　　C. 隐形眼镜、复古眼镜、老花眼镜　D. 玩具、户外玩具、飞行模型

6. 某商品有长、中、短三种款式，每种款式有 XS、S、M、L 四种尺码，那么该商品 SKU 有多少种（　　　）。

　　A. 6　　　　　　　　　　　　　　　B. 9

　　C. 12　　　　　　　　　　　　　　D. 15

7. 时间序列类型不包括（　　　）。

　　A. 水平型　　　　　　　　　　　　B. 趋势型

　　C. 正态型　　　　　　　　　　　　D. 季节变动型

二、多项选择题

1. 下面不属于销售区域分析划分方法的是（　　　）。

　　A. 按照经济发展程度划分　　　　　B. 按照地理位置划分

　　C. 按照省份划分　　　　　　　　　D. 按照民族划分

2. 流量分析的主要内容包括（　　　）。

　　A. 流量趋势分析　　　　　　　　　B. 流量转化分析

　　C. 流量大小分析　　　　　　　　　D. 流量对比分析

3. 流量转化分析内容包括（　　　）。

　　A. 流量来源分析　　　　　　　　　B. 流量地域分析

　　C. 流量趋势分析　　　　　　　　　D. 关键词转化分析

4. 最优类目的选择可以选择哪两个指标（　　　）。

　　A. 支付转化率　　　　　　　　　　B. 加购转化率

　　C. 收藏转化率　　　　　　　　　　D. 支付金额

5. 下列是消费者购买商品时的产品偏好因素的是（　　　）。

　　A. 产品的质量　　　　　　　　　　B. 产品的价格

　　C. 产品的服务　　　　　　　　　　D. 产品的品牌形象

三、判断题

1. 店铺流量是指网站或者店铺的访问量。　　　　　　　　　　　　　（　　　）

2. 供应链管理是指物流管理。　　　　　　　　　　　　　　　　　　（　　　）

3. 对于加快销售的商品，卖家可以降价处理。　　　　　　　　　　　（　　　）

4. 根据"二八原则"，卖家进行单一商品销售就可以了。　　　　　　　（　　　）

5. 店铺企业没有必要对仓储进行分仓管理。　　　　　　　　　　　　（　　　）

四、简答题

供应链分析包含哪些内容？

项目8

推广数据分析

推广是商务的重要组成部分，而推广数据分析又是商务活动中必须了解的数据。活动推广通过创造具有创意性的活动内容，使之成为大众关心的话题，吸引媒体报道与消费者参与，而达到提升企业形象，以促进销售的目的，是运营人员必须掌握的重要技能。

项目8课件

任务 8-1　活动推广分析

任务导入

任务　拼多多平台推广活动分析

实训情境：

专注于C2M拼团购物的第三方社交电商平台——拼多多仅成立一年，就取得单月成交额达1 000万元、付费用户突破2 000万的好成绩。随着入驻的人越来越多，店铺推广已成为必然，而在众多推广方式中，官方活动是一个非常不错的推广方式，能够在一定程度上帮助商家提升店铺曝光率，获得更多的展示和销量。对于拼多多商家们来说，获取流量的来源点除了有多多进宝推广以及直通车推广之外，还有拼多多平台官方的活动。

根据岗位实训内容，我们可提炼出典型实训活动，具体如下：

（1）用逻辑分析能力拆解目标，分析需求；

（2）确定推广活动内容；

（3）活动流量分析；

（4）活动转化分析；

（5）活动渠道分析。

学习目标:

知识目标:(1) 理解什么是推广活动;
(2) 推广活动分析流程。

技能目标:(1) 如何策划推广活动;
(2) 如何分析推广活动。

思政目标:(1) 培养学生利用推广活动提升扶贫意识;
(2) 培养学生举办爱国主义公益活动能力。

学习导图:

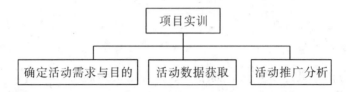

实训任务

实 训 任 务 书

任务名称:_____

任务功能:_____

典型实训任务:_____

实训任务	拼多多平台推广活动分析			
任务成员			指导教师	
任务描述	本任务是拼多多平台推广活动分析，通过此活动的实践，学生能够了解推广分析流程，能够分析推广数据的关键指标，能够为经营决策提出有效策略			
实训目标	目标（O）	学会对不同平台的推广活动进行数据分析		
	关键成果	关键成果1（KR1）	完成推广活动流量分析	
		关键成果2（KR2）	完成推广活动转化分析	
		关键成果3（KR3）	完成推广活动渠道分析	
实训职责	熟记活动数据分析的每项任务 确保整个活动分析的完整性并提出结论			
实训内容	①拆解目标，分析需求	②确定推广活动内容		③数据获取及探索
	④活动流量分析	⑤活动转化分析		⑥活动渠道分析
实训难度	√ 简单	□一般	□较难	□困难
完成确认	序号	检查事项		教师签名
	1	对本实训的任务要求是否明确		
	2	是否会拆解目标并分析商家需求		
	3	是否能获取推广活动内容		
	4	是否能完成数据获取并探索洞察数据特征		
	5	是否会进行活动流量分析		
	6	是否会进行活动转化分析		
	7	是否会进行活动渠道分析		
	8	是否有相应节点的小结和总结以及结论		

注意事项：

1. 请严格按照实训任务内容要求实践，不得随意更改实训流程。

2. 完成实训内容后，请进行清单检查，完成请打钩。

学生签名：

情境描述

近年来，随着移动互联网的发展，加之新冠病毒感染疫情的影响，人们的线上购物需求增加，电商商家竞争激烈。商家通过各大平台的免费和付费活动的推广，可达到获取更大流量和相应口碑的目的。这里以拼多多平台为案例，分析商家活动推广效果，以求达到活动推广与用户需求更加匹配的成效。

实训计划

对企业典型实训活动进行提取，并辅以学习知识点，组成新型实训计划。

实训流程图如图 8.1 所示。

（备注：实训流程图上方为该环节所需知识点，下方为项目实践活动。）

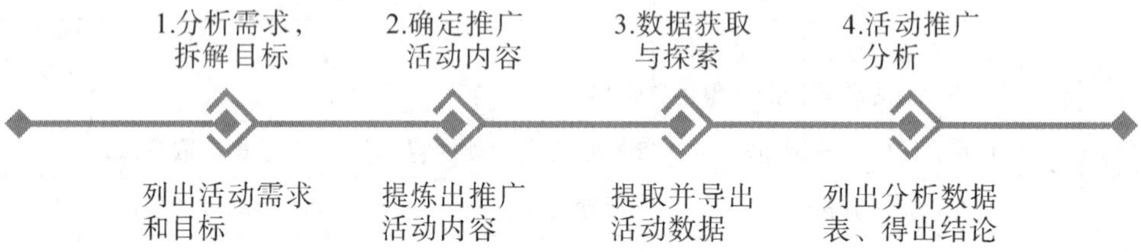

1.分析需求， 拆解目标	2.确定推广 活动内容	3.数据获取 与探索	4.活动推广 分析
列出活动需求 和目标	提炼出推广 活动内容	提取并导出 活动数据	列出分析数据 表、得出结论

图 8.1　实训流程图

典型实训活动一：拆解目标，分析需求

实训要点 1：分析"拼多多平台推广活动分析"活动的背景

实训要点 2：确定活动需求与活动推广目的

实训任务：确定活动需求和目标。

典型实训活动二：活动流量分析

实训要点 1：提取分析指标

实训要点 2：设定判断标准

实训要点 3：数据对比分析

实训任务：完成活动流量分析。

典型实训活动三：活动转化分析

实训要点 1：列出转化项目，观察异常转化率

实训要点 2：追踪转化率变化

实训要点 3：观察各渠道转化

实训任务：完成活动转化分析。

典型实训活动四：活动渠道分析

实训要点 1：导入不同渠道流量数据

实训要点 2：建立并调整分析模型

实训要点3：活动渠道流量分析

实训任务：完成活动渠道分析。

学习目标

本实训的学习目标如表8.1所示。

表8.1 学习目标

难度	序号	任务内容
初级	1	确定活动需求和目标
	2	完成活动流量分析
	3	完成活动转化分析
	4	完成活动渠道分析
中级	1	绘制活动推广对比图表
高级	1	形成活动推广优化方案

知识讲解

任务 如何进行活动推广分析

活动推广指企业整合自身的资源，通过具有创意性的活动或事件，成为大众关心的话题，吸引消费者参与，进而达到提升企业形象，以及促进销售的目的[①]。

若不对互联网线上活动的推广进行衡量，就无从知晓其发挥的作用，自然就无法达到活动推广本应达到的目标。数据分析就是这样一个工具——通过数据，可以衡量营销活动，可以了解活动，可以在数据驱动下改进活动方式。衡量活动推广效果大致包括分析活动流量、分析活动渠道推广和分析活动转化。

一、分析活动流量

在活动分析中，活动流量是判断营销活动效果最有力的要素，也是衡量活动推广效果的首要步骤。活动流量是指营销活动的安排给店铺或网站带来的流量增量。

① MBA 智库百科. https://wiki.mbalib.com/wiki/%E6%B4%BB%E5%8A%A8%E6%8E%A8%E5%B9%BF#_ref-0.

（一）提取分析指标

要分析不同的活动，就需要提取主要的流量指标，图 8.2 是不同活动类型对应的分析指标。

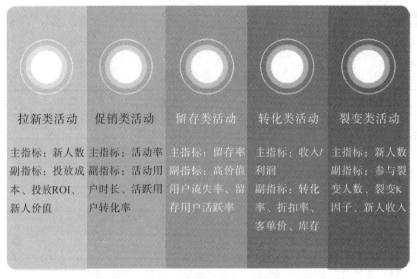

拉新类活动	促销类活动	留存类活动	转化类活动	裂变类活动
主指标：新人数 副指标：投放成本、投放ROI、新人价值	主指标：活动率 副指标：活动用户时长、活跃用户转化率	主指标：留存率 副指标：高价值用户流失率、留存用户活跃率	主指标：收入/利润 副指标：转化率、折扣率、客单价、库存	主指标：新人数 副指标：参与裂变人数、裂变K因子、新人收入

图 8.2　不同活动类型对应的活动流量分析指标

进行活动推广分析前应判断此次活动的目标，活动的主指标应该与目标紧密结合，优选直接受影响的指标。比如活动若是为了拉新客户，那主指标就是新注册用户数；如果活动是为了提高新用户留存率，那主要考虑的就是 1~7 日内的新用户留存情况。

（二）设定判断标准

我们有了清晰的主指标，就可以找判断标准。找判断标准有四个基本思路。

（1）从整体结果出发，看总量。比如本月需要 20 万新用户，所以必须做到 20 万。

（2）同无活动时对比，看增量。比如无活动一个月需要 3 万新用户，活动必须在此基础上增加 2 万新用户，那么 2 万就是标准。

（3）同过往活动对比，看效率。比如拉新活动常规下为每人 100 元，活动时则不能超过此价格。

（4）同没有参与的用户对比，看差异。比如分无参与组（参与组），对比参与组新注册数和留存率。

（三）对比分析

确定好判断标准后，我们可用对比分析法对不同渠道的推广活动在活动时间的前后进行对比及有无活动进行对比。在此，我们可能很难单凭每天的数据变动就确定账户中存在的问题。因此，我们可以利用比重分析法进行分析。

先按照维度进行划分，根据日期划分为上下两个维度，然后利用 Excel 中的数据透视表功能进行对比，如图 8.3 所示。根据数据透视表的分析，我们可以发现活动推广效果的问题，从而得出结果并提出优化方案。

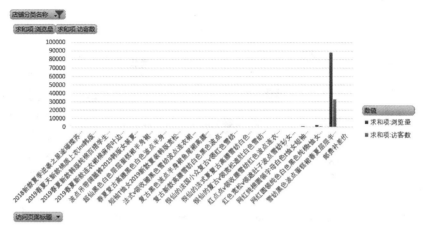

图 8.3　Excel 数据透视表的活动流量对比分析

二、分析活动转化

通过活动推广的流量进行分析，我们可以发现活动出现的问题，此时，对商家更重要的问题是有效的流量是如何进行转化的，这便进入了活动转化分析项目。

在活动推广中，完成引流的工作后，下一步需要考虑的就是转化了，一个崭新的用户一路走来到完成交易，需要经历：浏览页面（下载 App）→注册成为用户→登陆→添加购物车→下单→付款→完成交易。每一环节中都会有用户流失，提高各个环节的转化率，一直是互联网商务运营最核心的工作之一。转化率的提升，意味着更低的成本、更高的利润。

提高活动转化率需分析了解各环节转化情况，分析其异常或不合理情况并进行调整，从而提升各环节的转化率。

活动转化分析可借助 FineReport 工具，FineReport 图表可从各个角度对转化数据进行展示分析。

1. 观察各环节转化率，分析其合理性，针对转化率异常环节进行调整

将挖掘到的数据导入 FineReport，得到转化率分析对比图，FineReport 可以根据实际情况在该图中加入更多转化项目环节，例如注册、收藏等。

2. 追踪转化率变化，用于异常定位和策略调整效果验证

若转化率出现下滑，我们可以通过渠道转化率与业务转化率两个图表的联动，去追踪定位导致转化率下滑的渠道或业务。比如常见的原因，投入了某个渠道进行推广，新的渠道带来了新的流量，而该渠道所引入的用户质量却偏低，拉低了整体的转化率。

3. 观察各渠道转化情况，定义渠道价值，并依此适当调整运营策略

气泡图在传统图表中的信息量涵盖相对是比较大的，图 8.4 的 x 轴和 y 轴分别表示流量和转化率，y 轴可以根据分析内容不同切换成点击率、注册率、架构率、下单率等，气泡的大小表示渠道 ROI。从图 8.4 中可以看出，在右上象限中的渠道价值是比较大的，再综合考虑 ROI，还可以看出渠道性价比情况[①]。

① 帆软. 如何做数据分析［EB/OL］.［2019－09－23］. https://www.zhihu.com/question/23818583/answer/833116551.

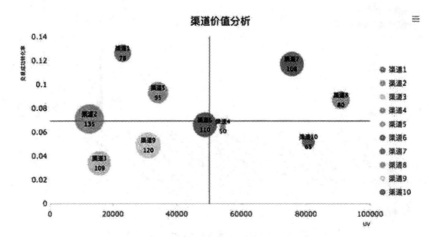

图 8.4 活动转化分析渠道价值分析

三、分析活动渠道推广

进行活动渠道推广分析需要了解有哪些渠道能带来不同的效益，渠道分为免费推广渠道分析和付费推广渠道。

（一）免费渠道分析

免费渠道指没有进行付费推广，消费者自主通过关键词搜索或类目搜索等途径进入店铺的流量渠道[①]。

免费渠道流量来源包括站内渠道和站外渠道。站内如淘宝平台，流量来源通常来自搜索流量、首页流量、商品收藏、购物车、已买到的商品等，如图 8.5 所示。站外免费渠道流量主要来源于站外的网站、社交群等。

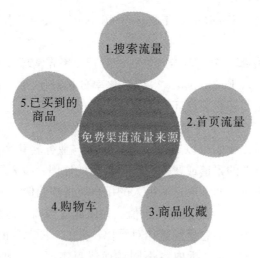

图 8.5 站内免费渠道流量来源

如果是分析自己网店的数据，不管是免费渠道还是付费渠道，都要看生意参谋的流量板块，如图 8.6 所示。

---

① 王顺民，宋巍. 电商数据分析 [M]. 北京：人民邮电出版社，2021：2.

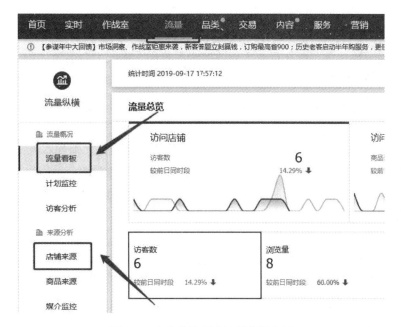

图 8.6　生意参谋渠道流量来源分析

免费渠道流量精准来源可按照生意参谋（sycm.taobao.com）—流量—来源分析—店铺来源/商品来源的路径来查询。下面以淘宝的搜索入口渠道为例来做流量分析。

搜索是消费者常用的方式，也是卖家最喜欢的流量入口，因为它是免费的，流量巨大，而且搜索流量的转化率仅次于活动入口。

例如，分析某产品搜索关键词数据，为优化标题提供决策依据。数据采集路径为：生意参谋—商品—商品分析。

在生意参谋中导入该产品的单品分析数据表，如图 8.7 所示。

图 8.7　单个产品搜索来源数据表

1. 分析思路

分析思路是将关键词数据都转换为词根数据，看每个词根自己的表现、在竞品上的表现和行业的表现，综合考虑。我们还需要准备词根、相关搜索词和竞品关键词三份数据集，数据必须在同一时间宽度进行对比分析。

2. 准备数据

词根数据集：词根是最小的标题粒度，商家可以根据自己的标题来设置，如中文词根"连衣裙"，不可以再分为"连衣""衣裙"，这些词在消费者搜索行为中不具有意义，因此连衣裙就是词根。

相关搜索词数据集：所在行业主要的搜索关键词，将此表命名为"行业"。

竞品关键词数据集：竞品产生流量和销售的主要关键词，商家需订购生意参谋竞品模块才有权限看到并下载数据，将此表命名为"竞品"。

3. 分析过程

将以上数据集加载到 Excel 编辑器，然后添加自定义列将词根导入关键词数据，建立关系模型，计算度量值，再创建数据透视表，创建数据透视图，最后添加切片器。

以上操作实现了词根的趋势分析，在实际的应用中，我们可以根据需求建立或调整分析模型。

（二）付费渠道分析

付费渠道是指通过投放广告、按点击率计算费用等方法引入消费者流量的渠道来源，这类渠道带来的流量精准度高，更容易获取。淘宝网常见的付费引流渠道包括淘宝客、直通车、钻石展位以及各种促销活动等。

付费渠道推广效果较免费渠道推广来说，推广效果好、见效快，在浏览量、点击量等指标上都要优于免费渠道，但同时也存在短暂、跳出率高等特点。因此，商家在付费渠道推广上应更加注意内容的运营。关于内容运营，见下节介绍。付费渠道推广除常见的流量指标外，还需要考查对费比以及投资回报率（ROI）等指标，其公式如下：

$$付费比 = 投入费用 \div 销售额 \times 100\% \tag{8.1}$$

$$ROI = 销售额 \div 投入费用 \times 100\%^{①} \tag{8.2}$$

案例解析

某饮料公司营销活动数据分析

> 　　作为专业的数据分析团队，其此次面对的客户为某世界领先的饮料公司在中国的分公司，该公司面向全国销售果汁、饮用水和碳酸饮料等产品。营销和销售包括线上和线下等多种渠道。其拥有好几家广告公司为其提供营销活动服务，每年有超过 10 个营销活动，以及超过 100 万美元的营销费用投入。

1. 业务挑战

目前客户的线上和线下相结合的营销活动，是由好几家广告公司负责的。活动内容包括线上活动发放优惠券，线下消费时使用，以及线下购买商品后参与线上抽奖等。

各家广告公司负责开发各自的活动应用，管理自己的活动数据，每周提交报告给客户。不同活动之间的数据是相对独立的，在经过了多个活动后，也没有数据积累和

---

① 吴洪贵. 商务数据分析与应用 ［M］. 北京：高等教育出版社，2019：236.

趋势分析，业务停留在执行层面，对客户的长期营销策划和战略发展没有帮助。

2. 项目交付

数据分析团队通过分析、设计和实施，为客户搭建了营销活动数据分析平台，包括：

（1）营销活动数据分析的长期规划和策略；

（2）统一的数据库、规范的数据架构和数据接口，用以连接各广告公司；

（3）主数据维护平台，规范客户的基础数据；

（4）基于移动端的报表分析平台，多种数据分析和比较的报表；

（5）权限访问控制，应用于企业内部的人员。

3. 提供的价值

数据分析团队规范了营销活动的流程，搭建了统一的营销活动数据架构，为统一各个营销活动的数据打下基础。客户可以在此基础上进一步推广数据结构到其他广告公司，并做深入分析，提高了数据汇总和分析的效率；从以往每周一次的汇总分析，发展到每天汇总数据，之后可以进一步缩短数据传输的时间间隔，做到准实时地获取营销活动数据。

此外，数据分析团队还建立了跨广告公司、跨不同时期的营销活动数据分析能力，对不同营销活动数据进行比较和趋势分析。

收集和汇总数据后，经过一定的数据积累，数据分析团队可以对营销活动和消费者人群做深入的数据挖掘和分析，进一步支持客户未来的营销活动策划和执行。

回顾总结

知识总结：

把本节课的知识梳理汇总成流程图，如图 8.8 所示。

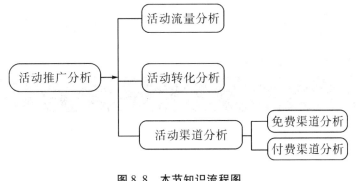

图 8.8　本节知识流程图

思维导图：

整理本节课所学知识点，补充下方思维导图（如图 8.9 所示），管理你的知识。

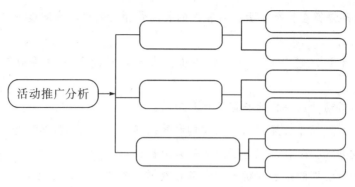

图 8.9 本节知识思维导图

实训作业

活动 拼多多平台推广活动分析

>>> **工作目标**

通过此活动的实践，学生应当能够了解活动推广的分析意义，掌握活动推广分析的分析方法，发现活动推广分析表现出的问题。

>>> **工作实施流程**（如图 8.10 所示）

图 8.10 工作实施流程

>>> **活动要求**

● 根据实践任务要求，完成拼多多平台推广活动分析报告，含图表，字数在 500 字左右。

请在"答题卡"中完成任务。

请在下框中填写你在活动过程中遇到的问题。

·

·

·

任务实践

请根据活动步骤流程，完成对拼多多的活动推广分析，并将报告截图附在下方表格中。

检查清单（见表8.2）

表8.2　检查清单

序号	检查事项	是否完成
1	对本工作页的任务要求是否明确	
2	是否正确找到可靠的相关数据源	
3	是否能洞察数据特征	
4	是否了解活动推广分析的指标	
5	是否掌握活动分析方法	

任务评价（见表8.3）

表8.3　任务评价表

评价类别	评价内容	分值	教师评分
知识与技能	能够独立查找相关数据源	40	
	能够准确分析出活动推广内容	40	
情感态度	课堂上积极参与，积极思考，勇于开口、动脑，发言次数多	10	
	小组协作交流情况：小组成员间配合默契，彼此协作愉快，互帮互助	10	

项目 8　推广数据分析

任务 8-2　内容运营分析

任务导入

任务　微博内容运营分析

实训情境：

随着自媒体的兴起，越来越多的企业开始运营自己的官方微博、微信公众号，更有一些营销公司专门做垂直行业的大号来使自己逐渐成为行业意见领袖。这是一种潮流，更是一种趋势。微博内容分析价值也不断体现出来，对微博内容的运营分析势在必行。

学习目标：

知识目标：(1) 理解什么是内容运营；
　　　　　(2) 掌握内容运营的渠道。
技能目标：(1) 理解内容数据分析指标；
　　　　　(2) 掌握内容运营的分析方法。
思政目标：(1) 培养学生讲好中国故事的能力；
　　　　　(2) 培养学生理解新媒体与传统媒体融合发展的思维；
　　　　　(3) 让学生建立新时代新媒体思维，学会如何应对舆论危机。

学习导图：

实训任务

实 训 任 务 书

任务名称：＿＿＿＿＿＿＿＿＿＿＿＿＿＿＿＿＿

任务功能：＿＿＿＿＿＿＿＿＿＿＿＿＿＿＿＿＿

典型实训任务：＿＿＿＿＿＿＿＿＿＿＿＿＿＿＿

实训任务	微博内容运营分析			
任务成员			指导教师	
任务描述	本任务将对"微博内容运营分析"任务进行分析，通过此活动的实践，学生能够了解内容运营分析流程，能够分析内容数据的关键指标变化，发现内容分析流程中的细节问题及原因			
实训目标	目标（O）	完成微博内容运营数据分析报告		
	关键成果	关键成果 1（KR1）	完成内容渠道分析	
		关键成果 2（KR2）	完成内容指标提取	
		关键成果 3（KR3）	完成内容运营分析	
实训职责	熟记内容运营分析流程 确保整个活动分析的完整性并提出结论			
实训内容	①内容渠道分析	②提取内容分析各项指标	③数据获取及探索	
	④内容运营数据分析	⑤发现内容运营问题	⑥得出结论	
实训难度	√ 简单	□一般	□较难	□困难
完成确认	序号	检查事项		教师签名
	1	对本实训的任务要求是否明确		
	2	是否了解各大渠道特点		
	3	是否能获取活动内容数据		
	4	是否能对数据进行对比分析		
	5	是否能发现分析过程产生的问题和规律		
	6	是否有相应节点的小结和总结，以及结论		

注意事项：

1. 请严格按照实训任务内容要求实践，不得随意更改实训流程。

2. 完成实训内容后，请进行清单检查，完成请打钩。

学生签名：

情境描述

微博在几年前就已实行实名制，这一举措对微博的健康发展作用很大。网络文化受到重视，微博营销也势必会越来越受重视，对微博内容进行数据分析有利于我们更好地去经营微博。那么如何对微博数据进行分析呢？从数据上又能看出什么呢？

实训计划

对企业典型实训活动进行提取，并辅以学习知识点，组成新型实训计划。

实训流程图如图 8.11 所示。

（备注：实训流程图上方为该环节所需知识点，下方为项目实践活动。）

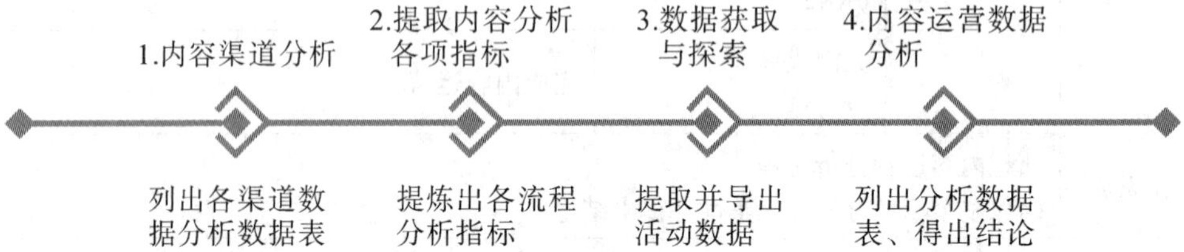

| 1.内容渠道分析 | 2.提取内容分析各项指标 | 3.数据获取与探索 | 4.内容运营数据分析 |

| 列出各渠道数据分析数据表 | 提炼出各流程分析指标 | 提取并导出活动数据 | 列出分析数据表、得出结论 |

图 8.11　实训流程图

典型实训活动一：内容渠道分析

实训要点 1：分析微博渠道特点

实训要点 2：列出微博典型内容数据对比表框架

实训任务：列出各渠道数据分析数据表。

典型实训活动二：内容指标分析

实训要点 1：列出内容流程

实训要点 2：提取分析指标

实训任务：完成活动流量分析。

典型实训活动三：内容运营过程分析

实训要点 1：提取并导出活动数据

实训要点 2：生成数据透视表

实训要点 3：生成对比数据表、趋势分析表

实训任务：列出分析数据表，撰写分析内容。

典型实训活动四：分析结论

实训要点 1：列出分析结果

实训要点 2：得出内容运营分析结论

实训任务：得出内容运营分析结论。

学习目标

本实训的学习目标如表8.4所示。

表 8.4　学习目标

难度	序号	任务内容
初级	1	完成内容发布渠道分析
	2	完成内容运营流程各指标分析
	3	完成活动内容运营分析
中级	1	生成内容运营数据图表
高级	1	发现内容运营问题
	2	形成内容运营分析优化方案

知识讲解

任务　如何进行内容运营分析

内容运营分析是针对发布的内容进行数据统计，商家可以通过内容分析了解哪些内容比较受用户的欢迎。

在内容运营的展示过程中，AIPL模型重新定义了消费者链路概念，A是指认知（aware）、I是指兴趣（interest）、P是指购买（purchase）、L是指忠诚（loyalty）。

以淘宝上发布的一条导购的图文内容为例，用户在看到这条信息的标题时对这条图文的内容产生了认知，点击进去阅读对商品产生了兴趣，通过图文的内容用户购买了某件商品，等待一段时间后收到了这件商品，并对这件商品感到满意，便对内容发布者产生了信任，于是就有复购的机会，也就产生了忠诚度。

一、内容的发布渠道

在内容发布之前，商家要了解各大平台的特点，给渠道进行分类与分级，比如按照钻石、黄金、白银、青铜分为不同的等级。分级的指标可按用户群体的相关性、流量的大小、平台主流性、平台的操作难度等进行。分类的指标可按产品的类别、内容的性质进行。

1. 垂直行业渠道

垂直行业渠道是指注意力集中在某些特定的领域或某种特定的需求，提供有关这个领域或需求的全部深度信息和相关服务的平台。常见的比如，旅游行业的商家会选择关注马蜂窝、飞猪、携程等平台，这些平台比其他平台体量大，且与泛行业的内容平台相比，离用户更近，离交易更近。

垂直行业领域是企业内容营销的主战场，好的垂直行业领域带来的内容转化和粉丝转化都较高，甚至高于专业流量平台。由于垂直平台的群体标签足够细致，用户属性足够明确，所以我们需要竭力运营与维护。

2. 水平外部渠道

水平外部渠道是指独立于产品或服务的提供者和需求者，通过网络服务平台，按照特定的交易与服务规范，为买卖双方提供服务的新媒体平台。图8.12为主流的水平外部平台。

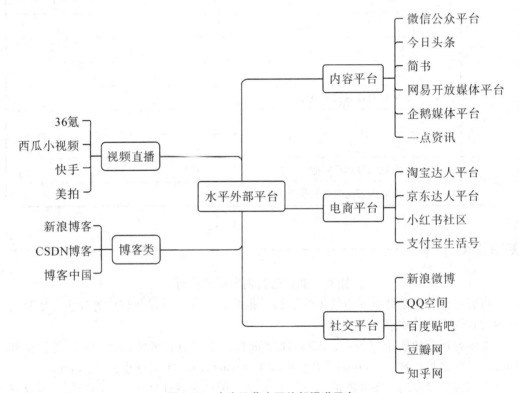

图 8.12　内容运营水平外部渠道平台

二、内容运营流程的对应指标

1. 内容发布

内容发布包括内容的发布与更新。具体包含以下指标：

（1）内容更新总量；

（2）内容发布量趋势；

（3）内容发布频率；

（4）内容生产的用户量。

因此，内容运营数据分析的第一步，就是要对内容的发布频率、更新总量、用户量等指标进行逐一分析。

以拼多多为例,我们可详细知晓内容信息的流向,如图 8.13 所示。

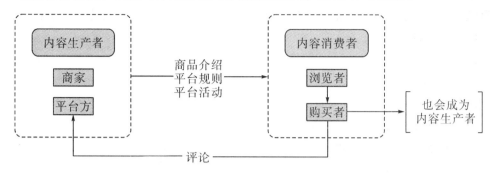

图 8.13 "拼多多"站内内容发布流转流程

2. 内容曝光

内容发布到指定平台或网站上,随即就出现了内容曝光。内容曝光是指在指定时间内互联网信息在网络上被用户看到的次数。在进行内容运营数据统计时,我们需要对以下指标进行分析:

(1) UV;

(2) PV;

(3) 送达率;

(4) 日活占比。

3. 内容点击

内容曝光后,商家会立刻关注是否有用户点击,用户在看到发布的内容时,也存在点击的可能性。内容曝光是指在指定时间内互联网信息在网络上被用户看到的次数。在进行内容运营数据统计时,我们需要对以下指标进行分析:

(1) 内容点击人数;

(2) 平均点击人数;

(3) 平均阅读量趋势;

(4) 内容点击率;

(5) 内容阅读次数;

(6) 单条内容:内容点击率 = 内容点击人数 ÷ 内容曝光量;

(7) 内容功能:内容点击率 = 内容点击人数 ÷ 功能总 UV。

4. 内容阅读

内容阅读分析不仅需要分析内容构建方面,还要分析外联工作。我们要思考如何让内容接触到社区和目标受众以使链接建设更加容易,确保发布的内容正是人们所想要的。在进行内容阅读分析时,我们需要对以下指标进行分析:

(1) 在线时长;

(2) 人均阅读次数;

(3) 完成阅读率;

(4) 人均阅读次数 = 内容阅读次数 ÷ 内容点击人数。

5. 内容评论

优质的评论能为内容的运营带来诸多价值,如可有效增加用户关注度、注册量,能促进用户对品牌的认知和转化，能起到内容补充等作用。精彩的评论甚至要比内容更有吸引力。在进行内容评论数据统计分析时，我们需要对以下指标进行分析：

（1）内容评论人数；

（2）内容评论率；

（3）内容评论量；

（4）内容人均评论量；

（5）内容平均评论量；

（6）内容平均评论量趋势；

（7）最高内容评论量；

（8）图文更新频率 = 某时间周期图文更新总量 ÷ 时间周期。

6. 内容分享

通过对页面内容的分享，能进一步扩大内容传播的范围。在进行内容分享数据统计分析时，我们需要对以下指标进行分析：

（1）内容分享人数；

（2）内容分享率；

（3）内容分享量；

（4）内容人均分享量；

（5）内容平均分享量；

（6）内容平均分享量趋势；

（7）最高内容分享量。

三、内容运营分析方法

（一）数据趋势分析

一般而言，趋势分析适用于对核心指标的长期跟踪，比如点击率。趋势分析更多的是需要明确数据的变化，以及对变化原因进行分析，而不是做出简单的数据趋势图。

趋势分析，最好的产出是比值。我们在进行趋势分析的时候需要明确以下概念：环比、同比、定基比。环比、同比较简单，定基比就是和某个基点进行比较，比如以2019 年 1 月作为基点，定基比则为 2020 年 2 月和 2019 年 1 月进行比较。趋势分析另一个核心目的则是对趋势做出解释，对于趋势线中明显的拐点，发生了什么事情要给出合理的解释，无论是外部原因还是内部原因。

在数据分析的过程中，有很多因素会影响指标，我们可以从不同维度来逐一考察，比如渠道、来源、关键词、网络、地域、IP、系统浏览器及版本等。

（二）数据对比分析

数据的趋势变化若是独立地看，其实很多情况下并不能说明问题，比如某企业盈利增长 10%，但我们并没有办法判断这个企业的好坏。如果这个企业所处行业的其他企业普遍为负增长，则增长 5% 就已经是很好的体现了；如果行业其他企业增长平均为50%，则这是一个很差的数据。而对比分析就是给孤立的数据一个合理的参考系，因为孤立的数据毫无意义。

以内容阅读量为例，以月份作为对比系数，保持单一变量，而其他条件保持一致。比如：某公司为了测试不同时间段内同一内容的受众喜爱程度，需要保持发布的内容相同、上线时间点保持相同、来源渠道相同等，如图 8.14 所示，只有这样才能得到比较有说服力的数据。同样地，我们也可以以渠道来源作为对比系数，保持单一变量，其他条件不变。比如同一内容在不同的渠道展现，阅读量又有何不同，如图 8.15 所示。

月份	总篇数	总阅读量	平均阅读量	头条篇数	头条阅读量	头条平均阅读量
1月	130	788 061	6 064	26	37 780	14 531
2月	131	697 942	5 333	26	33 584	12 921
3月	141	794 113	5 632	28	43 415	15 511
4月	141	733 434	5 203	27	33 220	12 302
5月	140	806 245	5 763	28	40 951	14 634
6月	135	1097 111	8 132	29	55 193	19 037

图 8.14　某企业上半年微信公众号阅读量统计表

周	今日头条	网易新闻	搜狐号	天天快报	一点资讯
1.6—1.12	3 527	518	719	328	670
1.13—1.19	2 506	558	524	417	528
1.20—1.27	3 442	527	492	486	601
1.28—2.2	7 188	506	871	396	1 231
2.3—2.10	2 814	735	811	394	868
2.11—2.17	3 393	639	667	301	507
2.18—2.24	3 755	410	407	409	528
2.25—3.2	3 398	594	709	336	528

图 8.15　不同渠道对比下同一内容阅读量统计表

（三）数据细分分析

在得到一些初步结论的时候，我们需要进一步地细分，因为在一些综合指标的使用过程中，会抹杀一些关键的数据细节，而指标本身的变化，也需要分析变化产生的原因。使用数据细分分析方法，一定要进行多维度的细分。常见的细分方法包括：

（1）分时：不同时间段数据是否有变化；

（2）分渠道：不同来源的流量或者产品是否有变化；

（3）分用户：新注册用户和老用户相比是否有差异，忠诚用户和小白用户相比是否有差异；

（4）分地区：不同地区的数据是否有变化；

（5）构成拆分：比如搜索由搜索词组成，可以拆分不同搜索词。

细分分析是一个非常重要的手段，只有详细地寻找数据细节，发现规律，才能得到结论，而一步一步细分，就是不断问为什么的过程。

总之，趋势、对比、细分是数据分析中最基础的思维。无论是数据核实，还是数据分析，我们都需要不断地找趋势、做对比、做细分，这样才能得到最终有效的结论①。

案例解析

VIVO 微博数据分析

维沃（VIVO）移动通信有限公司，于 2010 年 3 月正式入驻新浪微博，发布第一条微博内容。VIVO 通过微博为自己的产品做推销，不但为自己的新产品写微博介绍，还通过微博举办一些活动并且送出奖品，这就充分利用了微博营销的价值。

1. 行业微博平台数据横向对比分析（见图 8.16）

博主名称	小米手机	OPPO	vivo
基础信息对比			
性别	♂男	♂男	♂男
粉丝数	2850.76万	2414.67万	3633.95万
活跃粉丝数	325.73万	258.77万	468.92万
影响力指数	1008.66	1025.5	1171.72
电商指数	967.14	1259.1	1035.55
达人等级	品牌号	品牌号	品牌号
微博等级	V	V	V
微博所在地	北京	广东	广东
账户运营对比			
粉丝性别画像	男性 67.91% 女性 32.09%	男性 48.03% 女性 51.97%	男性 58.36% 女性 41.64%
粉丝兴趣分布	数码科技、影视娱乐、资讯	影视娱乐、数码科技、美妆时尚	影视娱乐、数码科技、美妆时尚
粉丝地域分布	广东 8.36% 北京 4.60% 山东 4.31% 浙江 3.41% 四川 3.28%	广东 6.17% 山东 4.82% 北京 4.69% 江苏 3.53% 河南 3.15%	广东 4.60% 北京 3.15% 山东 2.95% 河南 2.81% 河北 2.32%
近30天平均评论数	407	313	674
近30天平均转发数	448	956	2084
近30天平均点赞数	812	979	3618
近30天平均阅读数	8007686	12863069	4520782
评论热词	小米 手机 好看 不错 影像 厉害 MIUI 系统 优化 加油	OPPO 手机 find oppo Find x3 X3 期待 好看 更新	vivo 手机 好看 赞同 系列 S9 不错 X60 s9 x60
近90天推广过的品牌	小米、雷军、骁龙、黑鲨、微距、哈曼卡顿、零时差、闻祥、小米手机、CRZ	OPPO、骁龙、亿色、理想、欧活、小布、FIND、花西子、麦当劳、品日	VIVO、爱奇艺、极夜、蔡司、ARCTERYX、朝露、品来袋、闪存、泰尔、天猫

图 8.16　不同渠道微博运营数据分析对比

① 诸葛. 运营小白该怎么学运营数据分析［EB/OL］.［2018－09－30］. https://zhuanlan.zhihu.com/p/42199906.

2. 用户分析（见图8.17、图8.18）

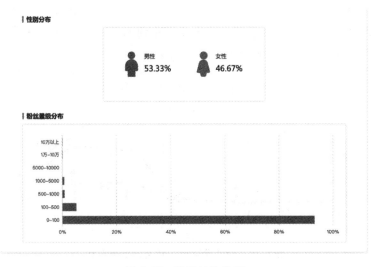

图 8.17　粉丝结构分析

图 8.18　微博粉丝画像

从图 8.17 和图 8.18 中我们可以看出，VIVO 的粉丝男女比例接近，18~25 岁青年群体居多。我们还可以看出，在人群上，"90 后"已经取代"80 后"成为 VIVO 微博用户的主力军，也成为微博广告变现上不容小觑的强劲购买群体。此外，用户分析还可根据客户分析内容，加入同行业如小米手机、OPPO 等进行横向对比。

3. 微博内容分析

微博的内容分析主要分为博文分析、文章分析以及视频分析。其中博文分析包括微博阅读趋势、微博转发评论和点赞的数据，以及单条微博的数据，这些数据中也有在新浪博客中发表的文章的数据统计。

下面以博文分析为例来分析 VIVO 博文内容。

（1）转化数据。

以 7 天为单位，VIVO 微博发布总量为 12，平均评论数为 590，平均转发量为 1 966，平均点赞为 1 678。同行业博主小米手机近 7 天发博数为 12，平均评论数为

367，平均转发量为 456，平均点赞为 337。同行业博主 OPPO 的对应数据分别为：30、316、1 196、630。从横向对比数据来看，VIVO 微博发博的活跃度并不算高，只有点赞量处于优势，如图 8.19 所示。微博数量也处于平均水平，控制一定数量的微博的目的是保有自己一定的格调和企业账号形象。

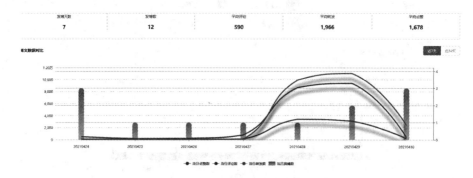

图 8.19　近 7 天微博内容运营数据对比

（2）广告数据。

VIVO 的一周 12 条微博中有 4 条为广告微博，如图 8.20 所示。受节假日等影响，实际广告发文篇数同以往年度同时间相比明显减少。

图 8.20　广告微博数据分析

因活动推广数据未能及时获取、内容运营涉及的全面性等原因，在此无法对 VIVO整体微博运营进行数据总结形成报告。

回顾总结

知识总结：

把本节课的知识梳理汇总成流程图，如图 8.21 所示。

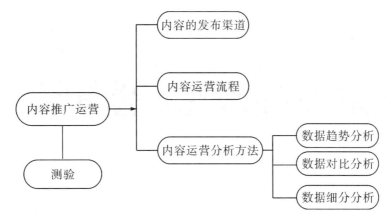

图 8.21　本节知识流程图

思维导图:

整理本节课所学知识点,补充下方思维导图(如图 8.22 所示),管理你的知识。

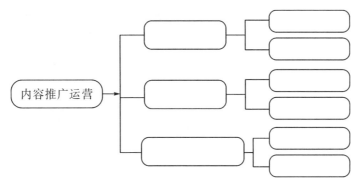

图 8.22　本节知识思维导图

实训作业

活动　微博内容运营数据分析

>>> **工作目标**

通过此活动的实践,学生应当能够提取内容运营对应指标,掌握运营内容分析方法,完成微博内容运营数据分析报告。

>>> **工作实施流程**(如图 8.23 所示)

图 8.23　工作实施流程

>>> **活动要求**

请找到某企业微博数据，对该企业的内容运营做数据分析，形成运营分析报告。

请先下载"参考资料"，根据实训步骤演示，在"答题卡"中完成任务。

请在下框中填写你在活动过程中遇到的问题。
·
·
·

>>> **任务实践**

请根据活动步骤流程，完成对某企业微博内容运营的数据分析，并将报告截图附在下方表格中。

>>> **检查清单**（见表8.5）

表8.5　检查清单

序号	检查事项	是否完成
1	对本工作页的任务要求是否明确	
2	是否了解各渠道平台特点	
3	是否能提取内容运营每个流程的核心分析指标	
4	是否学会准确运用各分析方法	
5	是否有相应节点的小结和总结，以及结论	

任务评价（见表8.6）

表8.6 任务评价表

评价类别	评价内容	分值	教师评分
知识与技能	能够独立查找相关数据源	40	
	能够准确分析出小结和总结内容	40	
情感态度	课堂上积极参与，积极思考，勇于开口、动脑，发言次数多	10	
	小组协作交流情况：小组成员间配合默契，彼此协作愉快，互帮互助	10	

项目检测

一、选择题

1. 活动推广需要具备哪两个能力？（ ）

    A. 逻辑思维、创造力   B. 成本思维、执行力

    C. 战略思维、合作力   D. 竞争思维、破坏力

2. 策划好一场活动需要哪些关键词？（ ）

    A. 目标、创意、时间、资源   B. 目标、成本、资源、人脉

    C. 创意、资源、时间、成本   D. 创意、时间、资源、数据

3. 以下哪个是可用的免费推广渠道？（ ）

    A. 抖音   B. 朋友圈广告

    C. 推广通   D. 钻展

4. 以下哪个是可用的付费推广渠道？（ ）

    A. 订阅号   B. QQ群

    C. 视频号   D. 广点通

5. 以下哪个是属于内容分享指标的？（ ）

    A. UV   B. PV

    C. 内容评论率   D. 内容平均分享量

6. 影响活动推广数据的因素有哪些？（ ）

    A. 阅读数分享数   B. 点赞数收藏

    C. 评论数   D. 跳出率

7. 设计四原则有哪些？（ ）

    A. 对齐重复对比亲密性   B. 对齐拉伸俯瞰仰视

    C. 模仿重复对比亲密性   D. 对比拉伸仰视俯视

8. 活动数据分析中不需要完成哪些因素？（ ）

    A. 拆分目标   B. 活动合作

    C. 活动复盘   D. 询盘问价

9. 社群变现能力包括（　　）。

    A. 付费会员人数　　　　　　　　B. 成单率

    C. 直销　　　　　　　　　　　　D. 拉新率

10. 按点击付费是（　　）。

    A. CPC　　　　　　　　　　　　B. CPA

    C. CPM　　　　　　　　　　　　D. CPS

11. 按时长付费是（　　）。

    A. PPC　　　　　　　　　　　　B. CPA

    C. CPT　　　　　　　　　　　　D. CPS

12. 按千次曝光是（　　）。

    A. CPM　　　　　　　　　　　　B. CPA

    C. CPS　　　　　　　　　　　　D. PPC

13. 按实际销售量进行收费是（　　）。

    A. CPS　　　　　　　　　　　　B. PPS

    C. CPA　　　　　　　　　　　　D. CPC

14. 按下载量收费是（　　）。

    A. CPD　　　　　　　　　　　　B. CPS

    C. CPC　　　　　　　　　　　　D. CPA

15. 大众点评推广属于（　　）。

    A. CPC　　　　　　　　　　　　B. CPM

    C. CPA　　　　　　　　　　　　D. CPD

16. 抖音属于（　　）。

    A. CPC　　　　　　　　　　　　B. CPM

    C. CPA　　　　　　　　　　　　D. CPD

17. 淘宝直通车属于（　　）。

    A. CPC　　　　　　　　　　　　B. CPM

    C. CPA　　　　　　　　　　　　D. CPD

二、判断题

1. 内容阅读量低、分享数高属于爆款。　　　　　　　　　　　　　　（　　）

2. 常见的干货文章，属于阅读量低、分享数高的内容。　　　　　　　（　　）

3. 自嗨和信息垃圾属于阅读量低、分享数低的内容。　　　　　　　　（　　）

4. 商家应该避免撰写阅读量高、分享数低的这类标题党内容。　　　　（　　）

5. 活动推广预算是唯一影响因素。　　　　　　　　　　　　　　　　（　　）

6. 活动推广包括免费推广和付费推广。　　　　　　　　　　　　　　（　　）

7. 活动推广中创意不重要。　　　　　　　　　　　　　　　　　　　（　　）

第三篇　应用篇

项目9

撰写数据分析报告

商务数据分析报告是通过对电商数据进行全方位的科学分析来评估运营价值，为运营者提供科学、严谨的依据，以指导未来发展。本项目将以旅游、物流、人力资源市场等行业为例进行数据分析，并完成数据分析报告的撰写。

项目9课件

任务 9-1　撰写专题类数据分析报告

任务导入

任务　旅游消费研究专题报告

实训情境：

近年来，我国国内旅游市场持续保持10%以上的高速增长，2018年全年国内旅游人数达55.4亿人次，比上年同期增长10.8%，一年人均出游4次，旅游渐成国民常态化消费，我国已进入大众旅游时代。如何根据近几年旅游现状刺激旅游消费实施精准营销？本节内容以旅游消费研究为专题，分析数据，形成专题分析报告，为旅游营销提供一定思路。

根据岗位实训内容，我们可提炼出典型实训活动，具体如下：

（1）数据获取；

（2）分析背景；

（3）分析内容；

（4）得出结论。

学习目标：

知识目标：（1）理解数据分析报告的含义、分类和作用；

（2）了解数据与营销的关系。

技能目标：（1）能够准确判断数据分析报告的类型；

（2）能够撰写专题型数据分析报告。

思政目标：（1）了解线上市场规则；

（2）培养克服困难、解决问题的能力；

（3）了解我国近年来旅游政策信息。

学习导图：

实训任务

实 训 任 务 书

任务名称：＿＿＿＿＿＿＿＿＿＿＿＿＿＿＿

任务功能：＿＿＿＿＿＿＿＿＿＿＿＿＿＿＿

典型实训任务：＿＿＿＿＿＿＿＿＿＿＿＿＿

实训任务	酒店与民宿竞争情况数据分析报告			
任务成员			指导教师	
任务描述	本任务根据商务数据分析流程，学习不同类别商务数据分析报告的撰写格式，培养数据分析人员的数据分析能力、总结能力、数据处理技能，提升学生的综合分析能力，积累实操经验			
实训目标	目标（O）	完成完整的酒店与民宿竞争情况数据专题分析报告		
	关键成果	关键成果 1（KR1）	数据获取	
		关键成果 2（KR2）	构建系统性的分析报告结构	
		关键成果 3（KR3）	完成小结和报告总结	
实训职责	·熟记专题类分析报告的结构 ·确保数据的安全性			
实训内容	①问题定义和拆解	②数据获取及探索		③数据分析
	④报告撰写			
实训难度	□简单	√一般	□较难	□困难
完成确认	序号	检查事项		教师签名
	1	对本实训的任务要求是否明确		
	2	是否能找到可靠的相关数据源		
	3	是否已完成数据挖掘环境配置		
	4	是否能洞察数据特征		
	5	是否已完成影响因素的分析运行		
	6	是否了解专题分析报告的图表要求		
	7	是否有较强的可视化效果		
	8	是否有相应节点的小结和总结，以及结论		

注意事项：

1. 请严格按照实训任务内容要求实践，不得随意更改实训流程。

2. 完成实训内容后，请进行清单检查，完成请打钩。

学生签名：

情境描述

民宿作为新兴的住宿资源发展迅速，尤其是在国家大力发展"互联网+"的背景下，民宿借助在线短租平台蓬勃发展。为了解酒店在民宿加入的态势下有多大的市场竞争空间，就需要着手做好二者的竞争数据分析，完成问题的拆解，数据的获取，数据的分析、总结，生成报告等，并维护数据的安全性及稳定性。

实训计划

对企业典型实训活动进行提取，并辅以学习知识点，组成新型实训计划。

实训流程图如图 9.1 所示。

（备注：实训流程图上方为该环节所需知识点，下方为项目实践活动。）

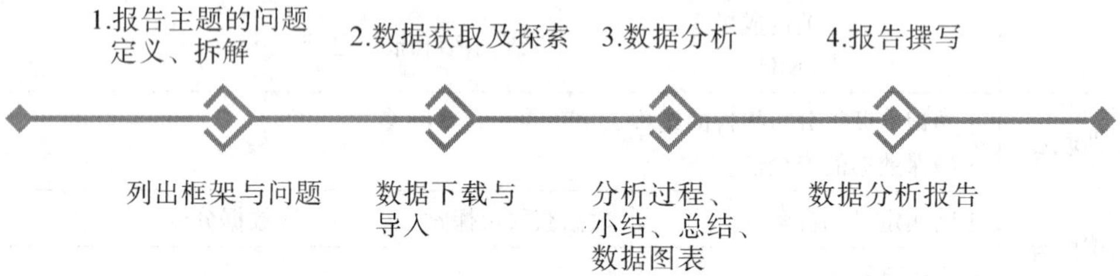

1. 报告主题的问题   2. 数据获取及探索   3. 数据分析   4. 报告撰写
　　定义、拆解

列出框架与问题   数据下载与   分析过程、   数据分析报告
　　　　　　　　　导入   小结、总结、
　　　　　　　　　　　　　　数据图表

图 9.1　实训流程图

典型实训活动一：问题定义与拆解

实训要点 1：分析背景，确定分析目的

实训要点 2：确立分析思路，完成问题的拆解

实训任务：搭建框架目录，构建报告结构。

典型实训活动二：数据获取及探索

实训要点 1：数据采集

实训要点 2：导出数据

实训要点 3：数据处理

实训要点 4：确立报告图表形式

实训任务：完成数据采集与数据处理。

典型实训活动三：数据分析

实训要点 1：关联数据内容

实训要点 2：撰写分析内容与小结

实训要点 3：数据可视化

实训任务：完成报告正文内容。

典型实训活动四：结论与建议

实训要点 1：小结及总结

实训要点 2：提出建议，附附录

实训要点 3：生成完整的报告

实训任务：完成报告。

学习目标

本实训的学习目标如表 9.1 所示。

表 9.1 学习目标

难度	序号	任务内容
初级	1	搭建框架目录，构建报告结构
	2	完成民宿竞争情况数据采集与数据处理
	3	完成数据分析
	4	完成结论与建议
中级	1	挖掘相关数据
	2	数据图表形式的展现
高级	1	分析结论的形成
	2	提出过程性建议

知识讲解

任务 如何撰写专类题数据分析报告

在前面的项目 4 中我们已经知道数据分析报告的含义、作用及分类等基本知识。这里我们将着重阐述数据分析报告的结构和写法。

一、数据分析报告的结构

数据分析报告没有特定的标准结构，但最为常用的是"总—分—总"结构，主要包括：开篇、正文和结尾三大部分。开篇部分包括标题页、目录及前言，正文部分包括分析过程及结果，结尾包括结论、建议及附录，如图 9.2 所示。

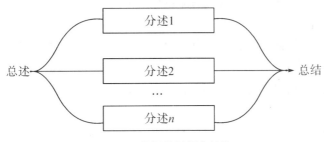

图 9.2 数据分析报告结构

（一）开篇

1. 标题页

标题页需要写明报告的题目，具体要求如下。

（1）直接。

无论是什么类别的数据分析报告，都具有应用性强的特点，它直接为决策者的决策和管理服务，因此标题必须直接、准确地表达基本观点，让读者一看标题就能明白数据分析报告的基本要点，加快对报告内容的理解[①]。

（2）简洁。

标题要想直接反映出数据分析报告的主要内容和基本精神，就必须具有高度的概括性，用较少的文字集中、准确、简洁地进行表述。

2. 目录

目录可以帮助读者快捷方便地找到所需的内容，因此，数据分析师要在目录中列出报告主要章节的标题。如果是在 Word 中撰写报告，在章节标题后面还要加上对应的页码。因此，从另外一个角度说，目录也就相当于数据分析大纲，它可以体现出报告的分析思路。

此外，企业的高层管理人员通常没有时间阅读完整的报告，他们仅对其中一些以图表展示的分析结论有兴趣，因此，当书面报告中没有大量图表时，数据分析师可以考虑将各章图表单独制作成目录，以便日后更有效地使用。

3. 前言

前言内容是否正确，对最终报告是否能解决业务问题、能否给决策者决策提供有效依据起着决定性作用，因此前言的写作一定要经过深思熟虑。前言是分析报告的一个重要组成部分，主要包括分析背景、目的及思路三方面。

（1）分析背景。

对数据分析背景进行说明是为了让读者对整个分析研究的背景有所了解，背景说明主要阐述此项分析的主要原因、分析的意义以及其他相关信息，如行业发展现状等内容。

（2）确定受众和分析目的。

无论写什么类型的数据分析报告，都要先明确报告的读者，因为不同的受众对数据分析报告的期待是不一样的。数据分析的目的就是要清晰地报告分析目的、解决什么问题、想要达到什么预期。比如一份对店铺零售业务毛利额下滑原因的分析报告，店长更想看到数据分析的结论和建议，而各个业务部门更关注导致下滑的具体原因，所以针对不同的受众，我们撰写报告的侧重点也不同。

（3）分析思路。

分析思路用来指导数据分析师如何进行一个完整的数据分析，即确定需要分析的内容或指标[②]。

数据分析结论要输出最重要的部分，一份优秀的数据分析报告要能够准确体现你

① 张文霖，刘夏璐，狄松. 谁说菜鸟不会数据分析 [M]. 北京：电子工业出版社：2013：228.
② 张文霖，刘夏璐，狄松. 谁说菜鸟不会数据分析 [M]. 北京：电子工业出版社，2013：230.

的分析思路，让读者充分接收你的信息。因此，在制作报告时，框架和思路要清晰。这里的框架不单指报告的行文逻辑，更多是指数据分析过程的框架，比如说我们拿到一个分析问题，不可能一下子就找到问题背后的原因，需要利用各种手段将问题拆解分析，直到得出最终结论，这时候就可能会用到如 MECE、PEST、AAARRR 等分析框架。

（二）正文

正文是数据分析报告的核心部分，它将系统全面地表述数据分析的过程与结果。正文部分主要包括具体分析过程与结果。

数据分析师在撰写正文报告时，要根据之前分析思路中确定的每项分析内容，利用各种数据分析方法，一步步地展开分析，通过图表及文字相结合的方式，形成报告正文，方便阅读者理解。下面单独说明数据和图表的运用。

1. 数据

写一份数据分析报告，获取和整理数据往往会占据 60% 以上的时间。数据分析师要规划数据，协调相关部门组织数据采集、导出处理数据，最后才是写报告。如果数据不准确，那分析的结果也没有意义，报告也就失去了价值，因此在收集整合数据时，数据分析师需要注意数据是否靠谱，要验证数据口径和数据范围。表 9.2 是对不同数据来源渠道的分析。

表 9.2 不同渠道数据来源优缺点分析

数据来源	优点	缺点
网页爬虫数据	数据类型广泛、来源多	技术门槛高
SDK 数据	易获取、成本低	数据覆盖面窄
运营商数据	数据价值高、可直接利用	难获取、成本高
咨询公司架构数据	数据规范、可直接利用	样本可能存在偏差
定制数据	时效性强、有针对性	成本高

2. 图表

图表的利用非常忌讳简单地把一堆的饼图、柱状图、散点图拼凑到一起，这种过度堆砌图表、错误使用图表的现象极不符合数据分析报告的标准。图与表之间、图与图之间的联系如何阐述、反映出的问题如何表达，这些都是在做数据分析图表时就要弄明白的。很多细心的领导会专门针对数据分析过程以及结论来提问，因为现状和未来是他们最关心的。所以数据图表展现也要体现报告的分析思路，而不单单是为了展示数据。

（1）选择正确的图表。

决定我们报告图表形式的并不是拥有的数据是什么，而是我们想要表达的主题是什么。看下面两张图（如图 9.3、图 9.4 所示）：

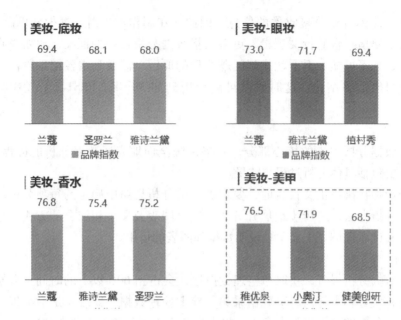

图 9.3　2020 年双 11 期间美妆品牌浏览偏好

（资料来源：艾瑞网. http://report.iresearch.cn/report/202012/3694.shtml.）

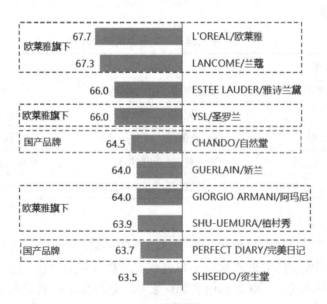

图 9.4　2020 年双 11 期间美妆各细分类品牌浏览偏好

（资料来源：艾瑞网. http://report.iresearch.cn/report/202012/3694.shtml.）

　　同一类数据，图 9.3 表达的是在 2020 年"双 11"期间消费者对不同品牌美妆的偏好指数，这是以品牌为表达要点的数据表达形式。而图 9.4 表达的是"双 11"期间美妆产品细分类别上的偏好指数，这是以细分类别为表达要点的数据表达形式。因此，根据不同的数据表达要点，图表的形式就不同。

　　要选择有效的图表，可按照以下流程（如图 9.5 所示）：

1	2	3	4	5
获取数据	确定主题	对比关系	确定图表形式	可视化结果是否有意义

图 9.5　数据分析报告选择图表流程

（2）视觉展现。

视觉展现从形式上来说，常规的做法是用 Excel 进行数据分析和可视化，然后将图表复制到报告中。不过，我们可以选择更加新颖的可视化分析报告形式来展现分析结论，如用 FineBI 制作可视化展现图（见图 9.6）。在步骤上，FineBI 要比 Excel 简单些，可按布局自由生成可视化报告。

图 9.6　可视化展现图样例

（3）结尾。

数据分析报告的结尾部分包括结论、建议及附录。其中，数据分析报告的结论部分是一份报告的精华，也最能体现一个数据分析师的水平。结论是以数据分析结果为依据得出的分析结果，通常以综述性文字来说明。它不是分析结果的简单重复，而是结合公司实际业务，经过综合分析、逻辑推理形成的总体论点。

如果把一份数据分析报告比做一个人，那我们上面讲的都是外在身体部分，而分析结论就是这个人的内涵。在给出分析结论时，数据分析师要根据读者的角色和业务方向，通过其对数据的解读，让读者在短时间内获取应有的信息。

低层次的结论只会描述数据之间的对比、趋势和结构关系，如"在占比方面，X家企业共占据 Y% 的市场份额，其中 A 公司占 Z%"，这种表达性结论只是复述了分析内容，并没有分析出更深层次的意义，体现不出数据分析师的价值。而合格、高层次的结论应该是在数据描述的基础上结合对业务的分析和理解的，如"市场占比方面，X

家企业共占据 Y% 的市场份额，其中 A 占 Z%。而从上一类数据可分析得出，A 公司的市场份额比例主要来自政策引导、市场投放、用户私域运营三个方面，对标发现，我们在用户私域运营方面的收入仅增长了 x 个百分点，而 A 在这方面的增长为 y%，是我们的 z 倍"，这样的分析结论才能发现问题，让读者感到价值。

6. 附录

附录提供正文中涉及而未予阐述的有关资料，有时也含有正文中提及的资料，从而向读者提供一条深入数据分析报告的途径。它主要包括报告中涉及的专业名词解释、计算方法、重要原始数据、地图等内容。

附录是数据分析报告的补充，并不是必需的，数据分析师应该根据各自的情况决定是否需要在报告结尾处添加附录。

二、专题类分析报告

专题分析报告是对社会经济现象的某一方面或某一个问题进行专门研究的一种数据分析报告，它的主要作用是为决策者制定某项政策、解决某个问题提供决策参考和依据。

（一）特点

由于在项目 4 中已经介绍了专题分析报告的特点，即单一性、深入性和透彻性，因此这里不再赘述。

（二）写作要点

专题分析报告的一般流程包括：问题定义和拆解、数据获取及探索、数据分析、报告撰写。

1. 问题定义和拆解

（1）问题拆解：按照自己理解对问题进行分解，全面思索，可通过思维导图方式进行分析。

（2）业务咨询：可请业务方一起探讨确定业务问题。

（3）交叉确认：交叉确认时，请分析部门领导和业务部门领导确认一次，形成最终结论。

2. 数据获取部分

采集的基础数据具有科学性、客观性和严密的逻辑性。对于新项目，我们常常需要采用一手数据，采集方法包括：问卷调查、观察、抽样、网络爬取等。对于二手数据，我们可考虑历史数据、行业公开资料、网上资料、统计年鉴等来源。

3. 分析部分

（1）数据描述部分，多使用统计分析方法。

一是基本情况刻画，包括数据总数、时间跨度、时间粒度、空间范围、空间粒度、数据来源等，还有集中情况、离散情况等描述。对于拿到的数据，我们要先对数据来源、基础数据情况进行严谨地分析。这样，分析才有独立性、客观性、公正性和科学性。

二是使用各种统计指标，包括四大类：变化、分布、对比、预测。

变化：指标随时间的变动，表现为增幅（同比、环比等）。

分布：指标在不同层次上的表现，包括地域分布、用户群分布（年龄、性别、职业等）、产品分布等。

对比：包括内部对比和外部对比，内部对比包括团队对比、产品线对比；外部对比主要是与市场环境和竞争者对比；这一部分和分布有重叠的地方，但分布更多地用于找出好或坏的地方，而对比更偏重于找到好或坏的原因。

预测：根据现有情况，估计下个分析时段的指标值。

这部分的重点是使用各种可视化图表，用少量文字进行辅助说明。

（2）建立模型部分。

在描述分析之后，我们要进行深一层的分析和挖掘。我们可以通过一些数据挖掘模型，如关联分析、分类分析、回归预测、聚类分析等进行深一层信息的挖掘和分析。

4. 报告撰写部分

（1）搭建具有逻辑性的框架。

报告内容要求整个框架要有逻辑性。以营销的专题分析为例，它需要从产品、价格、渠道、促销等几个方面进行分析。

（2）论点先行，用数据支撑。

对每个问题进行拆解，每个部分需要结论先行，每提出一个关键点的结论，就需要将支撑数据依次摆放。分析过程要有逻辑性，通常遵循发现问题，总结问题原因，解决问题的思路进行分析。最后还能够把每一项的结论进行概括，形成一个整体的结论。

（3）多使用定量分析和数学模型。

运用定量的数学模型进行数据分析，一步步推导出数据的结论。

（4）结论和建议。

关于结论和建议，需注意的是：一是汇总形成总体结论；二是要提出改进建议，应从整个专题项目的战略规划层面提出建议，尤其是定量的建议，如在总投资规模一定的情况下，如何调整借贷资金和自由资金的比例来确保成本最低；三是可以更进一步提出改进计划，如谁去执行、怎样执行[①]。

案例解析

1. 2020年新冠病毒感染疫情影响下的中国用户消费情况研究

受新冠病毒感染疫情影响，中国用户的消费行为和互联网使用发生了诸多变化。本文以"疫情影响下的用户消费指数趋势报告"为例，如图9.7所示，对餐饮消费、旅游出行、商品消费、在线视频、网络游戏、在线教育、在线医疗几个典型行业的影响进行分析，为市场各方提供概览性参考。

① 科技州. 怎样写出专业数据分析报告［EB/OL］.［2020-03-22］. https://zhuanlan.zhihu.com/p/115170232.

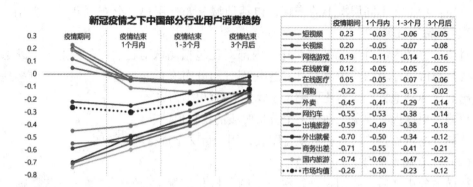

	疫情期间	1个月内	1-3个月	3月后
短视频	0.23	-0.03	-0.06	-0.05
长视频	0.20	-0.05	-0.07	-0.08
网络游戏	0.19	-0.11	-0.14	-0.16
在线教育	0.12	-0.05	-0.05	-0.05
在线医疗	0.05	-0.05	-0.07	-0.06
网购	-0.22	-0.25	-0.15	-0.02
外卖	-0.45	-0.41	-0.29	-0.14
网约车	-0.55	-0.53	-0.38	-0.14
出境旅游	-0.59	-0.49	-0.38	-0.18
外出就餐	-0.70	-0.50	-0.34	-0.12
商务出差	-0.71	-0.55	-0.41	-0.21
国内旅游	-0.74	-0.60	-0.47	-0.22
市场均值	-0.26	-0.30	-0.23	-0.12

图 9.7 2020 年疫情影响下的中国用户消费趋势

消费现状分析：

（1）企业：受疫情影响，中小企业收入下滑明显，29.6%的中小企业营业收入下降 50%以上；85%的中小企业现金维持时间在 3 个月内。

（2）行业：线下消费为主的行业损失惨重，国家经济增长遭受打击。用户消费指数：外出就餐-0.70、外卖-0.45、商务出差-0.71、国内旅游-0.74、出境旅游-0.59、网约车-0.55，网购-0.22。

（3）资本：投资机构整体策略稳定；股市在短期恐慌情绪释放之后，仍然保持乐观预期，逐渐回调至疫情前水平。

（4）行业：疫情利好部分线上行业。用户消费指数：长视频 0.20、短视频 0.23、网络游戏 0.19、在线教育 0.12、在线医疗 0.05。

（5）政策：国家各部委及相关单位从疫情防控、政务、交通、金融、商贸、企业复工、就业等多方面积极出台相应政策，促进经济稳定及行业/经济发展有序恢复。

结论：

（1）经济恢复周期将较非典时期更漫长。

一方面中国经济正处于中高速增长的结构性调整阶段；另一方面，中国第三产业比重加大，受疫情影响更加深远。此外，用户消费增长动力不足，在疫情结束后 3 个月仍不能达到 2019 年的消费水平；经济恢复较 2003 年非典时期，将经过一个更为漫长的回弹期。

（2）消费力重塑期较长，但一切都将慢慢向好发展。

用户对于多数行业在疫情结束后的预期都随时间推移而向好发展，且在疫情结束 3个月后的预期相对 1~3 个月的预期有较为明显的好转；长视频、短视频、在线教育、在线医疗、网购、生鲜电商在疫情结束 3 个月后可保持与 2019 年相对接近的用户消费指数水平[①]。

---

① 艾瑞咨询. 疫情影响下的用户消费指数趋势报告［B］. 北京：艾瑞集团，2020.

2. 2019 年中国景区门票消费情况数据分析

2019 年中国景区门票消费情况数据分析背景如下。

1. 政策

2019 年 3 月 14 日，国家发展改革委发布《关于持续深入推进降低重点国有景区门票价格工作的通知》（以下简称《通知》）。《通知》指出，降低重点国有景区门票价格取得阶段性成效，但总体来看，降价景区范围仍然偏小，部分地方落实降价措施力度不够，接下来将推进更大范围降价、更大力度降价。

2019 年 8 月 23 日，国务院发文，九大政策举措激发文化和旅游消费潜力，包括国有景区门票降价、提高移动支付便捷程度、开发入境旅游产品及特色商品、鼓励把文化消费嵌入各类消费场所、打造特色类文化旅游演艺产品、推动旅游景区提质扩容、大力发展夜间文旅经济、丰富新型文化和旅游消费业态、加大文化和旅游市场监管力度等。

2. 技术

自 2016 年中国在线旅游（OTA）以同比 48% 的比例爆发式增长的驱动下，在线旅游将原来传统的旅行社销售模式逐步取代，更广泛地传递并分享了线路信息、旅游体验，互动式的交流方便了用户的咨询和订购。

3. 经济

国家统计局数据显示，近年来我国国内旅游市场持续保持 10% 以上的高速增长，2019 年全年国内旅游人数达 60.06 亿人次，比上年同期增长 8.4%，旅游渐成国民常态化消费，我国已进入大众旅游时代。旅游人数的增加推动了旅游收入的增长。2018 年国内旅游总收入达 6.63 万亿元，同期增长 11%。随着国家对全域旅游、冰雪旅游、乡村旅游等旅游业态的持续深入推广，未来我国国内旅游总收入仍将保持增长态势。

4. 社会

文旅融合：2019 年是文旅融合发展开局之年，也是文旅融合高质量发展的关键年；我国通过文化和旅游的融合发展，大力发展全域旅游和乡村旅游、研学旅游、休闲旅游、康养旅游等业态。

共享住宿：文化和旅游部 2018 年 11 月 30 日在浙江的安吉召开"发展乡村民宿，推进全域旅游"工作现场会。会议把"民宿发展"与"全域旅游"相提并论，这对于民宿发展来讲是里程碑式的会议[①]。

———

① 艾瑞咨询.2019 年中国景区旅游消费研究报告［B］.北京：艾瑞集团，2020.

一、分析目的

了解国内旅游消费者旅游消费情况，有利于对不同消费者人群开展精准营销活动。

二、分析思路（见图9.8）

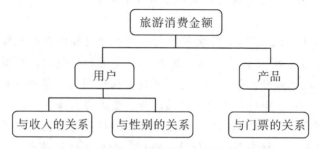

图9.8　2019年中国景区门票消费数据分析思路

三、分析内容

1. 消费与门票的关系

数据结果显示，游客景区消费金额方面，额外消费金额在100~500元的游客占比达74.0%；其中消费在300~500元的游客占比最多，为38.2%。由于在平均门票价格上的花费多表现在100~150元，因此这两组的最大值均在第三梯度水平上，且门票在100~150元消费上可留存较多剩余花费在额外消费上，如图9.9所示。

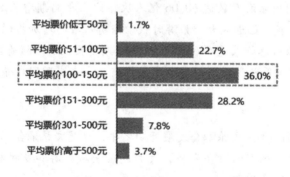

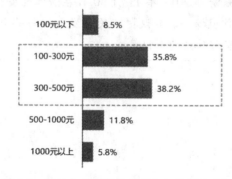

图9.9　2019年中国景区消费与门票对比分析图

2. 消费与收入的关系

2013—2019 年，我国城镇单位就业人员平均工资总体呈上升趋势，不难看出，在线景区门票交易规模随其收入增长也呈上升趋势，但增长率一直下降。2016—2018 年，城镇单位就业人员平均收入增长率提升，但景区门票增长率下降，其原因可能与职工闲暇时间有关。高收入者因为受到时间约束，旅游消费倾向较低，低收入者主要受到收入约束，旅游消费倾向也较低，中等收入群体的旅游消费倾向最高。随着用户门票预订习惯日趋线上化，以及开放网络购票渠道的景区增多，未来在线景区门票的市场规模将保持稳定增长态势。

四、结论与建议（见表 9.3）

表 9.3　2019 年中国景区门票消费数据分析结论与建议

结论	建议
景区门票消费与额外消费表现出一定的负相关关系	弱化居民预防性储蓄动机
景区门票消费梯度与额外消费梯度表现一致	门票与额外产品捆绑销售，加大活动力度
居民收入与旅游消费总体呈正相关	增加小长假活动方案，丰富周末游产品
单位居民收入与旅游消费额度呈负相关，原因可推断为闲暇约束	提升线上旅游便捷程度，提升旅游性价比，促进经济性旅游

回顾总结

知识总结：

把本节课的知识梳理汇总成流程图，如图 9.10 所示。

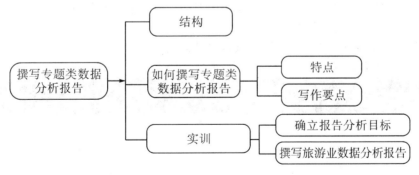

图 9.10　本节知识流程图

思维导图：

整理本节课所学知识点，补充下方思维导图（如图 9.11 所示），管理你的知识。

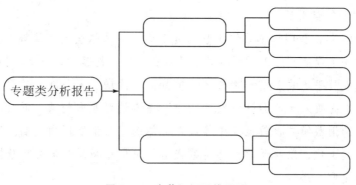

图 9.11　本节知识思维导图

实训作业

活动　酒店与民宿竞争数据分析报告

>>> **工作目标**

通过此活动的实践，学生应当能够熟记专题类分析报告的结构，完成一份完整的专题分析报告。

>>> **工作实施流程**（如图 9.12 所示）

图 9.12　工作实施流程

>>> **活动要求**

1. 根据实践任务要求，完成对数据表中对应列的影响因素的分析。
2. 报告内容不少于 10 页。
3. 报告必须含每一节点的小结和报告总结以及明确的结论。

请根据实训步骤演示，在"答题卡"中完成任务。

请在下框中填写你在活动过程中遇到的问题。
·
·
·

>>> **任务实践**

请根据活动步骤流程，完成对酒店与民宿竞争的相关数据的分析，并将报告截图附在下方表格中。

》》》 **检查清单**（见表9.4）

表9.4　检查清单

序号	检查事项	是否完成
1	对本工作页的任务要求是否明确	
2	是否能找到可靠的相关数据源	
3	是否能洞察数据特征	
4	是否了解专题分析报告的图表要求	
5	是否有相应节点的小结和总结，以及结论	

》》》 **任务评价**（见表9.5）

表9.5　任务评价表

评价类别	评价内容	分值	教师评分
知识与技能	能够独立查找相关数据源	40	
	能够准确分析出小结和总结内容	40	
情感态度	课堂上积极参与，积极思考，勇于开口、动脑，发言次数多	10	
	小组协作交流情况：小组成员间配合默契，彼此协作愉快，互帮互助	10	

任务9-2　撰写日常类数据分析报告

任务导入

任务　物流行业数据分析报告

实训情境：

近年来，我国同城物流配送持续保持 50%～70% 的高速增长，2015 年货运行业的同城配送市场规模已达 9 200 亿元；2016 年全国同城配送市场规模有 10 000 亿元。城市配送市场未来发展前景广阔。

　　"最后一公里"同城物流配送的蓬勃发展，需要我们进行深入思考，如何根据物流现状提升企业的竞争优势？本节内容以物流行业为案例，分析数据，形成日常分析报告，为物流公司业务增长提供一定思路。

　　根据岗位实训内容，我们可提炼出典型实训活动，具体如下：

　　(1) 数据获取；

　　(2) 分析背景；

　　(3) 分析内容；

　　(4) 得出结论。

学习目标：

　　知识目标：(1) 理解日常类数据分析报告的含义、分类和作用；

　　　　　　　(2) 了解数据与营销的关系。

　　技能目标：(1) 能够准确判断数据分析报告的类型；

　　　　　　　(2) 能够撰写日常数据分析报告。

　　思政目标：(1) 了解线上市场规则；

　　　　　　　(2) 培养克服困难解决问题的能力；

　　　　　　　(3) 了解我国近年来物流政策信息。

学习导图：

实训任务

实 训 任 务 书

　　　　任务名称：＿＿＿＿＿＿＿＿＿＿＿＿＿＿＿＿＿

　　　　任务功能：＿＿＿＿＿＿＿＿＿＿＿＿＿＿＿＿＿

　　　　典型实训任务：＿＿＿＿＿＿＿＿＿＿＿＿＿＿＿

实训任务	物流行业数据分析报告			
任务成员			指导教师	
任务描述	本任务根据商务数据分析流程，学习不同类别商务数据分析报告的撰写格式，培养数据分析人员的数据分析能力、总结能力、数据处理技能，提升学生的综合分析能力			
实训目标	目标（O）	完成一份完整的日常分析报告		
	关键成果	关键成果1（KR1）	数据获取	
		关键成果2（KR2）	构建系统性的分析报告结构	
		关键成果3（KR3）	完成小结和报告总结	
实训职责	·熟记日常类分析报告的结构 ·确保数据的安全性			
实训内容	①环境配置	②导入数据		③生成报表
	④分析检测			
实训难度	□简单	√一般	□较难	□困难
完成确认	序号	检查事项		教师签名
	1	对本实训的任务要求是否明确		
	2	是否能找到可靠的相关数据源		
	3	是否已完成数据挖掘环境配置		
	4	是否能洞察数据特征		
	5	是否已完成影响因素的分析运行		
	6	是否了解日常分析报告的图表要求		
	7	是否有较强的可视化效果		
	8	是否有相应节点的小结和总结，以及结论		

注意事项：

1. 请严格按照实训任务内容要求实践，不得随意更改实训流程。

2. 完成实训内容后，请进行清单检查，完成请打钩。

学生签名：

项目9　撰写数据分析报告

情境描述

　　近年来，随着电子商务与物流网络的不断发展，"懒人经济"在一二线城市中爆发出了巨大的活力。传统的物流模式对如今崇尚的多元化、个性化服务略显无力，众包物流就是在这种背景下诞生的一种新型物流模式。为了解众包物流在整个物流和O2O体系下有多大的市场竞争空间，我们现需要着手做好二者的竞争数据分析，完成问题的拆解，数据的获取，数据的分析、总结，生成报告等，并维护数据的安全性及稳定性。

实训计划

　　对企业典型实训活动进行提取，并辅以学习知识点，组成新型实训计划。

　　实训流程图如图9.13所示。

　　（备注：实训流程图上方为该环节所需知识点，下方为项目实践活动。）

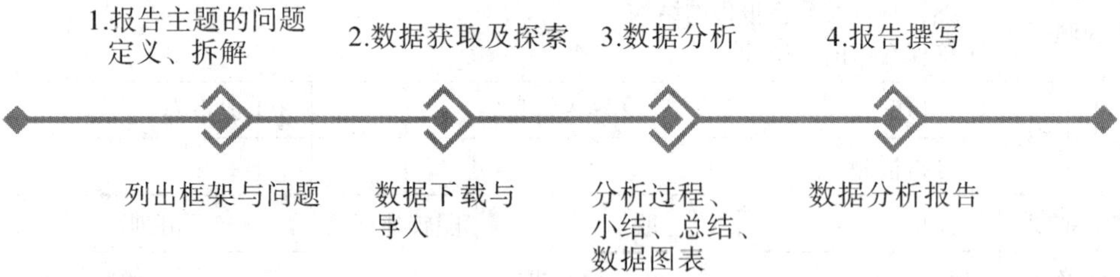

1.报告主题的问题　　　2.数据获取及探索　　3.数据分析　　　4.报告撰写
　定义、拆解

列出框架与问题　　　数据下载与　　　分析过程、　　　数据分析报告
　　　　　　　　　　导入　　　　　　小结、总结、
　　　　　　　　　　　　　　　　　数据图表

图9.13　实训流程图

典型实训活动一：问题定义与拆解

　　实训要点1：分析背景、确定分析目的

　　实训要点2：确立分析思路，进行问题的拆解

　　实训任务：搭建框架目录，构建报告结构。

典型实训活动二：数据获取及探索

　　实训要点1：数据采集

　　实训要点2：导出数据

　　实训要点3：数据处理

　　实训要点4：确立报告图表形式

　　实训任务：完成数据采集与数据处理。

典型实训活动三：数据分析

　　实训要点1：关联数据内容

　　实训要点2：撰写分析内容与小结

　　实训要点3：数据可视化

　　实训任务：完成报告正文内容。

典型实训活动四：结论与建议

  实训要点 1：小结及总结

  实训要点 2：提出建议、附附录

  实训要点 3：生成完整的报告

  实训任务：完成报告。

学习目标

  本实训的学习目标如表9.6所示。

表9.6 学习目标

难度	序号	任务内容
初级	1	搭建框架目录，构建报告结构
	2	完成数据采集与数据处理
	3	完成数据分析
	4	完成结论与建议
中级	1	挖掘相关数据
	2	数据图表形式的展现
高级	1	分析结论的形成
	2	提出过程性建议

知识讲解

任务 如何撰写日常类数据分析报告

  具备一定的数据分析能力和撰写数据分析报告的能力，是做运营工作必备的技能。数据分析报告工作有很多细节要点需要注意，比如策划前期的用户定量调研，内容上线后的用户行为分析，还有内容运营过程中对运营活动的效果分析或运营情况的日/周/月报，都需要用到数据分析和撰写数据报告的技巧。

  在写数据报告前，一定要有基本的用户思维，读者可能是老板、自己团队的成员、合作团队成员（包括技术人员、设计等），数据分析师需要明白他们的需求。

一、内容组织要点和方法

  日常类数据报告的内容组织在各个公司都会因企业文化和领导风格的不同而有差

异。但一个高质量的数据报告一般要包括以下主要的内容模块：

（一）数据报告背景或引言

此部分要简单地介绍一下数据报告的背景，如简单地介绍做数据报告的原因和目的（周期性的数据报告一般可以忽略）。

（二）摘要部分

摘要部分主要是提炼出核心结论，让读者可以快速获取结果内容。从领导视角来写摘要会更好，摘要能让阅读者在1~2分钟内了解最重要的信息，如产品近期状况如何、受什么影响、需要做什么决策。

（三）正文

对于正文，详细分析是数据报告的主题部分，日常类的数据报告一般会根据项目需要来分析和呈现其中的数据项，并不是事无巨细地分析。正文通常也会采用先总后分的方式来组织内容，这也是从项目核心指标向细节指标拆解的过程。

1. 项目概况分析

项目概况分析主要是分析项目的最重要的几个核心数据。

2. 项目细分模块分析

项目细分模块分析主要有：按项目产品或运营的关键模块进行分析，如关注人数、用户新增情况；按产品体验环节进行分析，提取用户操作产品的行为数据；对每个环节的转化和流失情况进行趋势性的监控，以了解产品体验是否顺畅。

3. 用户成分或用户某些特定行为分析

这部分分析并不是周期性数据报告所必需的内容，一般是在需要对某种用户行为或者出现的问题进行深入的剖析的时候才会做。例如：用户画像的分析、用户流失率的分析、节假日用户和非假日用户行为差异分析等。这部分内容的分析需要比较深入地挖掘产品数据，能提升周期性数据报告的含金量。

3. 详细数据分析

详细数据分析部分根据业务核心指标和业务组成结构进行分解，逻辑要清晰到业务各个模块是否有效。其内容组织包括了最主要的摘要部分和详细数据分析部分，至于少了背景和后续计划部分，是因为日常数据分析报告是例行性的状况性汇报，无须过多地说明和讨论。

二、数据报告分析和撰写中的要点

在数据报告的分析中，有一些小的技巧和注意事项，在日常操作中如果加以注意，可以提升分析过程的效率：

（一）通过对比数据来分析业务的趋势状态

日常类的数据报告核心是趋势数据分析，主要以趋势来观察业务状况。

那么以什么标准来判断趋势的增降幅度在合理区间内呢？主要是通过和参照系的数据对比来判断，而对比的对象通常有如下三种。

1. 和业务依附的产品或平台整体数据对比

尤其是对于依附在某个产品或某个平台上的业务来说，分析业务的增降情况的时候通常会和产品或平台的活跃数据进行比较。例如分析某移动社交应用的表情使用用户数增长情况，以消息发送用户数为参考系，看表情使用用户数增长幅度是否大于发消息用户数的增长。

上面示例中以应用中发消息人数为参考系，因为表情使用用户是来源于消息发送用户的。从中可以明显地看出，虽然表情使用用户增长曲线和发消息用户数增长曲线都在增长，但发表情人数的增长明显快于发消息人数的增长。

2. 和同类产品或者竞品的趋势数据进行对比

同类产品或竞品的对比主要是看当前自己所负责的项目在同类产品中的位置，以同类产品和竞品的趋势来作为参考，也容易看出当前自有项目的状况是怎么样的，是否跑得比竞品更快。如果针对产品用户操作行为数据进行比较的话，还容易看出自有产品和竞品之间的差异点在哪。

3. 和产品的历史数据进行比较

这种比较主要用于分析周期性的效应影响，通过对比历史同期的数据来判断当前的情况是否是合理的。例如通常每个周末、月初、寒暑假、旺淡季都会有一些周期性的波动现象。

（二）数据异常的快速分析和呈现

有时候我们会发现趋势数据异常，这时就需要对异常的数据进行快速的分析。我们可以采用以问题为中心的分解倒推的方法，快速定位到问题点。

首先，列出内外因影响因素脑图，然后快速浏览分支的趋势数据，把没有问题的节点摘掉，剩下的就是可能出现问题的点，深入这些点去分析详细数据通常可以快速找出产品或运营的异常原因。

图 9.14 以 QQ 表情出现使用量下降问题为例，从问题出发先对内外因可能的影响因素进行初步的拆解，然后浏览各影响因素的趋势数据，观察各内外因影响因素的数据指标趋势（如 QQ 的登录用户数、消息发送用户数趋势等）是否和 QQ 表情使用量的下降趋势一致。如果某影响因素的数据曲线走势和表情使用量的曲线走势不一致，则可初步排除此因素的影响；而如果某影响因素的数据曲线走势和表情使用量的曲线走势基本一致，则说明此问题可能是此因素影响的，需要对这个点进行深入的分析。使用脑图分解，并对各影响因素趋势进行比较可以快速定位到主要的问题节点，避免盲目分析而浪费时间。

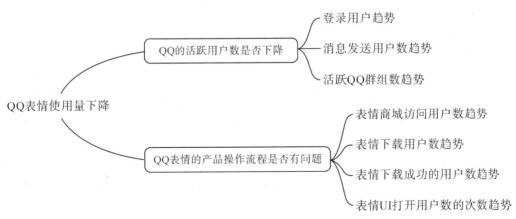

图 9.14　QQ 表情使用量趋势分析

（三）通过分析用户的流转数据来看业务的或产品的健康状况

1. 建立业务的用户流转模型

我们通过观察新进用户、回流用户、留存率等趋势，可以宏观地判断产品的用户数趋势是否健康。

通常，新进用户加回流用户大于流失用户时，产品用户数处于正增长，如果相等则用户数处于动态平衡，小于则出现负增长。因此企业要提升用户数必须在提高拉新人数、提升用户留存率和回流率上下功夫。

2. 分析产品用户操作流程的数据

这样分析产品用户操作流程的数据，可以很好地观察整个产品细节流程出现的问题。这里最重要的是观察整个用户操作链条中哪个环节的流失率最大，然后寻找流失的原因，这样往往能找到影响产品体验的症结。

3. 使用更简洁的表达方式

（1）总结表述。

总结表述可采用三段式的表述方法：定性、关键数据、原因等内容需简要地把关键观点、数据证明以及造成结果的原因一气呵成全部提炼出来，简明扼要，也省去了其他读者再来咨询数据和原因的麻烦。

（2）善用图表的文字标题。

把关键性结论直接放在图表标题，即使和邮件文字有重复也没关系。图表比文字更容易抓人眼球，读者只要看图表就能得到基本正确的答案。

总体来说，日常类数据报告主要是分析产品或运营的状态，其中周期性数据报告侧重于说明产品或运营的当前情况以及近期出现的问题，所以周期性数据报告会更重视分析业务关键指标在一段时间内的趋势，以此判断是否出现异常，如有异常，则针对异常的点进行分解和详细分析，找出原因。当然，数据分析完全可以根据企业自身的业务情况来输出适用于当前业务需要的数据报告，灵活应用是数据分析的关键。

案例解析

2019 年我国即时配送市场研究报告分析

一、分析背景

2019 年我国即时配送市场研究报告分析背景如下。

政策

2020 年 6 月，国务院办公厅转发国家发展改革委、交通运输部《关于进一步降低物流成本的实施意见》，明确提出推动降低物流成本与新基建相结合，加快推进新一代国家交通控制网、智慧公路、智慧港口、智慧物流园区、智慧同城配送等融合型基础设施建设，推广运用 5G、物联网、人工智能、区块链等新兴技术。7 月 15 日，国家发展改革委等 13 部门发文，支持自动驾驶、自动装卸堆存、无人配送应用基础设施。8 月 6 日，交通运输部发布关于推动交通运输领域新型基础设施建设的指导意见，围绕智慧交通基础设施和智慧物流建设做出系列部署。

技术

4G、5G、LBS（location based services）以及智能调度系统（各即时配送平台的技术核心，通过大数据分析和机器学习预测，综合考虑骑手位置、评级、天气路况等因素，进行智能化的订单分配；利用运筹优化算法、GPS+GIS定位等实现路径优化及实时监督；采用大数据与人工智能技术，调节供需平衡，完善订单的动态定价）为国内同城配送提供了有力支持，可准确帮助工作人员快速精准地获取客户所在位置，帮助配送员提高工作效率，减少其在配送过程中浪费不必要的精力。

经济

2018年中国即时配送用户规模达到3.58亿人，新零售业务无疑是即时配送行业发展的重要增长点。在关于即时配送用户使用的服务品类调查中，下单生鲜水果、日用品、鲜花、文件资料等服务的用户占比均超过20%。而在新零售业务中，医药健康等其他品类即时配送服务的用户较2017年第一季度上升了106.1%。由数据可以看出，未来将会有更多的增长点。

社会

2019年，中国即时配送市场用户规模达4.21亿人，即时配送具有快捷、便利的优势，随着新零售的发展与消费体验的升级，即时配送的需求将持续增加，未来即时配送市场用户规模仍有增长空间。

二、分析目的

了解国内物流行业最新发展现状情况，如图9.15所示，能为相关业务增长提供分析思路。

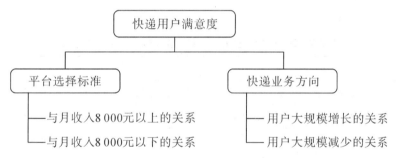

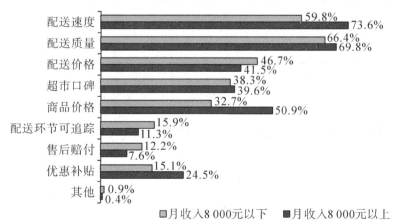

图 9.15　国内物流行业快递用户满意度原因分析

三、分析内容

1. 月收入与平台选择标准的关系

数据结果显示，在中国生鲜商超类即时配送用户平台选择标准调查上，月收入8 000 元以下的，在配送质量标准上占比最多；月收入在8 000 元以上的，在配送速度标准上，占比最多。这两组最高百分比有清晰的变化，且占比都高于50%。两者在售后赔付标准上占比都是最少的。

2. 用户增长与平台选择标准的关系

2018 年第四季度中国即时配送平台用户选择其他类型的配送服务所占比例较2017 年第一季度增长率为106.1%。数据显示，2018 年蜂鸟配送平台医药健康类目订单量同比增长率达到516%，市场发展潜力巨大，如图9.16 所示。

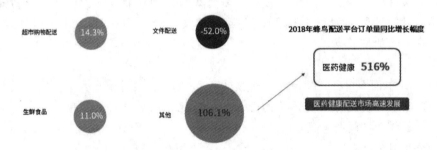

图 9.16　2018 年第四季度中国新零售服务用户偏好增长情况

四、结论与建议

结论与建议见表9.7。

表 9.7　2019 年我国即时配送市场研究分析结论与建议

结论	建议
月收入与商品价格敏感度呈正相关	优先提升配送速度与配送质量
配送速度和配送质量是消费者首要关心的要素	继续保持超市购物配送与生鲜食品配送业务
文件配送业务在配送比例中出现下滑	减少文件配送骑手的招募和业务的招揽
医药健康配送业务在配送比例中出现大幅上涨，市场高速发展	提升医药健康配送业务比例，加大相关配送资源的投入

回顾总结

知识总结：

把本节课的知识梳理汇总成流程图，如图9.17 所示。

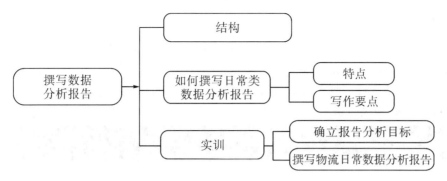

图 9.17　本节知识流程图

思维导图：

整理本节课所学知识点，补充下方思维导图（如图 9.18 所示），管理你的知识。

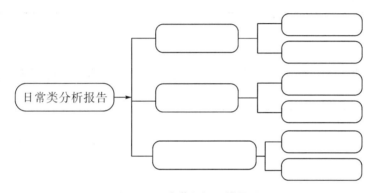

图 9.18　本节知识思维导图

实训作业

活动　撰写物流日常数据分析报告

>>> **工作目标**

通过此活动的实践，学生应当能够熟记日常类分析报告的结构，完成一份完整的日常分析报告。

>>> **工作实施流程**（如图 9.19 所示）

图 9.19　工作实施流程

>>> **活动要求**

根据实践任务要求，完成对数据表中对应列的影响因素的分析。

1. 报告内容不少于 5 页；

2. 报告必须含每一节点的小结和报告总结，以及明确的结论。

请根据实训步骤演示，在"答题卡"中完成任务。

请在下框中填写你在活动过程中遇到的问题。
·
·
·

>>> **任务实践**

请根据活动步骤流程，完成对物流行业的日常数据分析，并将报告截图附在下方表格中。

>>> **检查清单**（见表 9.8）

表 9.8　检查清单

序号	检查事项	是否完成
1	对本工作页的任务要求是否明确	
2	是否能找到可靠的相关数据源	
3	是否能洞察数据特征	
4	是否了解专题分析报告的图表要求	
5	是否有相应节点的小结和总结，以及结论	

任务评价（见表9.9）

表9.9　任务评价表

评价类别	评价内容	分值	教师评分
知识与技能	能够独立查找相关数据源	40	
	能够准确分析出小结和总结内容	40	
情感态度	课堂上积极参与，积极思考，勇于开口、动脑，发言次数多	10	
	小组协作交流情况：小组成员间配合默契，彼此协作愉快，互帮互助	10	

任务9-3　撰写综合类数据分析报告

任务导入

任务　大数据人才需求研究报告

实训情境：

近年来，我国大数据技术飞速发展，然而数联寻英发布的《大数据人才报告》显示，目前我国的大数据人才仅46万人。领英研究报告表明，数据分析人才的供给指数最低，仅为0.05，属于高度稀缺。根据中国商业联合会数据分析专业委员会数据，未来中国基础性数据分析人才缺口将达到1 400万人。我国已进入大数据时代，但大数据的人才需求现状到底如何呢？本节内容以大数据人才需求研究为例，分析大数据人才需求情况。

根据岗位实训内容，我们可提炼出典型实训活动，具体如下：

（1）数据获取；

（2）分析背景；

（3）分析内容；

（4）得出结论。

学习目标：

知识目标：（1）理解数据分析报告的含义、分类和作用；

（2）了解数据与营销的关系。

技能目标：（1）能够准确判断数据分析报告的类型；

（2）能够撰写综合型数据分析报告。

思政目标：（1）了解网上招聘市场规则；

（2）培养克服困难解决问题的能力；

（3）了解我国近年来大数据人才政策信息。

学习导图:

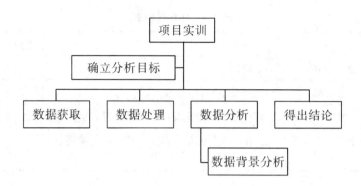

实训任务 |

实训任务书

任务名称: _____

任务功能: _____

典型实训任务: _____

实训任务	某省大数据人才需求情况数据综合分析报告				
任务成员				指导教师	
任务描述	本任务根据商务数据分析流程，学习不同类别商务数据分析报告的撰写格式，培养数据分析人员的数据分析能力、总结能力、数据处理技能，提升学生的综合分析能力，积累实操经验				
实训目标	目标（O）	完成一份完整的综合分析报告			
	关键成果	关键成果1（KR1）	数据获取		
		关键成果2（KR2）	构建系统性的分析报告结构		
		关键成果3（KR3）	完成小结和报告总结		
实训职责	·熟记专题类分析报告的结构 ·确保数据的安全性				
实训内容	①问题定义和拆解		②数据获取及探索		③数据分析
	④报告撰写				
实训难度	□简单	□一般		√较难	□困难
完成确认	序号	检查事项			教师签名
	1	对本实训的任务要求是否明确			
	2	是否能找到可靠的相关数据源			
	3	是否已完成数据挖掘环境配置			
	4	是否能洞察数据特征			
	5	是否已完成影响因素的分析运行			
	6	是否了解综合分析报告的图表要求			
	7	是否有较强的可视化效果			
	8	是否有相应节点的小结和总结，以及结论			

注意事项：

1. 请严格按照实训任务内容要求实践，不得随意更改实训流程。

2. 完成实训内容后，请进行清单检查，完成请打钩。

学生签名：

情境描述

2015 年国务院印发的《促进大数据发展行动纲要》提出，要在"十三五"期间实施国家大数据战略。2016 年工信部发布的《大数据产业发展规划（2016—2020 年）》，成为大数据产业发展的行动纲领。《2016—2019 年中国大数据产业发展白皮书》显示，大数据企业注册数量年均增长约 30%。但猎聘网 2019 年大数据人才就业趋势报告显示，我国大数据人才缺口仍然高达 150 万人。本节内容以大数据人才需求情况为研究点，形成综合分析报告，为商务数据分析人力资源领域提供一定思路。

实训计划

对社会现状和各大招聘网站进行充分了解，并辅以知识点学习，组成新型实训计划。实训流程图如图 9.20 所示。

（备注：实训流程图上方为该环节所需知识点，下方为项目实践活动。）

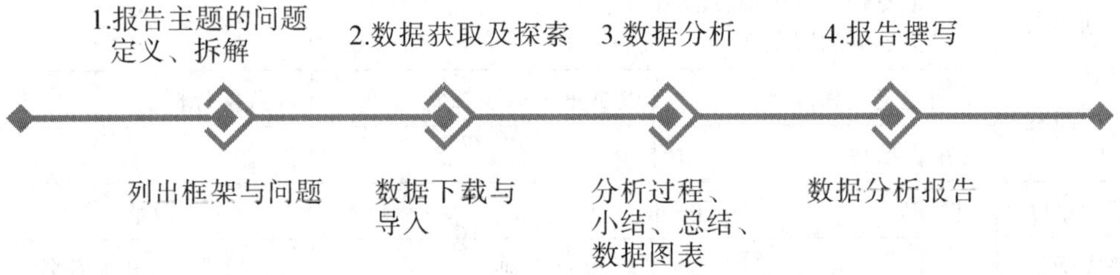

1.报告主题的问题定义、拆解　　2.数据获取及探索　　3.数据分析　　4.报告撰写

列出框架与问题　　数据下载与导入　　分析过程、小结、总结、数据图表　　数据分析报告

图 9.20　实训流程图

典型实训活动一：问题定义与拆解

　　实训要点 1：分析背景、确定分析目的

　　实训要点 2：确立分析思路，进行问题的拆解

　　实训任务：搭建框架目录，构建报告结构。

典型实训活动二：数据获取及探索

　　实训要点 1：数据采集

　　实训要点 2：导出数据

　　实训要点 3：数据处理

　　实训要点 4：确立报告图表形式

　　实训任务：完成数据采集与数据处理。

典型实训活动三：数据分析

　　实训要点 1：关联数据内容

　　实训要点 2：撰写分析内容与小结

　　实训要点 3：数据可视化

　　实训任务：完成报告正文内容。

典型实训活动四：结论与建议

    实训要点1：小结及总结

    实训要点2：提出建议、附附录

    实训要点3：生成完整的报告

    实训任务：完成报告。

学习目标

    本实训的学习目标如表9.10所示。

表9.10　学习目标

难度	序号	任务内容
初级	1	完成人才需求情况数据采集与数据处理
	2	完成数据分析
	3	完成结论与建议
	4	生成报告
中级	1	挖掘相关数据
	2	数据图表形式的展现
高级	1	分析结论的形成
	2	提出过程性建议

知识讲解

任务　如何撰写综合类数据分析报告

    综合类数据分析报告是数据分析过程和思路的最终呈现，综合类数据分析报告的作用在于以特定的形式将数据分析结果展示给决策者，给他们提供决策参考和依据。

一、含义

    综合类数据分析报告又叫全面分析报告，是全面评价一个地区、单位、部门业务或其他方面发展情况的一种分析报告。综合类数据分析报告常针对某一部门、某一单位或某一地区，把其一定时期内的经济活动作为一个整体，对各项主要经济指标的完成情况进行综合分析研究，从中找出带有普遍性和关键性的问题，认识其规律，以图改进的报告文书。它既可用于宏观分析，也可用作微观分析。例如全国流动人口发展报告、某电商企业运营分析报告等[①]。

二、综合类数据分析报告撰写原则

（一）规范性原则

综合类数据分析报告，要"以数据说话"，所使用的数据单位、名词术语一定要规范、标准统一、前后一致，要与业内公认的术语一致。它所使用指标的数据来源要有清晰的说明，从数据管理系统采集的，要说明系统名称，现场测量的要说明抽样方式、抽样量和测量时间段等。

（二）突出重点原则

综合类数据分析报告一定要突出数据分析的重点，在各项数据分析中，应根据分析目标重点选取关键指标，科学专业地进行分析。此外，针对同一类问题，其分析结果也应当按照问题重要性的高低来分级阐述。

（三）谨慎性原则

综合类数据分析报告的撰写过程一定要谨慎，基础数据必须真实、完整，分析过程必须科学、合理、全面，分析结果要可靠，内容要实事求是，不可主观臆测。

（四）创新性原则

创新之于分析报告而言，一是要适时地引入新的分析方法和研究模型，在确保数据真实的基础上，增加数据分析的多样性，从而提高质量。这样一方面可以用实际结果来验证或改进它们，另一方面也可以让更多的人了解到全新的科研成果。二是要倡导创新性思维，提出的优化建议，在考虑企业实际情况的基础上，要有一定的前瞻性、操作性、预见性。

三、综合类数据分析报告的特点

（一）全面性

站在全局的高度，反映总体特征、做出总体评价、得出总体认识。

（二）关联性

把互相关联的一些现象、问题综合起来进行全面系统的分析。综合分析不是对全面资料的简单罗列，而是在系统地分析指标体系的基础上，考察现象之间的内部联系和外部联系。这种联系的重点是比例关系和平衡关系，分析研究它们的发展是否协调、是否适应。

四、综合类数据分析报告的主要表现形式

综合类数据分析报告可以通过 Office 中的 Word、Excel 和 PowerPoint 系列软件来表现，其中综合分析报告更适合用 Word 和 PowerPoint 来展示。Office 各软件制作报告的优劣势对比如表 9.11 所示。

---

① 北京博导前程信息技术股份有限公司. 电子商务数据分析概论（中级）［M］. 北京：高等教育出版社，2019.

表 9.11　Office 各软件制作报告的优劣势对比

项目	Word	Excel	PowerPoint
优势	易于排版 可打印装订成册	可含有动态图表 结果可实时更新 交互性更强	可加入丰富的元素 适合演示汇报 增强展示效果
劣势	缺乏交互性 不适合演示汇报	不适合演示汇报	不适合大篇文字
适用范围	综合分析报告 专题分析报告 日常数据报告	日常数据报告	综合分析报告 专题分析报告

五、综合类数据分析报告的写作结构及内容

综合类数据分析报告的格式通常由标题、正文、结尾三部分组成。

（一）标题

标题的命名应当是完整的，需写明被分析单位名称、分析时期、分析内容和文种等，如《××公司 2020 年度经济活动分析报告》。

（二）正文

正文一般采用"总—分—总"的形式，总写导言，叙述本次分析的背景和目的，然后通过各个部分的业务进行各项指标分析、问题分析，最后汇总得出结论和建议。

1. 前言

前言是经济活动分析报告的开头部分。它主要是简明扼要地陈述主要经济指标的完成情况，指出存在的问题，指出分析的必要性和目的。当然，也有些前言从介绍分析对象的基本情况出发，以提出问题，引出下文。

2. 主体

这是综合类数据分析报告的核心部分，主要运用科学的分析方法从不同的侧面对有关数据进行运算推导，对各项经济指标做逐项的分析，对影响经济指标的各种因素进行剖析研究，既分析经济活动的成效和经验，又找出存在的问题及主要原因，然后针对上述分析结果，做出客观、恰当的评价，得出结论。

以工业企业的经济活动分析报告写作为例，我们应首先分别列出总产值、产品质量、全员劳动生产率、销售收入、利润、资金、成本等各项指标的实际完成情况，通过同计划指标相比的百分数、同上期指标相比的百分数来表明各项指标完成的好坏；然后分别分析生产、成本、销售、资金运用等重点指标对总产值、总利润的影响程度，再分析各指标的影响因素，从而找出问题的原因。

正文部分运用数据有两种方式：一种是数据表格相对集中，先列出表格和主要数据，然后分析评价，得出结论；另一种是边列举数据边分析评价，最后再附列完整表格给予总的评价，得出总的结论。

经济活动分析报告的主体部分，一定要充分运用准确的数据，结合文字加以分析，这样得出的结论才会更可信，更能说服人。

3. 结论及建议

结尾部分主要是总结分析要点，以及在问题和原因分析的基础上提出对策，即针对主体部分分析的种种原因，有针对性地提出改进意见、措施或建议。

4. 结尾

一般写明报告单位（包括负责人）的名称、署名、用印，报告日期，以及相关附录。

综合类数据分析报告中常用的表达术语见表 9.12，综合类数据分析报告结构示例见图 9.21。

表 9.12　综合类数据分析报告中常用的表达术语

序号	类目	常用表达术语
1	现状	数据显示…… 从图表可以看出…… 据……报告数据显示…… 基于……我们判断…… 研究发现…… 综上所述……
2	对比	环比、同比增长、下降 相对较好（高）、较差（低） 相比明显增长/略微下滑 数据增幅、降幅达 进入高速发展期 月均增长…… 与目标的差距主要体现在…… 离目标进度还有……差距 排名前三……依次为
3	构成	市场占有率达…… 主要集中在…… 数据呈……分布 其中……主要是……
4	趋势	从上表/图可以看出…… 对比数据可得…… 趋势平缓、回落 数据呈上升/下降趋势
5	原因	数据上涨/下跌的原因如下： 主要原因包括：（1）（2）（3） 主要因……引起
6	预测	预测 估计
7	建议	由分析得出，需要改善的地方：…… 未来需要优化/扩大的地方如下：…… 后期应着重…… 建议一方面……另一方面 建议……以期达到……目的 提高……改善……缓解……最终……

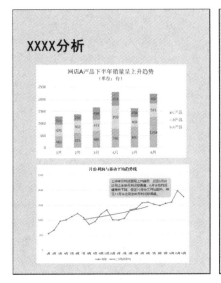

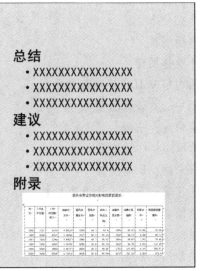

图 9.21　综合类数据分析报告结构示例

案例解析

中国数据中心行业综合研究报告

　　数据中心，作为云计算和互联网的基础，成为基础设施的基础设施，其具有IT和地产两种属性，因此具有高科技和重资产两种特点。随着国家新基建政策的相继出台，数据中心受到越来越多投资人、大型国企、大型互联网公司的关注。但是，数据中心会不会过剩、数据中心的设计及建设需要考量哪些要素，市场尚未有完整的答案。本报告试着从这个角度切入。图9.22是2020年中国数据中心产业链结构图。

·331·

项目9　撰写数据分析报告

报告目录如下：

1 数据中心定义及分类

1.1 定义

1.2 分类

1.3 生命周期及产业链

1.4 数据中心业务模式

1.5 数据中心业务属性

1.6 数据中心与云计算关系

2 数据中心政策、技术及市场

2.1 国家政策

2.2 重点政策解读——新基建

2.3 重点政策解读——REITs

2.4 地方政策

2.5 整体情况

2.6 产业分布

2.7 市场规模

2.8 产业链图谱

2.9 国内部分 IDC 厂商经营数据

3 数据中心建设考量要素

3.1 需求端：宏观

3.2 需求端：C 端流量

3.3 需求端：B 端流量

3.4 需求端：客户占比及需求特征

3.5 供给端：用电

3.6 供给端：网络

3.7 供给端：成本

4 典型案例

4.1 世纪互联

4.2 数讯信息

4.3 中电科太极数据中心

5 数据中心趋势及展望

5.1 技术趋势：非 IT 类

5.2 技术趋势：IT 类

5.3 产业趋势

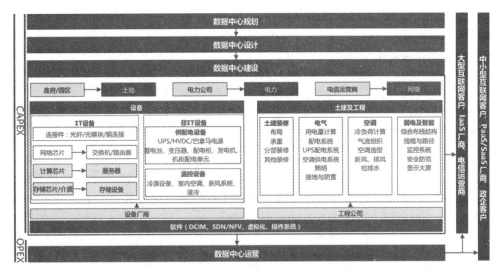

图 9.22　2020 年中国数据中心产业链结构图

一、分析内容

（一）批发、零售型各有优势

数据中心分为批发型和零售型两种模式。在国外，两种模式均取得了成功。在国内，受政策影响，跑马圈地的批发型数据中心当前更受资本青睐；但从长期看，零售型数据中心更具有成长韧性。

（二）与云计算是竞合关系

云计算是数据中心的下游客户。因此，从当前来看，云计算促进了数据中心尤其是批发型数据中心的快速发展。但从长期看，云计算与数据中心亦存在竞争关系。

（三）产业高速增长

2019 年，测算数据中心机架规模达到 288.6 万架，市场规模超过千亿元。受益于云计算、5G、人工智能、VR 等，数据中心产业未来仍将高速发展。

（四）产业进入整合期

受政策影响、PUE 限制、技术迭代影响，数据中心产业进入整合期。大型互联网公司和大型国企将会更多地进入该产业，产业内部"大吃小、强吃弱"的并购将会更加频繁。

二、分析结论

（一）数据中心与云计算的关系

云计算是数据中心的下游客户，但长期看仍有竞争。

（二）数据中心政策解读

数据中心被写入新基建，将有更多互联网企业加入。

（三）产业分布

一线城市及周边仍是重要聚集区，西部发展迅速。

（四）数据中心市场

需求端长期看为整体需求旺盛，短期看仍需定位明确；互联网企业仍为主要客户，各行业需求不同；供给端网络受物理距离和节点时延影响；电力支出与折旧费用占成本支出的最大比重。

三、趋势及展望

（一）技术趋势：UPS→高压直流

相较于 UPS，HVDC 在备份、工作原理、扩容以及蓄电池挂靠等方面存在显著的技术优势，因而具有运行效率高、占地面积少、投资成本低和运营成本低的特点。

（1）风冷→液冷。

目前，受适应场景、冷却液价格和改造成本的影响，液冷技术并未大面积普及。未来随着 GPU 运算占比的增加和服务器密度的不断增加，液冷将是代替风冷的必然选择。图 9.23 是数据中心液冷与风冷的比较。

优势	指标	风冷	冷板式液冷	浸没式液冷
节能	PUE	1.6	1.3以下	1.2以下
	数据中心总能耗单节点均摊	1	0.67	0.58
成本低	数据中心总成本单节点均摊（量产后）	1	0.96	0.74
节地	功率密度（KW/机柜）	10	40	200
	主机房占地面积比例	1	1月4日	1月20日
CPU可靠	核温（℃）	85	65	65
机房环境	温度、湿度、洁净度、腐蚀性气体（硫化物、盐雾）	要求高	要求高	要求低

图 9.23　数据中心液冷与风冷比较

（数据来源：艾瑞咨询. http://report.iresearch.cn/report/202012/3699.shtml.）

（2）传统树形架构→胖树架构→叶脊架构。

（3）产业趋势：数据中心产业将进入整合期。

（二）产业趋势

随着新基建政策的出台，互联网企业和大型国企均加码在数据中心产业的布局，数据中心产业将进入整合期。

（1）老、旧、小型数据中心将难以适应未来发展，数据中心产业必然进入大鱼吃小鱼的横向整合期。

（2）随着云技术的快速发展，云厂商和传统数据中心运营商的竞合关系更加明显，不少数据中心运营商寻求专有支、混合云的转型之路。

（3）数据中心产业链本身呈现出更明确的分工现象，以及大的厂商更明显地向上游延伸现象。

知识总结：

把本节课的知识梳理汇总成流程图，如图 9.24 所示。

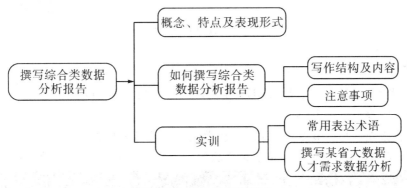

图 9.24　本节知识流程图

思维导图：

整理本节课所学知识点，补充下方思维导图（如图 9.25 所示），管理你的知识。

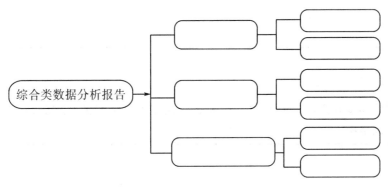

图 9.25　本节知识思维导图

活动　撰写某省大数据人才需求情况数据分析

>>> **工作目标**

通过此活动的实践，学生应当能够熟记综合类分析报告的结构，完成一份完整的综合分析报告。

>>> **工作实施流程**（如图 9.26 所示）

图 9.26 工作实施流程

>>> **活动要求**

根据实践任务要求，完成对数据表中对应列的影响因素分析。

1. 报告内容不少于 10 页。

2. 报告必须含每一节点的小结和报告总结，以及明确的结论。

请先下载"参考资料"，根据实训步骤演示，在"答题卡"中完成任务。

请在下框中填写你在活动过程中遇到的问题。
·
·
·

>>> **任务实践**

请根据活动步骤流程，完成对某省大数据人才需求情况的数据分析，并将报告截图附在下方表格中。

检查清单（见表9.13）

表 9.13　检查清单

序号	检查事项	是否完成
1	对本工作页的任务要求是否明确	
2	是否正确找到可靠的相关数据源	
3	是否能洞察数据特征	
4	是否了解综合分析报告的图表要求	
5	是否有相应节点的小结和总结，以及结论	

任务评价（见表9.14）

表 9.14　任务评价表

评价类别	评价内容	分值	教师评分
知识与技能	能够独立查找相关数据源	40	
	能够准确分析出小结和总结内容	40	
情感态度	课堂上积极参与，积极思考，勇于开口、动脑，发言次数多	10	
	小组协作交流情况：小组成员间配合默契，彼此协作愉快，互帮互助	10	

项目检测

一、填空题

1. 在数据分析报告中，最为常用的是＿＿＿＿＿＿＿＿结构式。

2. 分析背景属于数据分析报告中的＿＿＿＿＿＿＿部分。

3. 数据来源通常来自网页爬虫数据、SDK 数据、＿＿＿＿＿＿＿、咨询公司架构数据、定制数据等。

4. ＿＿＿＿＿＿＿ 又叫全面分析报告，是全面评价一个地区、单位、部门业务或其他方面发展情况的一种分析报告。

5. 综合分析报告的撰写原则有规范性原则、＿＿＿＿＿＿＿、谨慎性原则和创新性原则。

6. 日常运营报告是以＿＿＿＿＿＿＿等时间阶段定期进行呈报的数据分析报告。

7. ＿＿＿＿＿＿＿ 报告的主要作用是为决策者制定某项政策、解决某个问题提供决策参考和依据。

二、简答题

1. 数据分析报告有哪些类型？

2. 简述数据分析报告的作用。

三、论述题

1. 请分析如何撰写旅游日常运营报告。

2. 请论述日常运营报告、综合分析报告和专题分析报告的撰写要点和区别。

3. 小红是全国大型服装连锁批发商的市场总监，老板要求她对全国连衣裙进行市场调研，她应该怎么做呢？

检测答案